Bernd Ingmar Gutberlet

DER MAYA-KALENDER

Weitere Titel des Autors:

*Die 33 wichtigsten Ereignisse der deutschen Geschichte*
*Die 50 größten Lügen und Legenden der Weltgeschichte*
*Die 50 populärsten Irrtümer der deutschen Geschichte*

BERND INGMAR GUTBERLET

# DER MAYA-KALENDER

DIE WAHRHEIT
ÜBER DAS GRÖSSTE RÄTSEL
EINER HOCHKULTUR

mit Zeichnungen von
Krisztina Bradeanu

E H R E N W I R T H

Ehrenwirth in der Verlagsgruppe Lübbe

Originalausgabe



Textredaktion: Matthias Michel, Wiesbaden
Umschlaggestaltung: Susanne Wenzler
Umschlagmotiv: © SLUB Dresden/Deutsche Fotothek, Henrik Ahlers
Satz: Bosbach Kommunikation & Design GmbH, Köln
Gesetzt aus der Weiss Antiqua
Druck und Einband: Friedrich Pustet, Regensburg

Printed in Germany
ISBN 978-3-431-03790-6

5 4 3 2 1

Sie finden uns im Internet unter: www.luebbe.de
Bitte beachten Sie auch: www.lesejury.de

# INHALT

*Meinem Vater gewidmet*

Die Zeit, die alles verwandelt,
die alles wachsen lässt und ernährt
und alles verbraucht und faulen lässt.

*Guillaume de Lorris, Le Roman de la Rose*

Es gibt kaum ein Kennzeichen der Kultur, das in gleichem Maße ihr Wesen charakterisiert wie das Verständnis der Zeit. Darin verkörpert und mit ihm verbindet sich die Weltempfindung der Epoche, das Verhalten der Menschen, ihr Bewusstsein, ihr Lebensrhythmus und ihr Verhältnis zu den Dingen.

*Aaron J. Gurjewitsch*

Die Sonne scheint bei Tag und Nacht.
Der Himmel weiß, wie sie das macht.

*Aus einem deutschen Schlager*

Was ist also »Zeit«?
Wenn mich niemand danach fragt, weiß ich es;
will ich einem Fragenden es erklären, weiß ich es nicht.

*Augustinus, Bekenntnisse, XI, 14*

# Vorwort

Spätsommer 2012: In London erlischt die Olympische Flamme und wird weitergetragen zum nächsten Schauplatz der Olympischen Spiele. Medaillenjäger und Medienmogule, Souvenirverkäufer und Taschendiebe der britischen Hauptstadt ziehen Bilanz, und ein Teil der Welt rüstet sich für den bevorstehenden Herbst, während sich ein anderer auf den Sommer freut. Ein Jahr wie viele andere? Nicht ganz, denn gleichzeitig wächst – eifrig geschürt von TV-Interviews mit »Experten«, aufgeregt schnatternden Websites und mitreißenden Katastrophenfilmen aus dem Hause Hollywood – die Aufregung um einen Countdown, der angeblich seit mehr als fünf Jahrtausenden munter auf den Weltuntergang zutickt. Noch vor Weihnachten, genauer gesagt am 21. Dezember 2012, soll Schluss sein mit allem Menschendasein auf dem blauen Planeten. Aber ist dieser Countdown wirklich 5000 Jahre alt oder eine Erfindung des Medienzeitalters mit seiner Jagd nach Sensation und Einschaltquote?

Es geht um den legendären Kalender der Maya. Ihm wird dieser Countdown zugeschrieben, denn seine Jahreszählung beginnt 3114 Jahre vor unserer Zeitrechnung und endet, so heißt es, nach dreizehn aufeinanderfolgenden Zyklen im Jahr 2012 unserer Zeitrechnung. Wegen dieses vermeintlich drohenden Weltuntergangs laufen Jahr für Jahr mehr Köpfe heiß und steigt wieder einmal die weltweite Aufmerksamkeit für jenes mittelamerikanische Volk, dessen stolze Städte vor über eintausend Jahren gleichsam sang- und klanglos untergingen.

Wie aber kommt ein Steinzeitvolk überhaupt dazu, einen derart anspruchsvollen Kalender auszuarbeiten, der noch dazu eine äußerst komplexe Funktionsweise mit verschiedenen ineinandergreifenden Zählungen besitzt? Wieso unternimmt dieses Volk, das weder Metallwerkzeuge kennt, noch das Rad benutzt, astronomische Beobachtungen, die uns noch heute Bewunderung und Respekt ob ihrer erstaunlichen Präzision abverlangen? Was motiviert Regenwald-Indianer lange vor der europäischen Eroberung, in einer Unzahl von Fällen komplizierteste Datierungen in Stein zu meißeln? Und wie vertragen sich damit grässliche Blutopfer auf den Stufen eines Tempels, von dessen Fenstern aus Gelehrte stoischen Blickes in die Nacht die genaue Länge eines Venusjahrs ermitteln? Wie geht eine hoch entwickelte Mathematik zusammen mit dem naiven Glauben an Götter, die man immer wieder aufs Neue besänftigen muss, damit kein Unheil geschieht?

Dabei braucht es nicht einmal jenen geheimnisvollen Kalender, um sich von den alten Maya faszinieren zu lassen. Dafür genügt eine Reise zu den ebenso imposanten wie rätselhaften Ruinen, von denen weitere im Urwald bis heute schlummernd der Entdeckung harren – Ruinen einer jahrtausendealten Hochkultur, die ohne Rad und Zugtiere Städte von einer Größe baute, die im Europa der gleichen Epoche undenkbar waren. Auch den Pflug kannte dieses Volk Mittelamerikas nicht, war aber trotzdem in der Lage, eine aufwendige, leistungsfähige Landwirtschaft zu betreiben und damit ein rapides Bevölkerungswachstum zu ermöglichen. Daneben schlägt die Kunst der Maya noch den modernen Betrachter umgehend in ihren Bann, denn ihre Ausdrucksform ist nicht nur exotisch, die zahllosen fratzenhaften Köpfe sind auch verstörend. Hinzu kommt, dass noch immer aufsehenerregende Entdeckungen gemacht werden und ein Großteil der Rätsel um Geschichte und Kultur der Maya erst in den vergangenen Jahrzehnten gelöst werden konnte – darunter das Geheimnis der hochkomplexen Schrift der Maya.

Wie so vieles, das gleichzeitig vergangen, rätselhaft, magisch und komplex ist, befeuern die Maya die Fantasie und die Lust am Spekulieren, wofür sich gerade ihr Kalender vortrefflich eignet. Wozu also ein so ausgefeiltes Kalendersystem, das den NASA-Wissenschaftlern unserer Zeit zur Ehre gereichen würde? Muss hinter dem unermesslichen Aufwand, den die Maya dafür betrieben, angesichts ihrer großen Observatorien und Heerscharen von hervorragend ausgebildeten Kalenderpriestern und Astronomen, nicht viel mehr gesteckt haben, als Wettervorhersagen anzustellen und göttergefällige Termine für den Aderlass oder den Überfall einer Nachbarstadt zu berechnen? Waren sie vielleicht wirklich im Besitz tieferer Wahrheiten über den Sinn des Lebens oder der Formel, die die Welt im Innersten zusammenhält? Sollte man sich also wappnen für den 21. Dezember 2012 nach dem gregorianischen Kalender, der in der Maya-Zeitrechnung das ominöse Datum 13.0.0.0.0 trägt?

In den vergangenen Jahren und Jahrzehnten sind immer wieder Bücher geschrieben und Erklärungen angeboten worden zur Frage, was »wirklich« hinter dem Kalender der alten Maya steckt. Das vorliegende Buch geht einen anderen Weg als die erdrückende Mehrheit dieser Veröffentlichungen esoterischer oder katastrophischer, spekulativer oder fantastischer Couleur. Es nimmt den Leser mit auf eine Zeitreise, beginnend im Hier und Jetzt, durch Kalendervielfalt und Zeitverständnis in der Menschheitsgeschichte, um auf dieser Grundlage den Kalender und das Zeitverständnis der Maya historisch unter die Lupe zu nehmen. Dabei dient als Leitfrage, ob der Maya-Kalender wirklich einzigartig ist oder lediglich eine zwar sehr besondere, aber erklärbare Spielart der Kalendergeschichte darstellt.

Das entzaubert das Rätsel um den Kalender insofern, als seine Geschichte offengelegt wird, ohne dabei auf Spekulationen und Mutmaßungen angewiesen zu sein. Denn die Forschung unermüdlicher Wissenschaftler vieler Disziplinen, die sich mit den Maya befassen, kann mit genügend Erkenntnissen aufwarten, um den Maya-Kalender, seine Herkunft, seine Funktionsweise und seine Entwicklung nachzuvollziehen. Aber auch jenseits unbegründeter Theorien und der Befrachtung mit eigenem Wunschdenken ist der historische Maya-Kalender eine aufregende, faszinierende Angelegenheit, zumal das Thema Zeit jeden Einzelnen betrifft. Und nichts ist spannender als der wissende Blick.

Dieses Buch wäre nicht denkbar ohne die bewundernswerte Arbeit von Mayanisten auf der ganzen Welt. Und ebenso wenig ohne die Bibliothek des Ibero-Amerikanischen Instituts in Berlin, das den Zugang zu der schier unüberschaubaren Forschungsliteratur ermöglichte, von der leider nicht alles in die Literaturhinweise am Ende des Buches aufgenommen werden konnte.

*Bernd Ingmar Gutberlet*
Berlin, im Juni 2009

# DONALD UND DER TAKT DER UNENDLICHKEIT

## Kalendersysteme, Himmelsbeobachtung und Zeitwahrnehmung

In *Die Uhrenreinigung*, einem Comic-Kurzstreifen von 1937, kann man dem ewigen Antihelden Donald Duck dabei zusehen, wie er mit seinen Kameraden Micky und Goofy das Uhrwerk einer Turmuhr reinigt. Natürlich gerät der Tölpel dabei zwischen die Zahnräder und durchläuft höchst schmerzhaft die gesamte Maschine, kein Zahnrad, weder Schlaghammerzug noch Pendel auslassend. Als endlich die Uhr ihn freigibt, kämpft Donald mit einem unübersehbaren Tick: Sein Kopf wird den Rhythmus der Turmuhr nicht mehr los, sodass er weiter im Takt hin- und herschwingt; und als Donald sich verzweifelt den Kopf festhält, übernimmt der restliche Entenkörper den unbarmherzigen Uhrenrhythmus. Die berühmteste Ente der Welt als jammervolles Opfer der Zeit.

Man muss Walt Disney und seinen Zeichnern nicht unterstellen, dass dieses Filmchen als Zivilisationskritik an der Diktatur der modernen Zeitrechnung in Form von Uhr und Kalender gedacht war. Aber ganz so, wie Donalds Körper nach der peinigenden Bekanntschaft mit jedem einzelnen Bestandteil der Turmuhr nicht von deren Rhythmus loskommt, haben auch wir die Zeit unwiderruflich verinnerlicht. Sie ist uns allgegenwärtig, und ihre peinlich genaue Strukturierung ist uns in Fleisch und Blut übergegangen, wenn auch auf andere Weise als bei Donald. Wir leben mit Fahrplänen, Arbeitszeitkonten und Olympiarekorden, mit atomgenau bestimmten Uhrzeiten und einem Kalender, dessen Geltung geradezu universell zu sein scheint.

Ein Buch über den uralten, geheimnisvollen Kalender der Maya mit Donald Duck zu beginnen, mag einigermaßen befremdlich erscheinen. Der Comic-Erpel ist schließlich ein Produkt unserer westlichen Lebensart und der Moderne, mit der die altamerikanische Kultur nichts zu tun hat. Doch ist über die alten Maya immer wieder zu hören, sie seien besessen gewesen von der Zeit. Legendär ist ihre komplizierte Kalenderwirtschaft mit mehreren, miteinander verschränkten Zählungen. Berühmt ihre Manie, in fremdartigen Hieroglyphen Bauwerke exakt zu datieren und wichtige Ereignisse kalendarisch zu verorten. Wie also sah diese viel beschworene Zeitbesessenheit der Maya aus? Glichen sie uns modernen Zeitsklaven? Wurde ihr Alltag wie unserer vom Kalender geprägt? Oder waren sie zeitbesessen auf eine mystische, archaische Weise, die uns schwer begreiflich ist? Und wenn dem so ist – sind sie dann einzigartig, oder lässt sich ihr Umgang mit der Zeit mit anderen frühen Hochkulturen vergleichen, seien es die in Ägypten, in Babylonien oder in China?

Um dem Kalender der Maya und deren besonderem Zeitverständnis auf die Spur zu kommen, empfiehlt sich die Gegenwart als Ausgangspunkt für einen Spaziergang zurück: die Vergangenheit durchquerend, die Kalendersysteme verschiedener Kulturen durchwandernd, bis zu den Grundlagen der Zeitrechnung. Von dort aus, dem Ursprung der Zeitwahrnehmung und den Anfängen menschlicher Zeiteinteilung, folgen wir dann chronologisch der Entwicklung des menschlichen Zeitverständnisses, bis wir wieder bei der gehetzten Existenz des 21. Jahrhunderts angekommen sind. Dieser Ausflug verschafft uns nicht nur einen fundierten Überblick über den Umgang der Menschen mit der Zeit, sondern ermöglicht uns überhaupt erst einen differenzierten Zugang zur heute so exotisch anmutenden Maya-Kultur. Denn um den Maya-Kalender als kulturelle Errungenschaft verstehen und würdigen zu können, müssen wir ihn in die Geschichte von Kalendern und Zeitverständnis einordnen und zu ihren Grundbedingungen, Funktionen und Ausprägungen ins rechte Verhältnis setzen.

Unser Kalender mit seiner Zählung von Tagen und Wochen, Jahren und Jahrtausenden lässt beliebige Zeitpunkte mathematisch exakt bestimmen, ob vergangen oder künftig. Dieser Kalender mit 365 Tagen und der gelegentlichen, nach klarer Regelung eingeschobenen Dreingabe eines weiteren Tages in Form des zusätzlichen 29. Februar, mit zwölf Monaten und gut 52 Wochen – er ist weltweiter ziviler Standard, auch wenn neben ihm noch zahlreiche andere Kalendersysteme in Gebrauch sind. Selbst die einigermaßen schiefe Aufteilung in 24 Stunden zu je 60 Minuten hinterfragen wir selten – bis wir zu überlegen beginnen, warum eigentlich der Tag nicht aus zehn oder zwanzig statt der 24 Untereinheiten besteht und wieso Stunde und Minute in jeweils 60 und nicht 100 Einheiten zerlegt werden.

Vor allem die Kleinteilung der Zeit, die noch den Moment in Sekundenbruchteile zerlegt, wenn beispielsweise Sportler um einen neuen Rekord ringen – dann übrigens in Hundertstel und Tausendstel gezählt –, hat zu unserer modernen Wahrnehmung von Zeit beigetragen: Sie ist objektiv, wenn nicht wissenschaftlich, so befinden wir, sie ist unanfechtbar und exakt.

Was das angeborene Bedürfnis nach Zeiteinteilung betrifft, ist die Naturwissenschaft ganz auf unserer Seite: Biologen versorgen uns mit Belegen, dass fast jedes Lebewesen eine Art innere Uhr besitzt, die selbst ohne äußere Impulse einen Rhythmus vorgibt – was wir von unserem Hund schon kennen, der stets zur gleichen Zeit nach Spaziergang oder Fütterung verlangt. Den Sitz der menschlichen Zeitwahrnehmung lokalisieren Hirnforscher sogar an einer bestimmten Stelle im Gehirn. Für uns moderne Menschen in komplexen Lebenszusammenhängen und weltweiter Vernetzung mit Flugplänen, Zeitzonen und normierter Stunde sind Uhr und Kalender nahezu lebensnotwendig, und wir verfügen wie selbstverständlich über sie.

Das Alltagsinstrument Kalender ist ein ständiger Begleiter mit manchmal unerbittlich diktatorischem Charakter, etwa wenn die Urlaubstage unwiderruflich verrinnen. Aber ebenso ist er ein unverzichtbarer Helfer, denn wie sollten wir unser Leben organisieren, wenn nicht eine allgemeine Standardvereinbarung über die Einteilung der Zeit zur Verfügung stünde? Wie wichtige Verabredungen treffen – vom leidigen Zahnarzttermin bis hin zum ungeduldig erwarteten Rendezvous?

Ehrlicherweise müssen wir uns eingestehen, dass uns ein Leben, das Zeitabläufe ignoriert, indem es ihre Messung und Einteilung verweigert, nahezu unmöglich geworden ist. Wer gewohnt ist, tagsüber jederzeit auf die Armbanduhr schauen zu können, wird diese Gewohnheit irritiert vermissen, wenn der Zeitmesser morgens im Badezimmer liegen bleibt. Für die Auszeit eines Urlaubs mag es angehen, die Abfolge von Wochentagen und Daten nicht zu beachten, aber nach einer Weile kehrt das Bedürfnis zurück, die Tage zu strukturieren. Und wem Kalender und Uhr plötzlich nicht mehr zur Verfügung stehen, der versucht, wenigstens notdürftig Ersatz zu schaffen.

In seinem berühmten Roman *Robinson Crusoe* aus dem frühen 18. Jahrhundert lässt Daniel Defoe den gestrandeten Helden auf seiner einsamen Insel einige Anstrengung unternehmen, um den inneren Halt und den Anschluss an die plötzlich unerreichbar ferne Zivilisation nicht vollends zu verlieren: »Nach etwa zwölf Tagen fiel mir ein, dass, wenn ich keine Vorkehrungen träfe, ich aus Mangel an Büchern, Feder und Tinte in der Zeitrechnung irre werden müsse und bald sogar den Sonntag nicht mehr von den Wochentagen würde unterscheiden können. Um dies zu verhindern, erfand ich folgendes Auskunftsmittel: Ich schnitt mit meinem Messer auf eine große Tafel, die ich kreuzförmig an einen Pfahl befestigte, den ich da, wo ich gelandet war, in die Erde getrieben hatte, die Worte ein:

*Hier bin ich am 30. September 1659 gelandet.*

An den Seiten dieses viereckigen Pfahls machte ich täglich mit dem Messer einen Einschnitt, an jedem siebenten Tage einen doppelt so langen als an den übrigen und wiederum am ersten Tage jedes Monats eine doppelt so große Einkerbung, als diejenigen für die Sonntage waren. Auf diese Weise führte ich meinen Kalender, meine Wochen-, Monats- und Jahresrechnung.«

Als der unfreiwillige Einsiedler Crusoe auf seiner Insel dann doch einen anderen Menschen ausfindig macht, tauft er ihn Freitag – nach dem Tag, an dem er ihn aus den Fängen von Kannibalen rettete, mithin nach einem Symbol der Zivilisation, die er so schmerzlich vermisst und die er dem Naturburschen unbedingt angedeihen lassen will.

Ähnlich wissen wir aus vielen Beschreibungen von Gefangenen, dass diese fiktive Erzählung vielfältige Entsprechungen in der Realität hat, denn völlig auf sich zurückgeworfene Menschen suchen oft Halt mittels einer primitiven Zeitrechnung. Ein Beispiel dafür stammt aus der schillernden Lebensgeschichte des russischen KGB-Agenten Jurij Nosenko, der 1964 zum US-Geheimdienst CIA überlaufen wollte, aber zunächst für drei Jahre in strenge Isolationshaft genommen wurde, weil man seinen Angaben nicht traute. In einer permanent erleuchteten Zelle, bei schwachem Tee und fadem Porridge durfte Nosenko nicht einmal das Kleingedruckte auf seiner Zahnpastatube lesen, und auch einen primitiven, heimlich selbst angefertigten Kalender nahm man ihm weg. Er hatte ihn aus Fäden gebastelt, die er aus seiner Kleidung gezogen hatte, aber nicht einmal daran sollte er sich festhalten dürfen.

Unsere moderne Form der Kalenderzählung und Zeitrechnung, ja sogar unsere allgemeine Zeitwahrnehmung betrachten wir zumindest für die gegenwärtige Epoche geradezu als universell. Was das Zeitgefühl betrifft, reicht aber schon der Urlaub auf einer Südseeinsel, der Einspänner in einem Wiener Kaffeehaus oder der Besuch bei Großmutter, um einen entschleunigten Umgang mit der Zeit zu erleben. Unterschiedliche Kulturen gehen verschieden mit Zeit um, auch wenn sie denselben Kalender verwenden, und innerhalb von Kulturen wiederum kann Zeit enorm verschieden wahrgenommen und praktiziert werden. Und dass es nicht nur »unseren« christlichen Kalender gibt, auch wenn er nahezu weltweiter Standard geworden ist, merken wir zumindest gelegentlich: wenn das chinesische Neujahrsfest erst Wochen nach Beginn des christlichen Kalenderjahres gefeiert wird beispielsweise oder wenn eine Marilyn-Monroe-Reliquie die Jahreszahl 5716 trägt, weil es sich um die Urkunde ihres Übertritts zum jüdischen Glauben handelt, oder vor einigen Jahren, als Fernsehsendungen und Zeitungsartikel zum Jahreswechsel 1999/2000 sich bemüßigt sahen, darauf hinzuweisen, dass beileibe nicht überall auf der Welt zu diesem Zeitpunkt der Übergang in ein neues Millennium begangen werde – das streng genommen ohnehin erst im Jahr 2001 begann.

### *Kalenderreformen – mal vorübergehend, mal vergeblich*

So groß – und bisweilen erdrückend – die Präsenz und die weltweite Dominanz unseres westlichen, des nach seinem letzten Reformator benannten gregorianischen Kalenders für uns auch sind, hat es seit seiner Einführung Ende des 16. Jahrhunderts dennoch immer wieder Bestrebungen gegeben, ihn abzuschaffen und durch einen anderen, vorgeblich besseren Kalender zu ersetzen. Zuletzt wurden vor allem rationale Gründe dafür geltend gemacht: Weil weder ein Monat noch das Jahr als Ganzes aus einer geraden Anzahl an Wochen bestehen, ergeben sich in unserer hochgradig ökonomisierten und computerisierten Globalgesellschaft ärgerliche Folgen: Die Monatsanfänge gehen nicht notwendigerweise mit einer gleichzeitig beginnenden Woche zusammen, und der

1. Januar kann auf jeden Wochentag fallen. Wäre das Kalendersystem mathematisch geordneter, könnten Bilanzen und Fahrpläne leichter erstellt werden, außerdem fiele ein bestimmtes Datum alljährlich auf den gleichen Wochentag – und niemand müsste mehr angestrengt überlegen, wie viele Tage ein bestimmter Monat eigentlich hat. Und schließlich darf man für das gern beschworene Ideal einer gleichberechtigten Weltgemeinschaft durchaus die Frage stellen, ob als Universalkalender eine christliche Chronologie nicht längst völlig anachronistisch geworden ist. Müsste die Jahresfolge nicht ab einem weltlicheren Datum gezählt werden als von der Geburt Christi, die noch dazu seinerzeit falsch berechnet wurde? Welches ebenso universell gültige wie weltanschaulich unverfängliche Jahr der Menschheitsgeschichte aber könnte diesen Zweck erfüllen? Der vergleichsweise unbelastete Urknall kommt aus praktischen Gründen nicht infrage: Er liegt einfach zu lange zurück.

Derzeit gibt es keinen internationalen Konsens für eine Reform des Kalenders oder die Einführung eines Weltuniversalkalenders ganz neuer Form, und das Thema ist nur noch eine Spielwiese für akademische Diskussionen, die vorzugsweise im Internet ausgetragen werden. Zuletzt gab es anlässlich des Jahrtausendwechsels Bestrebungen für eine Kalenderreform, die aber ebenso ins Leere liefen wie vorangegangene Versuche der wohl einzigen Weltorganisation, die ein solches Vorhaben schultern könnte: die Vereinten Nationen. Doch auch die UN sind auf die Reformbereitschaft ihrer Mitglieder angewiesen, und nach dem Zweiten Weltkrieg verliefen entsprechende Ansätze im Sande. In den 1920er-Jahren sah es unter der Vorläuferorganisation Völkerbund noch etwas anders aus, ein Ausschuss für eine Weltkalenderreform sammelte immerhin 130 Vorschläge. Doch aus der Umsetzung eines dieser Projekte wurde ebenso wenig etwas wie aus dem Vorhaben der *World Calendar Association* einer betuchten Weltbürgerin namens

Elisabeth Achelis, die sich für einen Weltkalender starkmachte, der auf den französischen Astronom Flammarion zurückging und aus vier gleich langen Quartalen von 91 Tagen (1 Monat zu 31, zwei weitere zu je 30 Tagen) bestehen sollte. Der überzählige 365. Tag sollte als *World Day* weltweiter Feiertag werden. Die schöne Idee von Weltbürgertum und Völkerverständigung mittels Kalender wurde durch den Zweiten Weltkrieg einstweilen widerlegt und geriet anschließend in Vergessenheit. Die Zweiteilung der Welt machte eine kalendarische Verständigung in größerem Maßstab ohnehin unmöglich, aber auch nach dem Ende des Ost-West-Gegensatzes ist angesichts der politischen, gesellschaftlichen, kulturellen und religiösen Unterschiede die Durchsetzung eines Weltkalenders kaum leichter geworden. Trotz aller Schwächen der derzeitigen Jahresrechnung funktioniert unsere komplexe moderne Welt auch in Zeiten der Globalisierung recht reibungslos mit einem Kalender, der zum letzten Mal vor mehr als vier Jahrhunderten reformiert wurde und alles in allem beachtliche fünf Jahrtausende auf dem Buckel hat.

Immerhin hat es seit der Einführung des gregorianischen Kalenders zwei ehrgeizige, wenn auch nur vorübergehend wirksame Kalenderreformen gegeben. Im 20. Jahrhundert war das der Kalender der noch jungen Sowjetunion. Russland hatte erst 1918 den Sprung vom julianischen zum gregorianischen Kalender vollzogen – für Lenin gehörte das erklärtermaßen zu einem »zivilisierten« Land dazu. Schon ein gutes Jahrzehnt später, 1929, sollte der Modernisierung auch ein moderner Kalender zur Seite gestellt werden. Im Zentrum stand, wie nicht anders zu erwarten, die Arbeit, die im Sinne einer gleichmäßigen Produktion und der ehrgeizigen Aufholjagd der Sowjetunion gegenüber dem modernen Westen nicht mehr von einem unproduktiven Wochenende unterbrochen werden sollte. Daneben war beabsichtigt, die Chronologie auf die Revolution abzustellen und mit dem Jahr 1917 neu einsetzen zu lassen, und es sollten die religiösen Feiertage aus dem Kalender restlos getilgt werden. Dieser neue Kalender war trotz des Kalküls der Produktivitätssteigerung vor allem ein Macht- und Propagandainstrument. Ganz und gar sollte die Zeitrechnung eine sowjetische werden, befreit von religiösen und bürgerlichen wie auch vermeintlich kapitalistischen Altlasten – programmatisch wurde das Projekt »roter Kalender« getauft. Statt der religiösen wurden sowjetische Feste eingeführt, und die insgesamt fünf arbeitsfreien Feiertage des Jahres dienten übers Jahr – und im Kalender mit rotem Sternchen versehen – als Füllsel, um einen Jahreszyklus von 360 Tagen (72 »Wochen« zu je vier Arbeitstagen und einem Ruhetag) mit dem Sonnenjahr in Einklang zu bringen. Von diesen staatlich sanktionierten Bummeltagen abgesehen sollten die sozialistischen Fabriken niemals stillstehen, sondern alle Werktätigen mittels rotierender Ruhetage wie in einem Schichtsystem zu ihrer wohlverdienten Erholung kommen. Nach vier Arbeitstagen folgte für die Werktätigen ein planmäßiger Ruhetag, aber eben nicht für alle am selben Tag. Das ganze Land ein Schichtbetrieb, die Bevölkerung aufgeteilt in fünf Arbeits- bzw. Freizeitgruppen, jeweils mit einer eigenen Farbe gekennzeichnet – das musste ähnliche gesellschaftliche Probleme mit sich bringen, wie wir sie aus der Schichtarbeitswelt kennen: Die Freizeitplanung wird beeinträchtigt, weil die Koordination mit Familie oder Freunden ebenso massiv erschwert wird wie die Religionsausübung – für das ideologische Primat des sozialistischen Kollektivs gegenüber der Familie und den Kampf gegen Religion und Kirche durchaus erwünschte Effekte. Das eigentliche Plansoll kräftiger Produktivitätssteigerung durch den Kalender erwies sich jedoch als Wunschdenken, sodass die Sowjetunion schon 1931 die rotierende Woche wieder abschaffte und 1940 schließlich ganz zum alten Kalender zurückkehrte, ohne davon größeres Aufhebens zu machen.

Noch radikaler brach keine 150 Jahre zuvor, wenige Jahre nach der Revolution von 1789, Frankreich mit dem althergebrachten Kalender. Die Französische Revolution gilt bis heute als epochemachend, was schon Zeitgenossen so sahen und was sich im Alltag der Menschen in Form einer neuen Zeitrechnung auch abbilden sollte. Entsprechend ging es bei dieser Reform nicht nur um eine Verbesserung des bestehenden Kalenders, sondern um einen grundsätzlichen gesellschaftlichen Gegenentwurf, denn die revolutionäre Ära Frankreichs verstand sich in radikaler Abkehr von *Ancien Régime* und Kirche als Hinwendung zu Fortschritt und Vernunft, manifestiert in der Ersten Französischen Republik. Gleich dreifach vollzog sich diese Abkehr von der herkömmlichen Zeitrechnung: Eine ganz neue Chronologie machte Schluss mit der Jahreszählung ab Christi Geburt und degradierte die Vergangenheit zur Vorgeschichte der Revolution. Das neue Jahr I (in römischen Ziffern) entsprach dem Jahr 1792/93 alter Zeitrechnung, Jahresbeginn war nunmehr der 22. September bzw. der 1. Vendémiaire, Gründungsdatum der Republik. Der altgediente 1. Januar lag folglich mitten im Wintermonat Nivôse.

Aber auch der Kalender selbst erfuhr revolutionäre Behandlung, denn die Monatseinteilung wurde vereinheitlicht: Jeder Monat hatte künftig 30 Tage, und wie bei den alten Ägyptern (und den alten Maya) vorher wurden die überzähligen fünf, in Schaltjahren sechs republikanischen Festtage am Jahresende als sogenannte *Sansculottides* angehängt. Doch damit nicht genug: Im Zuge der Bestrebungen, wo immer möglich das Dezimalsystem durchzusetzen – der Französischen Revolution verdanken wir ja zudem die metrischen Einheiten –, fielen auch die Wochen dem Umsturz zum Opfer. Stattdessen erhielt jeder Monat, abermals in Anlehnung an Ägypten, drei Dekaden von jeweils zehn Tagen Länge, die ihrerseits ebenso neue Namen bekamen wie die Monate. Auch die Dekade berief sich auf Vernunft, Natur und Praktikabilität: wegen der zehn Finger der menschlichen Hand. Jeder einzelne Tag wurde nach Pflanzen, Tieren oder Ackergeräten benannt, die Monate nach saisonalen Naturerscheinungen oder landwirtschaftlichen Terminen. Innerhalb einer Dekade wurden die Tage nur nummeriert: *Primidi, Duodi* etc. Der religiösen Ausrichtung des alten Kalenders wollte man die Natur als Grundlage entgegensetzen, wozu vorzüglich passte, dass der Jahresbeginn nicht nur Republiktag war, sondern auch den Herbstanfang markierte. Den Einklang des neuen Kalenders mit der Natur sollte ein Gartenbauprojekt für den Pariser Jardin du Luxembourg dem Volk nahebringen; andere Maßnahmen zur Volkserziehung in Sachen Kalender folgten.

Einen dem gewohnten Sonntag gleichkommenden Ruhetag, den *Décadi*, gab es künftig nicht mehr alle sieben, sondern nur noch alle zehn Tage. Die biblisch begründete Woche als Symbol des Christentums abzuschaffen war den stramm antiklerikal ausgerichteten französischen Revolutionären ein besonderes Anliegen. Als dritten Einschnitt wollte die Republik Schluss machen mit der alten Stundeneinteilung – auch hier nach dem Dezimalverfahren zu rechnen und jeden Tag künftig in zehn Stunden zu jeweils 100 Minuten zu unterteilen, scheiterte jedoch.

So radikal der neue Kalender mit der alten Zeitrechnung brach, sosehr er zum Symbol und Erziehungsinstrument eines ganz neuen politischen und gesellschaftlichen Systems wurde und nichts weniger tat, als seinen Benutzern tagein, tagaus vom Leben in einer neuen Ära mit weltgeschichtlicher Bedeutung zu künden, so begrenzt war seine Durchsetzungskraft. Zwar ging seine Einführung schnell vonstatten, im Alltag aber haperte es mit der Umsetzung in vielen Bereichen ganz erheblich – der neue Kalender wurde nicht verinnerlicht, die radikale Abkehr vom religiös geprägten Jahreslauf nicht gänzlich mitgetragen. Möglicherweise reichten dafür die insgesamt 13 Jahre seiner Lebensdauer schlichtweg nicht aus. Insbesondere die Dekadenordnung der Monate blieb den Menschen fremd, nicht zuletzt angesichts der unangenehmen Tatsache, dass die Arbeitswoche nunmehr neun statt sechs Tage hatte.

Nach dem Untergang der Ersten Französischen Republik durch Napoleons Machtergreifung 1799 hatte es nach und nach auch mit dem revolutionären Kalender ein Ende: 1802 wurden statt der Dekaden wieder Wochen eingeführt, zum 1. Januar 1806 war der gregorianische Kalender wieder vollständig rehabilitiert, nachdem die Siebentagewoche schon Jahre vorher de facto wieder eingeführt worden war. Das hatte praktische Gründe, denn das revolutionäre Kalendersystem isolierte Frankreich vom Rest der Welt – und das zu einer Zeit, in der internationale Kommunikation und wirtschaftliche Zusammenarbeit bereits weit entwickelt waren. Aber mindestens ebenso sehr ging es Napoleon um Symbolik: Kaum denkbar, dass das Ende der Republik nicht auch das Ende ihres augenfälligsten Alltagsinstruments mit sich gebracht hätte, der noch dazu als Jahresbeginn den Gründungstag der eben abgeschafften Republik zelebrierte. Als Symbol der Revolution gehörte er in den Augen Napoleons aus dem öffentlichen Bewusstsein entfernt, und die einfachste Lösung war die Wiedereinführung des alten, des gregorianischen Kalenders. Trotzdem wird bis heute der Republikanische Kalender, wie sein eigentlicher Name lautete, als zumindest theoretisch großer Wurf gelobt. Die revolutionäre Kalenderidee erlebte sogar noch einmal eine kurze Renaissance während der Pariser Kommune 1871; und als in den 1960er-Jahren das Dreamteam der deutsch-französischen Aussöhnung, der deutsche Bundeskanzler Adenauer und Frankreichs Präsident de Gaulle, einen »Europakalender« auf den Weg bringen wollten, wurde der Revolutionskalender noch einmal ins Gespräch gebracht.

Während heute die Schwächen des Kalenders überwiegend aus ökonomischer Perspektive gesehen werden, was in der Sowjetunion der 1920er-Jahre ja durchaus eine Rolle spielte, vollzogen die Französische und die Russische Revolution vor allem einen grundsätzlichen Bruch mit der Vergangenheit. Sie stürzten die Monarchie, führten ein neues politisches System ein und brachen die Machtstellung der alten Eliten sowie der Kirche. In diesen Umsturz den Kalender einzuschließen ist ebenso konsequent wie effektiv, jedenfalls von der Idee her. Der Symbolgehalt eines neuen Kalenders ist unübersehbar; gleichzeitig der erzieherische Wert enorm: Der Bruch mit einem überkommenen Herrschaftssystem, der Beginn einer neuen Ära sollte jedem Menschen bewusst gemacht werden, indem jeder Tag aufs Neue daran erinnerte. Gleichzeitig dokumentierte der neue Kalender in beiden Staaten programmatisch den Anspruch der Revolution, keine Eintagsfliege zu sein, sondern vor der Geschichte dauerhaft zu bestehen. Das allerdings misslang: In Frankreich konnte er zu keiner Zeit der Republik vollends durchgesetzt werden, in der langlebigeren Sowjetunion wurde er nach wenigen Jahren abgeschafft.

Der Misserfolg der beiden ambitionierten Kalenderreformen in Frankreich und der Sowjetunion mag denn auch den italienischen Diktator Mussolini bewogen haben, bei aller Großspurigkeit keine radikale kalendarische Abkehr zu vollziehen. Er verfügte 1926 per Erlass lediglich, dass die Jahre künftig *dell'era fascista* – gerechnet ab dem Jahr 1922, in dem der »Marsch auf Rom« stattfand – zu zählen waren, was aber kaum konsequent befolgt wurde. Mit ähnlich begrenzter Durchsetzungskraft wie Italien verfügte das deutsche NS-Regime, in Anlehnung an Karl den Großen künftig »germanische« Monatsnamen zu verwenden, und etikettierte die christliche Chronologie in die Zählung »nach der Zeitwende« um. Auch Nordkorea zählt seit 2003 offiziell zu Ehren des »ewigen Präsidenten« Kim Il-sung anders: In dessen Geburtsjahr 1912 beginnt als *Chuch'e 1* die neue Chronologie, benannt nach der herrschenden Ideologie Nordkoreas. Unter der neuen Verpackung kommt aber, ansonsten unbeschädigt, der gregorianische Kalender zum Vorschein.

Der Kalender als Machtfaktor und Propagandainstrument in der Geschichte ist ein weites, gleichwohl eher nachlässig beackertes Feld – mit Zeitwahrnehmung und Zeiteinteilung befassen sich vornehmlich Astronomen und Mathematiker, Anthropologen, Ethnologen und Religionswissenschaftler, Soziologen und Philosophen. Wie sehr aber Macht über Zeit in Form von Kalendern, Uhren und Zeitregeln nicht nur in Form von Arbeitszeiten, Fahr- und Stundenplänen, sondern auch durch gesellschaftliche Normen ausgeübt wird, verdeutlichen Herrschaftsumbrüche besonders gut. Plötzlich müssen Menschen den gewohnten, vielleicht geschätzten Umgang mit Zeit aufgeben und sich neuen (Macht-)Umständen und Zeitvorschriften anpassen. Von der Christianisierung Europas bis zur europäischen Eroberung der Welt, immer brachten neue Machthaber ein neues Zeitregime mit. Macht bedeutet auch, über die Zeit anderer bestimmen zu können – und Ohnmacht, einem Zeitkorsett selbst dann folgen zu müssen, wenn es der eigenen Natur oder Absicht zuwiderläuft. Moderne Gesellschaften praktizieren die Beherrschung der Zeit vermeintlich rational, in vormodernen jedoch manifestiert und legitimiert sich Macht oft nachdrücklich mittels der Zeitrechnung, sei es durch die Form der Jahreszählung, sei es durch neue Festtage oder symbolische Handlungen des Herrschers im Kalendertakt.

Wer mit einer Revolution eine Zeitenwende zu vollziehen beansprucht, muss sich also zuallererst an der Chronologie des gregorianischen Kalenders stoßen, denn sie postuliert das Christentum als universellen Maßstab der Zeitrechnung. Die Geburt Christi in Bethlehem wurde allerdings erst Jahrhunderte nach dem Ereignis zum kalendarischen Nullpunkt erklärt. Zunächst blieb es trotz der stetig zunehmenden Bedeutung des Christentums und selbst nach seiner Erhebung zur Staatsreligion bei der gewohnten Jahreszählung nach Regierungsjahren der römischen Kaiser. Dafür erhielt der eben noch heidnische Kalender eine christliche Prägung. Die

Chronologie-Revolution aber schlug erst im 6. Jahrhundert der römische Abt Dionysius Exiguus vor. Damals zählte man mit der Ära des Diokletian, das heißt seit dem Regierungsantritt dieses heidnischen römischen Kaisers dalmatischer Herkunft, der die Christen erbarmungslos verfolgt hatte – was für Dionysius ein skandalöser Zustand war. Außerdem sollte sich auch kalendarisch ausdrücken, dass über aller irdischen Macht und Zeit die göttliche steht. Dionysius setzte nach Berechnungen mit dem Jahr 1 ein Datum für die Geburt Christi ein, das dem Jahr 754 nach der legendären Gründung der Stadt Rom entsprach. In Schriften des Mittelalters trat die Zählung »ab der Fleischwerdung des Herrn«, die sogenannte Inkarnationsrechnung, zunehmend neben andere chronologische Einordnungen, die Zählung »vor Christus« wurde jedoch erst im 18. Jahrhundert üblich.

Zu größerer Aufmerksamkeit verhalf 200 Jahre nach Dionysius der englische Gelehrte und Benediktinermönch Beda Venerabilis der neuen Zählweise, außerdem Karl der Große, der in einem nach Inkarnationsrechnung runden Jahr Kaiser wurde, nämlich 800 Jahre nach der Geburt Christi. Die neue Jahreszählung setzte sich aber nur allmählich durch, zumal es regional noch viele andere Zählweisen gab, zumeist die Regierungsjahre lokaler Fürsten, was der konkreten Erinnerung der Menschen ja auch eher entsprach als ein viele Jahrhunderte zurückliegendes Datum, so bedeutsam es auch gewesen sein mochte. Seit ungefähr 1000 n. Chr. begannen Kalenderfachleute, sich mit den Berechnungen zum Geburtsjahr Jesu näher zu beschäftigen, was bis heute fortdauert. Denn Dionysius Exiguus hatte sich um einige Jahre verrechnet, und das exakte Geburtsjahr des Begründers des Christentums ist bis heute heiß umstritten. Kalendarisch korrigiert wurde der Irrtum jedoch nie.

Hier erweist sich besonders deutlich, dass Kalender keine nüchtern-neutralen Zeitrechnungssysteme waren, sondern an

Religion gebunden und Ausdruck politischer Herrschaft. Das gilt für unseren Kalender ganz besonders: Viele Jahrhunderte lang war das Abendland christlich dominiert, und die Kirche war bis in die jüngere Vergangenheit eng verwoben mit Politik und Herrschaftsausübung. So wie nach dem Ende des Römischen Reiches Kirche und Frankenreich gemeinsam das Erbe Roms antraten und diesem Erbe den christlichen Stempel aufdrückten, so übernahmen sie den römischen Kalender und richteten ihn christlich aus, und zwar nicht nur mit der christlichen Chronologie, sondern in seiner gesamten Struktur. Daher wollten sich die revolutionären Kalenderreformen des 18. und 20. Jahrhunderts aus ideologischen Gründen nicht damit begnügen, bloß die christliche Chronologie abzuschaffen, sondern sie wollten den Kalender grundlegend verändern. Heute dagegen nehmen wir die christliche Prägung unserer Zeitrechnung kaum noch bewusst wahr, weil unser Lebensalltag ohnehin weitgehend säkularisiert ist.

### *Unser Weltkalender – einst ein päpstliches Reformwerk*

Und doch heißt unser Kalender nach einem römischen Papst, Initiator der letzten maßgeblichen Reform des viel älteren Kalenders Ende des 16. Jahrhunderts: Gregor XIII. Seine Person machte die gregorianische Reform von 1582 schon im Vorfeld zu einem Politikum erster Güte. Im feindseligen Klima zwischen römischer Kirche und protestantischer Welt wenige Jahrzehnte nach der Reformation, die das christliche Abendland zutiefst erschüttert hatte, musste der päpstliche Zugriff auf den Kalender überall dort vehement abgelehnt werden, wo die Autorität des Papsttums generell infrage gestellt war. Die Protestanten wollten einem katholischen Kirchenoberhaupt, das sie als Antichrist verhöhnten, nicht zugestehen, sich mit einem Kalender unsterblich zu machen, zumal sie hinter dem Vorhaben die verhasste Gegenreformation witterten. Das war durchaus berechtigt, denn für den sendungsbewussten Gregor war die Reform bei aller augenfälligen Notwendigkeit und wissenschaftlichen Herangehensweise gleichzeitig ein propagandistisches Unternehmen. Dass die Wissenschaft aufseiten der römischen Kirche stand, nutzte im vergifteten Klima der Kirchenspaltung denn auch nicht viel.

Was aber machte die Reform des Kalenders überhaupt notwendig, und wie kam der Papst dazu, dieses ehrgeizige Unternehmen anzugehen? Der augenfälligste Grund für einen Kalender-Relaunch war ein religiöser, nämlich das christliche Osterfest. Und dass da etwas nicht stimmte, fiel nicht nur den Astronomen auf. Im 3. Jahrhundert hatte man sich darauf geeinigt, dieses höchste Fest der Christenheit immer am Sonntag nach dem ersten Frühlingsvollmond zu feiern, also an einem beweglichen Datum zwischen dem 22. März und 25. April. Wegen der damals besonders prekären Konkurrenzsituation mit dem Judentum sollte das Fest aber auf keinen Fall mit dem Pessach zusammenfallen. Weil der alte julianische Kalender gegenüber dem astronomischen Jahr 11 Minuten und 12 Sekunden zu lang war, hatten sich seit der letzten Kalenderreform zehn überzählige Tage angesammelt, sodass der kalendarische Frühlingsanfang allmählich immer früher im (Sonnen-)Jahr stattfand. Dadurch rückte auch das christliche Osterfest (und damit auch die daran gekoppelten beweglichen Festtage) allmählich weiter zurück – ein erhebliches Ärgernis für die universell christliche Gesellschaft im damaligen Abendland, denn ein verfrühter Ostertermin konnte nicht gottgefällig sein und war daher beängstigend.

Dieses ungute Gefühl teilten Katholiken und Protestanten gleichermaßen, doch weigerte sich die Reformation, das Papsttum als Kalenderautorität anzuerkennen. Da half es wenig, dass Martin Luther selbst eine einheitliche Reform verlangt hatte – alles

Päpstliche war den von Rom abtrünnigen Christen Teufelswerk, zumal wenn es von diesem Papst kam. Und wer die Schwächen des alten Kalenders nicht ignorieren, dem Papst aber ebenso wenig recht geben wollte, der forderte ganz andere Lösungen – beispielsweise Landgraf Wilhelm IV. von Hessen, der sich für die Übernahme des neupersischen Kalenders starkmachte.

Sogar innerhalb der katholischen Kirche gab es erhebliche Widerstände gegen das Vorhaben der Kalenderreform – durfte der Papst eigenmächtig in die Zeit eingreifen, die doch von Gott gegeben war? Viele unterschieden damals nicht zwischen Zeit und ihrer Einteilung durch den Menschen. Luther hingegen forderte noch radikalere Änderungen am Kalender: Er wollte die vielen beweglichen Feiertage der Christenheit – abfällig »Schaukeltermine« genannt und an Mondphasen oder Tagundnachtgleichen orientiert – gleich ganz abschaffen. Ihm schwebte vor, Ostern alljährlich an einem festen Datum zu feiern.

Kritik an den Schwächen des Kalenders gab es schon lange – einer der ersten Wortführer war im 8. Jahrhundert der schon erwähnte angelsächsische Benediktiner und Gelehrte Beda Venerabilis. Mit der über die Jahrhunderte größer werdenden Lücke zwischen astronomischem Sonnenjahr und seiner kalendarischen Abbildung sowie mit dem Aufschwung der Astronomie vor allem in Polen und Deutschland nahm die Kritik im Laufe des Mittelalters stetig zu, nicht nur im Bereich der römischen, sondern auch der orthodoxen Kirche. Die andauernde Debatte erinnert verdächtig an Reformen unserer Zeit: Päpste gaben an Universitäten überall in Europa Gutachten in Auftrag, Konzile berieten verschiedenste Reformvorschläge, für die unter anderem so bekannte Namen wie Nikolaus Kopernikus und Tycho Brahe verantwortlich zeichneten. Mancher Papst hätte sich gern als Kalenderreformator verewigt und starb dann doch vor der Zeit. Aber zur Umsetzung der Vorschläge in Form eines verbesserten Kalenders kam es lange nicht. Als endlich

Einigkeit erzielt worden war darüber, wie das Problem anzugehen sei, brach über die Christenheit die Reformation herein und schwächte die päpstliche Autorität in weiten Teilen Europas, auch in Kalenderfragen.

Papst Gregor wollte mit der Kalenderneuordnung die innere Reform und Heilung der katholischen Kirche vorantreiben und gleichzeitig ihren universalen Geltungsanspruch fortschreiben. Dem diente auch seine rege Bautätigkeit in Rom und im Vatikan, aber noch aussagekräftiger sind die Reparaturarbeiten am Kalender, weil die römische Kirche mit dem Zugriff auf die Ordnung der Zeit ihren Alleinvertretungsanspruch kaum besser untermauern konnte. Daher ging Gregor die Sache grundlegend an, um dem Projekt auch wirklich zu nachhaltigem Erfolg zu verhelfen. 1577 wurde eine Kommission berufen, Italiener, Spanier, Deutsche berieten bis 1580, wie dem Problem wirkungsvoll beizukommen sei. Ziel war es, den kalendarischen Frühlingsanfang wieder am 21. März begehen zu können.

Die Reform, die schon seit Jahrhunderten diskutiert worden war, glich die aufgelaufenen überzähligen Tage durch Streichung aus. Die Tage vom 5. Oktober bis zum 14. Oktober 1582 entfielen – auf Donnerstag, den 4. Oktober 1582, folgte nach einer Nacht gewohnter Länge Freitag, der 15. Oktober 1582. Um die regelmäßig anfallende Notwendigkeit solcher kalendarischer Eingriffe von vornherein auszuschließen, modifizierte die gregorianische Reform die Regelung für die Schaltjahre: Zwar blieb man bei der prinzipiellen Vorgabe, alle vier Jahre einen zusätzlichen Tag einzuschieben, legte aber fest, dass die sogenannten Säkularjahre, also volle Jahrhunderte, keine Schaltjahre mehr sein sollten. Eine Ausnahme machten die Säkularjahre, die durch 400 teilbar sind – weshalb das Jahr 2000 einen 29. Februar hatte, der Februar des Jahres 2100 dagegen nur 28 Tage haben wird. Mit dieser mathematisch ausgeklügelten Reform sank die Differenz zwischen dem astronomischen und dem kalendarischen Jahr von gut 11 Minuten auf nur noch 26 Sekunden, ohne dass der Kalender grundlegend verändert werden musste. Seither dauert es 3323 Jahre, bis der Kalender gegenüber dem astronomischen Sonnenjahr wieder um einen vollen Tag in Rückstand gerät, und nicht mehr nur 128 Jahre. Zweifellos eine stattliche Verbesserung.

So überzeugend die Kalenderreform mathematisch auch ist – wir kommen ja bis heute gut damit zurecht –, ihre Umsetzung geriet wegen der Kirchenspaltung zum gottlosen Chaos. Obwohl Gregor XIII. die Reform mittels einer päpstlichen Bulle kirchenrechtlich verordnete und außerdem alle Fürsten Europas bat, im Interesse der Einheit des Christentums dem Beispiel der römischen Kirche zu folgen, übernahmen zum Stichtag 15. Oktober 1582 neuer Zählung nur Spanien, Portugal und Polen die Neuregelung ohne größere Probleme. Frankreich und Lothringen zogen immerhin schon gut zwei Monate später nach, insgesamt aber feierten die Christen Weihnachten in unüblichem Abstand voneinander. Der Rest von Europa folgte erst nach und nach – selbst in Italien blieben viele Regionen zunächst bei der alten Zählweise. Ein heilloses Durcheinander entwickelte sich in den zahlreichen deutschen Kleinstaaten, weil die eine Kalenderzählung möglicherweise schon wenige Kilometer weiter nicht mehr galt. Noch schwieriger wurde es in gemischtkonfessionellen Städten des Reiches wie Ravensburg oder Dinkelsbühl. Im bayrischen Augsburg, damals eine der bevölkerungsstärksten Städte Deutschlands und ohnehin schon mit prekären sozialen Spannungen belastet, kam es gar zu Straßenkämpfen, weil sich der evangelische Rat der reichen Handelsstadt der Reform anschließen wollte – ganz pragmatisch, um der kalendarisch gespaltenen Stadt wirtschaftlichen Schaden zu ersparen: Es sollte bei reibungslosem Handel und einheitlichen Markttagen bleiben. Das nahmen viele Protestanten, die die überwältigende Mehrheit der Bevölkerung ausmachten und von den

Kanzeln aus angeheizt wurden, ihren Ratsvertretern übel. Diese wiederum versuchten, ihre Entscheidung als eine rein weltliche darzustellen, aber trotzdem geriet die Stadt an den Rand eines Bürgerkriegs. Ähnliches geschah im gerade unter polnisch-litauische Herrschaft geratenen Riga, wo es gar zum Lynchmord an zwei Ratsmitgliedern kam. Hinzu traten halbherzige Teilreformen oder Rücknahmen bereits verfügter Anpassungen, so in Schweden. Bekanntestes Beispiel für das kalendarische Durcheinander ist der Abschluss des Westfälischen Friedens 1648, also mehr als ein halbes Jahrhundert nach der gregorianischen Reform. Er erhielt eine doppelte Datumsangabe, sowohl nach alter, julianischer Zählung als auch nach neuer, gregorianischer.

Aber nicht nur ideologische Gegner der römischen Kirche wüteten gegen die Kalenderreform. Von der Lücke im Kalender wurden die einfachen Menschen verunsichert, manchen erschien die Maßnahme als frevelhaft, andere beklagten finanzielle Verluste, weil Pachtzinsen zu fehlen schienen, wieder andere vermissten das liebgewonnene Fest ihres persönlichen Schutzheiligen, dessen Feiertag im Jahr der Reform von der ominösen Zehn-Tages-Lücke geschluckt wurde wie von einem schwarzen Loch. Dass vielerorts der Frühling des Reformjahres 1582 besonders nass und kühl ausgefallen war, legten manche Kritiker als vorweggenommene Tränen des Jahres über die gestohlenen zehn Tage aus, einige sahen wieder einmal das Weltende in greifbare Nähe gerückt.

Europaweit führten also in den kommenden Jahren und Jahrzehnten zunächst nur die römisch-katholischen Länder den gregorianischen Kalender ein, die protestantischen Länder des Heiligen Römischen Reiches – also auch die reformierten deutschen Kleinstaaten – folgten erst 1700, weitere europäische Staaten zogen im 18. Jahrhundert nach. Besonders hartnäckig dem julianischen Kalender treu blieben im christlichen Europa England, wo man trotz der Union mit Schottland 1707 in London und in Edinburgh

Neujahr an verschiedenen Tagen feierte, und Schweden. Erst 1752 wurden die Kalender umgestellt – dass daraufhin in England ein handfester Kalenderaufstand unter dem Slogan »Gebt uns unsere elf Tage zurück!« ausbrach, ist allerdings eine Legende.

Vereint im Kalender war das westliche Christentum erst 1812, als auch der widerspenstige Schweizer Kanton Graubünden die gregorianische Reform angenommen hatte. Die orthodoxen Länder schlossen gar erst Anfang des 20. Jahrhunderts auf, während das orthodoxe Kirchenjahr bis heute an der alten Zählung festhält. Trotz der zunächst schleppenden Übernahme der Reform geriet der gregorianische Kalender über die Jahrhunderte zum Erfolgsmodell auch außerhalb der christlichen Welt: Noch vor Russland übernahmen Japan und China die europäische Kalenderform, 1926 machte es die Türkei ihnen nach – im Gefolge der Staatsgründung Kemal Atatürks und nicht unter der Bezeichnung christlicher, sondern »internationaler« Kalender. Heute gilt der gregorianische Kalender nahezu weltweit, auch in den mohammedanischen Ländern besitzt er längst größere Bedeutung als der islamische Kalender, der weitgehend auf den religiösen Bereich zurückgedrängt wurde.

Papst Gregor verbesserte mit seiner Neuordnung den Kalender des Römischen Reiches, der bereits eine Reform erfahren hatte und ebenfalls nach deren Urheber benannt worden war: Gaius Julius Caesar gab nicht nur dem julianischen Kalender seinen Namen, eigens für ihn wurde auch ein Monat des römischen Kalenders umbenannt, den wir bis heute Juli nennen. Weiterhin wird unser Kalender sowohl als gregorianischer als auch julianischer bezeichnet, auch wenn keiner der beiden Namensgeber bei null angefangen hat, sondern beide das bestehende Kalendersystem modifizierten, weil scheinbar kleine Ungenauigkeiten über große Zeiträume schleichend zu unübersehbaren Asymmetrien zwischen Kalender und astronomischem Jahr geführt hatten. Und beiden erschien der Kalender als geeignetes Instrument, um ihren Machtanspruch zu untermauern.

Wenn Kalender nicht ausschließlich nach objektiven Gesichtspunkten funktionieren, ist entweder mangelndes astronomisches Wissen dafür verantwortlich – oder politische oder kulturelle Hindernisse treten zu dem grundlegenden Problem jedes Kalenders, dass ein Sonnenjahr nicht aus einer geraden Anzahl an Mondzyklen besteht. Beim Zustand des römischen Kalenderwesens zur Zeit Caesars kamen all diese Aspekte zusammen. Vor allem waren die Römer astronomisch weder so versiert wie Ägypter oder Babylonier, noch an der genauen Beobachtung der Sterne und einem exakten Kalender sonderlich interessiert. Zudem ging der alte römische Kalender auf einen reinen Mondkalender zurück, wie er im Mittelmeerraum weit verbreitet war.

Je größer das Römische Reich wurde und umso komplexer die Herrschaftsausübung und Verwaltung, desto problematischer wurde die lange Zeit reichlich sorglose Kalenderwirtschaft der Römer. Auf Dauer war der römische Kalender seiner Aufgabe als Herrschaftsinstrument nicht mehr gewachsen. Im Zuge der allmählichen, nicht unfreiwilligen, wohl aber ungeplanten Entwicklung zum Weltreich passte man den Kalender zwar den veränderten Bedingungen einigermaßen an, lange Zeit freilich ohne den großen Wurf zu wagen, wie ihn Caesar schließlich mit seiner Reform vollzog. Man schränkte die Kalenderwillkür ein, schaffte sie aber nicht gänzlich ab, man orientierte sich (unzureichend) am Sonnenjahr, ohne aber das (schiefe) Mondjahr von 355 Tagen vollends aufzugeben. Nur: Ein komplexes Weltreich braucht einen Kalender, der unbestechlich ist und unangefochten gilt, außerdem verwaltungstechnisch belastbar, und nicht nach Belieben verlängert oder verkürzt werden kann.

Caesar ärgerte die Schlamperei, die über die Jahre dazu geführt hatte, dass Kalenderjahr und Sonnenstand um inzwischen

90 Tage auseinanderlagen. Das lag daran, dass es keinen festgelegten Schaltrhythmus gab, sondern nach Bedarf verfahren wurde. Solcher Bedarf war aber nicht selten dem politischen oder wirtschaftlichen Egoismus hoher Beamter geschuldet, die beispielsweise Amtszeiten verlängern wollten.

Seit 63 v. Chr. war Caesar Pontifex Maximus und damit oberster Priester Roms und in der Position, über den Kalender entscheiden zu können. Zwischen seinen Feldzügen in Ägypten, Nordafrika oder Spanien arbeitete der Diktator an der Neuordnung des römischen Staates und präsentierte sich damit der Nachwelt nicht nur als Machtmensch und Feldherr, sondern auch als weitblickender, überlegter Staatsmann.

In diesem Zusammenhang steht seine Kalenderreform, zu der ihn neben dem Ärger über die schlampige römische Kalenderwirtschaft auch sein ägyptischer Feldzug inspirierte. In Ägypten beeindruckte ihn nämlich nicht nur die Pharaonin Kleopatra, der er beim Machterhalt auf dem ehrwürdigen Königsthron unter die Arme griff und mit der er einen Sohn zeugte. Caesar war insgesamt fasziniert von der jahrtausendealten, hoch entwickelten ägyptischen Kultur, die so viel mehr Glanz und Glamour bot als Rom. Im Besonderen studierte er den ägyptischen Kalender, der erheblich länger in Gebrauch war als der römische und trotzdem genauer. Caesar nutzte die geballte Expertenkraft des Museions von Alexandria – dort war auch die später untergegangene weltberühmte Bibliothek ansässig. Nach seiner Rückkehr nach Rom beauftragte Caesar einen anerkannten Mathematiker und Astronomen, einen Ägypter namens Sosigenes, zusammen mit anderen Experten und mit dem ägyptischen Kalender im Hinterkopf Änderungsvorschläge für den römischen zu machen. 46 v. Chr. wurde die nach seinen Ergebnissen gestaltete julianische Kalenderreform vom römischen Senat angenommen und im Jahr darauf eingeführt.

Die julianische Reform besteht wie die gregorianische vor allem aus zwei Teilen: dem Ausgleich der aufgelaufenen überzähligen Tage – im Falle Roms 90, die man durch Verlängerung des Jahres 46 v. Chr. um 67 Tage und einen im Februar eingeschobenen Schaltmonat von 23 Tagen erhielt. Nach diesem »Jahr der letzten Verwirrung«, das nunmehr 445 Tage hatte und seither manchen Historiker beim exakten Datieren Nerven kostet, trat mit dem 1 Januar 45 v. Chr. die Kalenderreform in Kraft, die julianische Ära begann.

Bisher hatte das römische Kalenderjahr mit dem Februar als letztem Monat geendet, was dessen geringere Tageszahl erklärt. Caesar kürzte ihn um noch einen weiteren Tag, um den zwölf Monaten mit ihren je 30 Tagen noch sechs Tage hinzufügen zu können, die er auf die ungeraden Monate verteilte: Januar, März, Mai, Juli, September, November. Alle anderen, geraden Monate mit Ausnahme des Februars umfassten 30 Tage. (Die Ägypter besaßen zwölf gleich lange Monate von jeweils 30 Tagen und fügten die fünf überzähligen Tage einfach zum Jahresende an. Diese ans Jahr angehängten, quasi nutzlosen, weil überflüssigen Tage mochte Caesar so nicht übernehmen.)

Caesars Reform sollte sich als langlebiger erweisen als alles, was er sonst in Angriff genommen hat. Allerdings kam es schon bald zu einem Fehler der römischen Kalenderpriester, die wegen der missverständlichen Schaltregel den alsbald vor der Zeit ermordeten Caesar nicht mehr um Klärung bitten konnten. Prompt schoben sie über einen Zeitraum von 36 Jahren zu viele Schaltjahre ein, die Caesars Nachfolger Augustus wieder ausglich, indem er drei Schaltungen strich.

Wichtige Begriffe unseres heutigen Kalenders gehen auf Rom zurück, wurden im gregorianischen Kalender beibehalten und haben sich durch ihn weltweit verbreitet. Ihre Herkunft ist aber oftmals unbekannt oder rätselhaft. So geht der Jahresbeginn 1. Januar auf Rom zurück, er wurde allerdings erst mit der julianischen Kalenderreform endgültig festgelegt und entspricht dem Dienstantritt der römischen Konsuln. Vorher begann man das Jahr mit dem Monat März, was erklärt, dass unser neunter Monat September nach der Zahl sieben (lateinisch: *septem*) benannt wurde, so wie Oktober, November und Dezember dem Namen nach an achter, neunter und zehnter Stelle im Jahr stehen müssten. Auch die übrigen Monatsnamen verdanken wir den Römern, sie sind überwiegend nach Göttern benannt (Januar, März, Mai, Juni) oder nach einem Fest wie der Februar beziehungsweise nach den sich öffnenden Knospen des Frühlings wie der April. Zwei Monatsnamen wurden nach historischen Personen benannt: neben dem Juli (vorher: Quintilis) der August (vorher Sextilis) nach Caesars Großneffe und Adoptivsohn Augustus. Auch spätere römische Kaiser wollten sich im Kalender wiederfinden und fuhrwerkten in der Namensgebung der Monate herum, aber entsprechende Versuche von Nero oder Caligula konnten sich nicht durchsetzen.

Glücklicherweise hat die römische Gliederung jedes Monats die Zeiten nicht überlebt: Er begann mit dem sogenannten Neulicht, der ersten schmalen Sichel des zunehmenden Mondes nach den gänzlich dunklen ein bis zwei Neumondnächten. Diese Tage hießen Kalenden (lateinisch: *Calendae*) und gaben dem Kalender seinen Namen, an ihnen wurde ursprünglich der Beginn eines neuen Monats öffentlich ausgerufen. In der Mitte des Monats lagen die Iden, die den Tag des Vollmonds bezeichneten. Diese beiden Tage sowie zwei zwischen ihnen liegende namens *Nonae* und *Terminaliae* (zu- bzw. abnehmender Neumond) waren Feiertage. Kalenden, Nonen und Iden dienten auch als Bezugspunkte für die übrigen Tage des Monats, was die jeweilige Tagesbezeichnung kompliziert machen konnte. Weil man beispielsweise auf die Kalenden eines *folgenden* Monats hinzählte, wurde die zweite Monatshälfte als Kalenden des Folgemonats bezeichnet. Den Römern wird es in Fleisch und Blut übergegangen sein, heute müssen sich nur noch Historiker und Lateinschüler damit quälen. Daneben gab es alle acht Tage einen Markttag, der damit eine Art Wochenstruktur vorgab, und seit dem 1. Jahrhundert n. Chr. allmählich die uns bekannte Siebentagewoche, die Konstantin der Große Anfang des 4. Jahrhunderts durchsetzte.

Auch die Griechen waren kalendarisch geradezu anspruchslos, was auf den ersten Blick ähnlich überrascht wie das Verhältnis der frühen Römer zum Kalender. Fast gewinnt man den Eindruck eines typisch mediterranen Laisser-faire – aber Kalendersysteme entwickeln sich nicht aufgrund von Klischees, sondern nach Notwendigkeiten. Die griechischen Stadtstaaten und Rom vor seiner beispiellosen Expansion waren kleine politische und gesellschaftliche Einheiten, die eines leistungsfähigen Kalendersystems nicht so sehr bedurften, wie es später für das zentralisierte und komplex organisierte römische Weltreich zutraf. Für das städtische Zusammenleben ging es beim Kalender vornehmlich um religiöse Aspekte, insbesondere die Bestimmung von Festtagen und Opferterminen. Für zivile und wirtschaftliche Belange aber genügte der einfache Mondkalender, zumal auch Unkundige einigermaßen mit ihm zurechtkamen, weil man mit dem Monat als überschaubarer Einheit rechnete, dessen Fortgang noch dazu anschaulich von den Mondphasen begleitet wurde. Wie bei den Römern begann der griechische Monat mit dem Neulicht des Erdtrabanten nach der kurzen mondlosen Phase. Noch früher lebte man in Griechenland nach einem gänzlich bäuerlichen Kalender, wie ihn der Dichter Hesiod in *Werke und Tage* schildert: Der aufs Pflanzenjahr, also auf die von der Natur vorgegebenen Zyklen achtende Bauer wird darin auf den Sternenhimmel verwiesen, der Anhaltspunkte für Aussaat und Ernte liefert. Die sich weiterentwickelnden griechischen Stadtstaaten hingegen brauchten mehr kalendarische Klarheit vor allem für religiöse Zwecke: Wann musste einem bestimmten Gott gehuldigt werden? Und wann einem anderen ein Opfer dargebracht? Das griechische Stadtstaatensystem brachte es mit sich, dass sich die Kalenderrechnungen unterschieden: Jeder kochte sein eigenes Süppchen, sei es in der Politik, in der Verwaltung oder bezüglich der Kulte, die man pflegte. Jede Stadt hatte außerdem eine eigene Chronologie, die auf die Regierungsjahre einer Amtsperson bezogen war. Das machte das Geschäft der griechischen Historiker beschwerlich, denn sie mussten eine allgemein verständliche Datierung anhand verschiedener Ereignispunkte finden, wenn sie ein Jahr angeben wollten, für das uns heute eine einfache Jahreszahl zur Verfügung steht. Erst spät im klassischen Griechenland, seit Mitte des 3. vorchristlichen Jahrhunderts, wurde die griechische Chronologie auf Grundlage der Olympischen Spiele vereinheitlicht, wofür man auf die (historisch ungesicherten) ersten Spiele des Jahres 776 v. Chr. zurückgriff. Seither zählte man in Olympiaden, dem Vierjahresrhythmus zwischen den Spielen.

Die Griechen orientierten ihre Kalenderzählung am Mond. Da ein Mondmonat jedoch gut 29,5 Tage dauert, reihte man Monate von abwechselnd 29 und 30 Tagen aneinander. Aufs Jahr gerechnet ergab sich damit bei 354 Tagen eine allzu deutliche Lücke von elf Tagen zum Sonnenjahr. Das musste den Göttern missfallen; daher legte man in einem Zeitraum von 19 Jahren sieben Schaltjahre ein, in denen beispielsweise in Athen der Monat Posideón, ursprünglich nach dem Fest des Meeresgottes Poseidon benannt, doppelt vorkam. Diesen sogenannten Metonischen Zyklus von 19 Jahren schuf 432 v. Chr. der ansonsten nahezu unbekannte Mathematiker Meton, der dafür abermals in der Kalendergeschichte auf Bewährtes zurückgriff: in diesem Fall auf den babylonischen Kalender. Allerdings blieb den griechischen Städten einiger kalendarischer Spielraum, was zu Verwirrung bei Zeitgenossen und nachgeborenen Historikern gleichermaßen führte, wenn mehr oder weniger willkürlich Tage eingeschoben wurden. Überliefert ist beispielsweise ein pragmatischer Entschluss Alexanders des Großen: Sein Biograf Plutarch berichtet von einer Prophezeiung, derzufolge die Belagerung einer Stadt noch im laufenden Monat siegreich sein würde. Nur war der Monat schon so gut wie zu Ende, was bei Alexanders Begleitung Spott und Hohn hervorrief. Aber der König kümmerte sich darum nicht weiter, sondern befahl kurzerhand, den Kalender um zwei Tage zurückzudrehen, womit reichlich Zeit blieb, die Stadt einzunehmen.

Auf die Zeiteinteilung der Griechen konnte Caesar also schwerlich zurückgreifen, als er sich daran machte, den römischen Kalender unbestechlich und für ein Weltreich leistungsfähig zu machen. Mit einiger Berechtigung vertraute Caesar stattdessen auf den Kalender des effizienten Zentralstaats Ägypten, der in ganz besonders augenfälliger Weise auf die Gegebenheiten und Notwendigkeiten des Landes aufbaute. Das wichtigste jährliche Ereignis in Ägypten war die »Nilschwelle«, jener Zeitraum, wenn der Nil (jedenfalls bis zum Bau des Assuan-Staudamms im 20. Jahrhundert) aufgrund der Schneeschmelze weit im Süden Hochwasser führte und dem ansonsten kargen Land fruchtbaren Schlamm brachte. Denn dieser blieb nach dem Ende des Hochwassers zurück und wurde zum wertvollen Ackerboden für die ägyptische Landwirtschaft. 1000 Kilometer lang war der schmale Landstreifen beidseits des Nils und maximal 25 Kilometer breit, hinzu kam das breite Flussdelta.

Damit war der Nil nichts Geringeres als der Schicksalsfluss Ägyptens und mit seinen unaufhörlich fließenden Wassern gleichzeitig gewissermaßen die natürliche Ausprägung des ewigen, unerschütterlichen Flusses der Zeit sowie der zyklischen Eigenschaften der Natur.

Dieser Flut und ihrem Potenzial in einer ansonsten wüstenhaften Region waren die alten Ägypter dankbar, gleichzeitig war es hilfreich, den genauen Zeitpunkt der Flut zu kennen, um sich einzurichten – man wandte sich deswegen gen Himmel. Als Wegweiser entdeckte man den Sirius (Hundsstern), der alljährlich um den 20. Juli unseres modernen Kalenders am Nachthimmel über Ägypten das Nilhochwasser ankündigte. Der Sirius durchmisst seine Umlaufbahn fast exakt im gleichen Zeitraum, den die Erde um die Sonne braucht: 365,242 Tage. Weil das ägyptische Kalenderjahr wie das unsrige aber 365 Tage hat, verschiebt sich das Erscheinen des Sirius, und er braucht 1460 seiner Jahre, um wieder zum selben Zeitpunkt im ägyptischen Kalender die Nilflut anzukündigen. Das ägyptische Kalenderjahr wird auch als »Wandeljahr« bezeichnet, weil durch den Rückstand um einen knappen Vierteltag zum Sonnenjahr der Jahresbeginn über einen Zeitraum von 1461 Sonnenjahren alle Tage des Kalenders durchlief.

Die Ägypter bevorzugten das Sonnenjahr gegenüber dem Mondjahr auch deshalb, weil die drei Jahreszeiten des Nils tonangebend waren: Flut, Aussaat und Pflege, Erntezeit. Zwar teilte man in Anlehnung an die Mondzyklen das Jahr in zwölf nummerierte Monate à 30 Tage (zu drei Dekaden à zehn Tage) ein, setzte sich aber über das Mondjahr dadurch hinweg, dass man es alljährlich wieder mit dem fünf Tage längeren in Einklang brachte, indem man ganz einfach die fehlenden Tage anhängte und zum Totengedenken nutzte – jene Regelung, die Jahrtausende später der Kalender der Ersten Französischen Republik aufgriff.

Die Lebensader Nil machte die Entscheidung der alten Ägypter leicht, denn der Fluss bestimmte. Nicht zuletzt dank der fruchtbaren Niltäler konnte das alte Ägypten zu einer blühenden Hochkultur werden, mit einem komplexen Staatswesen, das wiederum für eine leistungsfähige Verwaltung einen genauen und im ganzen Land befolgten Kalender benötigte. Für einen logistischen Kraftakt wie den Bau einer Pyramide, für den zu einer bestimmten Zeit über eine Riesenmenge an Arbeitern aus dem ganzen Land verfügt werden musste, bedurfte es eindeutiger kalendarischer Angaben.

Für die Geschichte der westlichen Welt ist es also der ägyptische Kalender, auf den alles zurückgeht: Im ersten vorchristlichen Jahrhundert vertraute Caesar auf dessen Genauigkeit, um seine Kalenderreform durchzuführen – und deren langfristigen Schwächen wiederum machte anderthalb Jahrtausende später die gregorianische Reform einigermaßen den Garaus. Gewissermaßen bestimmt also noch heute der Rhythmus des Nils als Rhythmus des Sonnenjahres unser Kalenderjahr – und unser Kalendersystem ist bei allen Reformen und Überarbeitungen stolze fünf Jahrtausende alt.

Übrigens versuchte ein halbes Jahrtausend vor Caesar der Perserkönig Dareios, als Instrument seiner straffen Zentralisierungspolitik den besten aller in seinen Breiten bekannten, ägyptischen Kalender in seinem Großreich einzuführen, vergeblich allerdings. Ebenfalls vergeblich war der zwei Jahrhunderte vor Caesar erste Versuch, in Ägypten das Schaltjahr einzuführen, der nicht befolgt wurde – wohl weil es die hellenistischen Besatzer waren, die die Reform durchführen wollten. In beiden Fällen scheiterten Kalenderreformen aus politischen Gründen – abermals begegnet uns als Leitmotiv der Kalendergeschichte die politische Dimension von Zeitrechnung.

Neben Ägypten stand Babylonien, das Zweistromland zwischen Euphrat und Tigris im heutigen Irak, für unseren heutigen Kalender Pate – wie sehr, ist allerdings umstritten. Mehr noch als in

Ägypten gab es in Babylonien schon sehr früh fähige Astronomen, weil man den himmlischen Bewegungen große Bedeutung für das irdische Geschehen beimaß. Daher war es unerlässlich herauszufinden, welche Tage wofür geeignet waren und wofür nicht. Als besonders unheilvoll wurden Sonnen- und Mondfinsternisse angesehen, aber auch die Zeit des Neumonds am Monatsende. Dagegen galten Neulicht und Vollmond als vielversprechend, um wichtige Vorhaben zu schultern. Problematische Tage ließen sich aber auch rituell entschärfen, etwa wenn ein Vorhaben nicht zu verschieben war.

Die Sumerer und ihre Nachfolger, die Babylonier, taten sich schwer mit der Lücke zwischen Mond- und Sonnenjahr. Weil aber der Mond die wichtigste sumerische Gottheit war, wurde zunächst auf Grundlage des Mondmonats ein Kalender entwickelt, dessen Jahr 12 mal 30, also insgesamt 360 Tage umfasste. Die zwölf Monate entsprachen der Einteilung der sichtbaren Sternbilder, wie wir sie bis heute kennen: Widder, Stier, Zwillinge, Krebs, Löwe, Jungfrau, Waage, Skorpion. Schütze, Steinbock, Wassermann, Fische. Die offenkundige Lücke zwischen Mond- und Sonnenjahr wurde schließlich wenigstens teilweise geschlossen, indem man seit ca. 2000 v. Chr. einige Monate auf 29 Tage verkürzte und mit einem gelegentlichen Schaltmonat den Rückstand zum Sonnenjahr aufholte. Das erfolgte zunächst pragmatisch bei Bedarf und per königlichem Dekret, später (wohl seit dem 4. vorchristlichen Jahrhundert) geregelt, nämlich siebenmal in einem Zyklus von 19 Jahren. Für die Babylonier war die Trias der Sterngötter Sonne, Mond und Venus bedeutsam, von denen sie aber den Mond als am mächtigsten betrachteten, auch wenn die Sonne die Jahreszeiten hervorbrachte. Venus galt als Vermittler zwischen den beiden. Eine astronomisch gebildete Priesterkaste, die Chaldäer, wachte über den Kalender, beobachtete den Sternenhimmel und stellte die notwendigen Berechnungen an.

Auf Babylonien geht unsere Stundenteilung zurück – zumindest prinzipiell in ihrer 60er-Einteilung, die nicht unserem gewohnten Dezimalsystem entspricht. Ansonsten hatten bei den Babyloniern Tag und Nacht je zwölf Stunden, die aber nicht immer gleich lang waren. Vielmehr richtete sich, wie bei den Ägyptern, die Dauer eines Tages, der mit Sonnenaufgang begann, nach der Ausdauer der Sonne: Er war also im Sommer erheblich länger als im Winter. Entsprechend waren die zwölf Stunden eines Sommertages jeweils länger als die zwölf Sommernachtstunden, weil letztere sich bei kürzerer Nacht auf einen kürzeren Zeitraum verteilen mussten. Diese Einteilung wurde bis weit ins europäische Mittelalter hinein beibehalten. Ob das 60er-System der Babylonier den Kalender beeinflusste (60 ist ja durch 12 und durch 30 teilbar) oder es gerade umgekehrt die Kalenderwirtschaft war, die dieses sogenannte Sexagesimalsystem hervorbrachte, lässt sich nicht mehr zweifelsfrei feststellen.

Ebenfalls den Babyloniern verdanken wir möglicherweise die Siebentagewoche, die in andere Kalender übernommen wurde, zunächst vermutlich von den Juden im babylonischen Exil, außerdem von Griechen und Ägyptern, Römern und Christen. Als Einzige der kalendarischen Einheiten hat sie keine wirkliche astronomische Entsprechung – außer als mathematische Viertelung der (sichtbaren) Mondphase, was für die Babylonier mit ihrer Verehrung des Mondes einige Bedeutung gehabt haben könnte. Einen Bezug zum Sternenhimmel hat die Siebentagewoche gleichwohl: Sowohl in Babylon als auch Ägypten standen die sieben Himmelskörper, deren Weg am Himmel mit bloßem Auge klar zu erkennen ist, Pate für die sieben Tage der Woche: Sonne und Mond, Saturn, Mars, Merkur, Jupiter und Venus. Daran erinnern bis heute Wochentagsnamen in vielen Sprachen – sei es der deutsche Sonntag oder der isländische *sunnudagur*, der englische *Saturday* (Tag des Saturn), der koreanische 월 요 일 oder der albanische *E Hane* (beides Tag des Mondes), der französische *vendredi* oder der spanische *viernes* (beides Tag der Venus). Zweifelsfrei konnte der Ursprung der Woche bislang aber nicht geklärt werden. Chronobiologen vermuten, dieser Zeittakt sei im menschlichen Organismus angelegt. Dass ein Tag dieser Woche der Ruhe gewidmet war, schreibt die hebräische Bibel den Juden und den Christen vor, aber ähnliche Regelungen gibt es auch in anderen Kulturen und die Bibel mag dabei auf ältere Vorbilder zurückgegriffen haben. Mal soll es Unglück bringen, an diesem Tag zu arbeiten oder Geschäfte zu machen, mal hat Gott höchstselbst verfügt, dass dieser Tag den religiösen Pflichten zu widmen ist. Nehmen wir als Ursprung an, dass der Mensch – welcher Religion auch immer – nach rechtschaffener Arbeit der Erholung bedarf.

### *In fünf Kalendern um die Welt*

Mit dem direkten Entwicklungsstrang unseres heutigen Weltkalenders bis zurück nach Ägypten und Babylonien, weit vor Christi Geburt, ist die Geschichte des Kalenders noch längst nicht abgedeckt. Sosehr diese Form der Kalenderzählung und Chronologie durch die Ausbreitung von Christentum und westlicher Welt heute auch dominiert – es gibt noch andere wichtige Kalendersysteme, die inzwischen vornehmlich zu religiösen Zwecken genutzt werden oder gänzlich in Vergessenheit geraten sind.

Auch wenn Länder, in denen andere Religionen als das Christentum prägend sind, zumeist pragmatisch den gregorianischen Kalender benutzen, so legen sie doch großen Wert auf eine eigene Kalendertradition.

Der jüdische Kalender geht wie der christliche letztlich auf die Babylonier zurück und hat die christliche Zeitrechnung seinerseits beeinflusst. Er beruhte ursprünglich auf einem Mondjahr von 354 Tagen, das irgendwie mit Schaltungen ans Sonnenjahr angepasst wurde. Wie man dabei genau verfuhr, lässt sich nicht mehr sagen. Vermutlich im 4. vorchristlichen Jahrhundert wurde der jüdische Kalender in seine heutige Form gegossen und erhielt zwölf Monate von abwechselnd 29 und 30 Tagen. Die Anpassung ans Sonnenjahr erfolgte wie in Babylonien und Griechenland mit dem Metonischen Zyklus, aber der Mond blieb wichtigste Orientierung, indem jeder Monatsbeginn streng nach dem Neulicht bestimmt und wie in Rom öffentlich ausgerufen wurde. Und wie anderswo war dieses System problematisch, weil die Juden weit verstreut lebten und die Mondphasen nicht überall zur gleichen Zeit erlebten. Um die Juden der Diaspora zu informieren, unternahm man einige Anstrengung – zunächst mit Feuerzeichen, später mit Boten. Ehrgeizige Astronomen berechneten den Mondmonat von rund 29,5 Tagen auf eine halbe Sekunde genau. Die Mondorientierung war auch deshalb tückisch, weil die Mondphasen und das Mondjahr keiner genauen Zahl von Tagen entsprechen, was die Tageszählung erschwerte. Außerdem musste der Kalender zugunsten wichtiger religiöser Vorschriften zurückstehen, wenn bestimmte Feste auf bestimmte Wochentage zu fallen hatten, was der Kalender wiederum nicht immer hergab, weil das Jahr nicht aus einer glatten Anzahl Wochen bestand. Aber Gottgefälligkeit stand höher, weil sich die Zeit Gott verdankte – ganz ähnlich setzten andere Religionen ihre Prioritäten. Auch die jüdische Chronologie stammt aus dem 4. vorchristlichen Jahrhundert und datiert den Beginn der Schöpfung und Nullpunkt der Jahreszählung auf das Jahr 3761 vor Beginn der christlichen Rechnung – übrigens auf Tag und Sekunde genau!

Im Islam, der sich im 7. Jahrhundert n. Chr. entwickelte, verbanden sich die neue Religion des Propheten Mohammed und ältere arabische Traditionen in Form des islamischen Kalenders. Dieser ist eine Besonderheit, weil er einer der wenigen noch genutzten reinen Mondkalender ist und völlig unbekümmert den doch eigentlich schwer zu ignorierenden Lauf des Sonnenjahres vernachlässigt. Daher ist er auch nur mit Schwierigkeiten auf den westlichen Sonnenkalender umzurechnen. Das kann man in vielen Ländern der Welt bis heute beobachten: Da der islamische Kalender bis heute zur Bestimmung des Ramadan herangezogen wird, wird der islamische Fastenmonat über die Jahre zu allen Zeiten des Jahres begangen. Nicht nur das Kalendersystem des Islam unterscheidet sich erheblich vom abendländischen, sondern auch seine Chronologie: Ähnlich wie das Christentum setzt der Islam seinen Religionsstifter in Zusammenhang mit der Zeitrechnung: Allerdings ist es hier nicht die Geburt des Propheten, sondern seine Auswanderung aus Mekka im Jahr 622 christlicher Zeitrechnung, die eine neue Chronologie begründet. Wegen der kürzeren (Mond-)Jahre birgt die Umrechnung allerdings die eine oder andere Untiefe.

Auch der islamische Kalender kennt einen festen Feiertag in der Woche – weil Mohammed laut islamischer Tradition, aber nach Lesart des christlichen Kalenders am 16. Juli 622 aus Mekka floh, einem Freitag. Und da nach islamischer Tradition der Tag mit dem Einbruch der Dunkelheit einsetzt, beginnt der religiöse Feiertag bereits mit dem donnerstäglichen Sonnenuntergang. Das islamische Jahr hat zwölf Monate, deren neunter der Fastenmonat Ramadan ist; die Monate umfassen abwechselnd 29 und 30 Tage, das Jahr insgesamt also 354. Die Abweichungen zum astronomischen Mondjahr werden über einen Zeitraum von 30 Jahren elfmal durch einen Schalttag ausgeglichen. Eine Anpassung an den Lauf der Sonne hatte der Prophet höchstpersönlich verboten – der Mond allein sei Herr über die Zeit, verfügte er. Die weitere historische Entwicklung – besonders in Form von Sesshaftwerdung und Ackerbau – zwang die islamischen Glaubenshüter aber später, diese Vorgabe Mohammeds großzügig auszulegen. Denn sosehr der islamische Mondkalender das astronomische Sonnenjahr auch ignoriert – vollends konnte er sich dagegen nie behaupten, weil beispielsweise Ernten und damit zusammenhängend auch Steuern auf den Sonnenzyklus ausgerichtet waren. Das verstärkte sich über die Jahrhunderte, sodass heute die Bedeutung des gregorianischen Kalenders auch in der islamischen Welt erheblich ist. Gleichwohl – im Internet lässt sich Software fürs Handy herunterladen, um den islamischen Kalender zu installieren, denn seine religiöse Funktion behauptet er bis heute.

Auch der traditionelle chinesische Kalender ist ein lunarer, also Mondkalender, der jedoch durch einen gelegentlichen Schaltmonat in Einklang mit dem Sonnenjahr gebracht wird – anfangs pragmatisch nach Bedarf, später nach einem genauen System. Dafür studierte man die Länge des Sonnenjahres sehr genau – und war darin dem Abendland um Jahrhunderte voraus. Bestimmend für den chinesischen Kalenderrhythmus ist die Zahl 60: Außer dem Monat von abwechselnd 29 und 30 Tagen gibt es einen 60-Tage-Rhythmus, der unabhängig und ohne Unterbrechung neben dem Mondkalender herläuft. Die Chinesen besitzen außerdem keine lineare Epochenzählung wie die christliche oder islamische Zeitrechnung, sondern teilen den Fortgang der Zeit in Zyklen von 60 Jahren ein, deren gegenwärtiger nach christlicher Chronologie 1984 begann. Der Legende nach war es der »Gelbe Kaiser«, der den Kalender 2637 v. Chr. einführte, dort beginnt also die Rechnung der 60-Jahre-Zyklen. Den sogenannten »höchsten Ursprung«, also den Beginn der Zeit in ihrer zyklischen Ausrichtung, hatten chinesische Astronomen ebenfalls berechnet: Er liegt danach ca. 96 963 000 Jahre zurück. Besser belegt sind die vielen Kalenderreformen, die drei Jahrtausende später erlassen wurden. Die standen meist in Zusammenhang mit den enormen Fortschritten, die die Astronomie im Reich der Mitte machte.

Innerhalb eines Zyklus gibt es fünf 12-Jahres-Abschnitte – die Zahl Fünf spielt in der chinesischen Kosmologie eine grundlegende Rolle –, die jeweils mit einem Tier aus den fälschlich so genannten chinesischen Tierkreiszeichen assoziiert werden. Bei der chronologischen Einordnung ist der Großzyklus von 60 mal 60, also 3600 Jahren behilflich, aber die chinesische Zeitrechnung bietet noch eine erkleckliche Anzahl weiterer Zyklen an.

Unklar ist der Grund für den 60er-Rhythmus – möglicherweise liegt er darin, dass sechzig Jahre einem durchschnittlichen Lebensalter entsprechen. Oder dass die Planeten Jupiter und Saturn sich in diesem Rhythmus zueinander bewegen, denn der Jupiter spielte in China eine wichtige Rolle. Seine Umlaufzeit von zwölf Jahren ergibt mit der magischen Zahl Fünf multipliziert wiederum 60. Kalenderarithmetik besaß bei den Chinesen große Bedeutung, weil Zahlen und mathematische Bezüge kosmische Ordnung verkörperten.

Trotz der zyklischen Zählung verstanden die Chinesen die Zeit durchaus auch als linear und standen damit der jüdisch-christlichen Tradition näher, als gemeinhin angenommen wird. Wie so oft entpuppt sich die westliche Vorstellung als vorbelastet, in diesem Fall die des »zeitlosen« Orients, der sich in beständig wiederkehrenden Zyklen verliert. Nach westlicher Sicht, geprägt vom jüdisch-christlichen linearen Zeitverständnis, schließen sich das zyklische und das lineare Zeitkonzept eigentlich aus – aber die Welt war und ist nun einmal nicht ausschließlich westlich. Sozusagen eingebettet in die lineare, für astronomische Berechnungen und Geschichtsschreibung verwendete Zeit, war bei den Chinesen die zyklische Zeit von der Natur vorgegeben und in religiösen Vorstellungen verankert. Das widerspricht sich auch gar nicht, wenn man die Zyklen nicht als absolut voneinander getrennt betrachtet, sondern als ein System wiederkehrender, einander gebärender Zeitwellen. Zumal bestimmte Jahre eines 60er-Zyklus durchaus historisch werden konnten, wenn sie für wichtige Ereignisse standen, die sich in ihnen zugetragen hatten.

Programmatisch drückte sich im chinesischen Kalender die Harmonie zwischen der jeweils herrschenden Dynastie und den Gesetzen der Natur bzw. dem Himmel aus. Darüber hatten in Vertretung des Kaisers, des »Herrn des Himmels«, die Hofastronomen zu wachen – Beamte, die gut daran taten, keine Fehler zu machen, weil das höchst unangenehme Folgen bis zur Todesstrafe nach sich ziehen konnte. Denn die Harmonie des Kosmos sah man empfindlich gestört bei Missachtung der Vorgaben der Natur, die sich im Kalender ausdrückten, und das war unbedingt zu vermeiden.

Das Universum verstanden die Chinesen als eine hochsensible Angelegenheit, die auf falsches oder unmoralisches Verhalten – insbesondere des Herrschers – empfindlich reagierte. Der Kaiser musste sich also einer Art »kosmologischer Etikette« unterwerfen, wie es der Zeitsoziologe Günter Dux genannt hat. Beispielsweise konnte ein verhangener Vormittag den Kaiser mit dem Vorwurf konfrontieren, allzu strenge Gesetze erlassen zu haben. Und wenn der Mond unerwartet seine Farberscheinung änderte, so lag das an einer Dummheit der Kaiserin. Wie in anderen Kulturen waren Sonne und Mond den beiden Geschlechtern zugeordnet: Die Sonne als die ruhige, beständige Kraft vertrat das Männliche, der Mond mit seiner Wankelmütigkeit und dem Monatsrhythmus der weiblichen Periode galt als weibliches Prinzip. Wenn die Sonne oder der Mond von einer Finsternis verdunkelt wurde, war es im Verständnis der Chinesen ein Drache, der sie verschluckte. Die Astrologen beobachteten natürlich auch die anderen Himmelskörper genau, denn wenn der Mars am Nachthimmel zu seiner Schleife ansetzte und dabei scheinbar rückwärts zog, konnte das eine Revolte ankündigen. Der beunruhigende, abrupte Richtungswechsel der Planeten wurde von vielen Kulturen ängstlich verfolgt.

Ihre präzisen Beobachtungen am Nachthimmel ermöglichten den Hofastronomen zuverlässige Vorhersagen über unheilvolle Finsternisse, übermäßige Regenfälle oder lange Dürreperioden.

Kalenderkunde im alten China war eine elitäre Angelegenheit, die fern der Öffentlichkeit im Geheimen praktiziert wurde. Der Kaiser war der irdische Meister der Zeit, das Zentrum der Zeitordnung: Er residierte in der Verbotenen Stadt in einem Palast kosmischer Ausrichtung, er legte den Zeitpunkt für Rituale fest beziehungsweise entsprach der Tradition, wenn er zur Sonnenwende die Wachablösung der Jahreszeiten rituell erleichterte.

Erklärtermaßen politische Begriffe waren Zeit und Kalender seit dem 2. vorchristlichen Jahrhundert, als die Kaiser sich Regierungstitel gaben und sie neben der Datierung im 60-Jahre-Zyklus im Sinne einer Langzeitchronologie verwendeten. Solange das chinesische Kaiserreich bestand, wurde der Kalender als Machtmittel eingesetzt, mit dem der Kaiser neuen Landesteilen oder Vasallenstaaten seinen herrschaftlichen Stempel aufdrückte.

Mitte des 17. Jahrhunderts unserer Zeitrechnung brachte das Ende der Ming-Dynastie das seit Langem tributpflichtige und kalendarisch integrierte Korea in Nöte: China galt als kulturelles Zentrum, dem man außerdem dankbar war für den Schutz gegen das begehrliche Japan 50 Jahre zuvor, aber die neue Qing-Dynastie wollte man, notgedrungen, nur politisch als Nachfolger der Ming-Kaiser anerkennen. Wie aber dann mit der Tatsache umgehen, dass in Peking ein Kaiser regierte, der die kulturelle Hoheit allgemein und die Kalenderhoheit insbesondere beanspruchte? Die chinesische Übermacht ließ wenig Spielraum, aber die koreanischen Könige zollten der untergegangenen Ming-Dynastie wenigstens rituell Respekt: Alle sechzig Jahre gedachte man des ersten und letzten Kaisers der Ming-Dynastie sowie dem, der Korea vor Japan beschützt hatte – so wie man an verstorbene Herrscher der eigenen Dynastie erinnerte. Außerdem zählten viele Koreaner und staatliche Institutionen weiter mit Bezug auf die Regierung des letzten Ming-Kaisers. Dieser passive Widerstand auf kalendarisch-rituelle Art gegen ein als unrechtmäßig angesehenes Regime wurde zum Politikum, sobald die Chinesen es – zufällig – herausfanden. Gleichwohl hielt sich vielerorts diese unbotmäßige Chronologie noch jahrhundertelang und begünstigte eine eigenständige koreanische Identität.

Einen sehr besonderen Fall von Kalenderwirtschaft hält Indonesien bereit, auch wenn dort längst gregorianischer und islamischer Kalender dominieren. Der traditionelle *Pawukon*-Kalender der Insel Bali beispielsweise rechnet mit einem Jahr von 210 Tagen, weshalb die Balinesen älter werden als Menschen anderswo – jedenfalls in Jahren dieses Kalenders gerechnet. Die Jahreslänge entspricht ungefähr der Dauer der Regenzeit im Sommer, aber um den Lauf der Sterne kümmert sich diese Zeiteinteilung nicht – weder die offensichtlichen Zyklen von Mond oder Sonne noch die anderer Himmelskörper geben den Rhythmus für diesen Kalender vor, der ursprünglich von der Insel Java stammt und bis auf das 9. Jahrhundert n. Chr. zurückgeht. Kompliziert wird es mit der multiplen Wocheneinteilung der indonesischen Zeitrechnung, die vollkommen künstlich und weltweit einzigartig ist: Die Zyklen des *Pawukon* haben Längen von zwei bis zehn Tagen und durchlaufen das Jahr unabhängig voneinander. Den Zyklen selbst kommen unterschiedliche Funktionen zu, sei es für wirtschaftliche Aktivitäten oder die Bestimmung von Festtagen, vor allem aber für religiöse Zwecke. Mit Kombinationsrechnungen innerhalb dieser Zählungen werden Berechnungen angestellt, wann für bestimmte Unternehmungen ein günstiger Tag zu erwarten ist, ob Hausbau, ein Begräbnis oder eine Reise. Der US-amerikanische Ethnologe Clifford Geertz schrieb daher einmal, den Menschen auf Bali käme es nicht darauf an, welchen Tag man habe, sondern was für ein Tag das sei. Da jeder Tag neun verschiedenen Zyklen angehört (und entsprechend neun Namen trägt), sind die Berechnungen ausgesprochen schwierig. Für die Bestimmung günstiger Tage wandte man sich daher an Kalenderkundige, die sich im komplizierten Geflecht der verschiedenen Zyklen auskannten.

Indonesien wurde seit jeher vielfältig beeinflusst, daher kann man für Elemente des eigenwilligen Kalenders Einflüsse aus Indien, dem Islam und dem pazifischen Raum ausmachen. Das indonesische Jahr von 210 Tagen ergibt sich aus der Multiplikation dreier dieser Zyklen, des 5-, 6- und des 7-Tage-Zyklus ($5 \times 6 \times 7 = 210$), die die wichtigsten sind und für chronologische Angaben verwendet werden. Um unsere Verwirrung angesichts des fremdartigen und schwer zu handhabenden Kalendersystems der Indonesier perfekt zu machen, gibt es außerdem eine Art »Monat« von 35 Tagen, der mit dem Mondzyklus von gut 29,5 Tagen allerdings nichts zu tun hat. Vielmehr handelt es sich um die Kombination der beiden Zyklen von fünf bzw. sieben Tagen Länge.

So kompliziert Außenstehenden das Leben in solcher Zeitrechnung auch erscheinen mag – Indonesien kann noch mit anderen Kalendersystemen aufwarten. Der *Pranotomongso* beispielsweise beruht auf dem Schattenwurf der Sonne zur Mittagszeit und teilt das Jahr in zwölf Häppchen, die allerdings unterschiedlich groß sind. Wirklich beachtet wurden nur vier davon. Wie ihre Kollegen anderswo in der Welt orientierten sich die indonesischen Reisbauern für ihre Arbeit an Mond und Sternen, in diesem Fall am Sternbild Orion, das passenderweise wie ein Pflug daherkommt. Das fanden übrigens die germanischen Völker auch. Der Orion taucht ebenso passend zu Beginn des indonesischen Bauernjahres am Himmel auf und beendet seine jährliche Laufbahn mit dem Saisonende, wenn er auf dem Kopf steht wie der Pflug, der nach getaner Arbeit beiseitegestellt wird.

Zeitvorstellungen und -rechnungen in Asien gehen auf mehr

als einen Einfluss zurück – außer dem Konfuzianismus sind vor allem Hinduismus und Buddhismus maßgebliche Faktoren. Auch ein starker babylonischer Einfluss ist möglich – aber das ist unter Fachleuten höchst umstritten. In Hinduismus und Buddhismus spielen Zyklen eine große Rolle, die man mithilfe anspruchsvoller Astronomie und Mathematik exakt berechnen wollte. Der Mythologie zufolge hat die Welt zyklisch mehrere Zeitalter durchlaufen. Im Buddhismus ist der höchste und älteste Gott der Gott der Zeit – er war schon vor allem Anfang da und vollzog die Schöpfung. Seither nimmt die Welt eine Entwicklung zum Schlechteren. Wesentlicher als die Zeitmessung ist die Zeiterfahrung, nach buddhistischer Lehre die leidvolle der Vergänglichkeit, die in der Meditation überwunden werden soll. Vielleicht deshalb lässt sich von einem einzigen buddhistischen Kalender nicht reden und spielen äußere, insbesondere chinesische Einflüsse hier eine wichtige Rolle. In Indien wurde unter britischer Herrschaft der christliche Kalender eingeführt, aber die *Rajas* und Sultane der teilunabhängigen Gebiete kochten bis zur indischen Unabhängigkeit mit Vorliebe ihr eigenes Kalendersüppchen. Wie in ganz Asien ist für die Inder der Charakter eines Tages wichtig, weil er Glück oder Unheil bringen kann, weshalb es angeraten ist, diesen Charakter zu kennen, bevor man sich auf ein Vorhaben einlässt.

Unser Spaziergang durch die Geschichte der Zeitrechnung und -einteilung fördert bei aller faszinierenden Vielfalt der Kalendersysteme Gemeinsamkeiten zutage – dies ist auch wenig verwunderlich, wenn eine intelligente Spezies mit ähnlichen Voraussetzungen in verschiedenen Erdwinkeln ein Phänomen zu kartieren versucht, das in seinen Grundzügen überall auf der Welt gleich ist. Die Unterschiede der Kartierungen erklären sich durch kulturelle Prägungen, den jeweiligen Stand der intellektuellen Entwicklung, die pragmatischen Erwartungen an ein Zeitmesssystem sowie den

Nachthimmel, der von verschiedenen Beobachtungspunkten rund um die Welt sich sehr verschieden präsentiert. Zwei Aspekte sind jedoch überaus bedeutsam in der Geschichte des Kalenders: Weil die Zeitrechnung sehr alt ist, durchwirken sie kosmologische und religiöse Vorstellungen, was selbst auf die Kalenderform in religiös gänzlich entzauberten Gegenden bis auf den heutigen Tag nachwirkt. Zum Zweiten aber ist der Zugriff auf die Zeitrechnung schon sehr früh ein Machtfaktor und wird es umso mehr, je weiter sich Gesellschaften und Staaten entwickeln.

Immer wieder jedoch stieß die Machtausübung mittels Kalender an ihre Grenzen, sei es im Korea des 17. Jahrhunderts oder, besonders eindrucksvoll dokumentiert, in der europäischen Neuzeit. Bis Papst Gregors Reform sich überall durchsetzte, vergingen Jahrhunderte, selbst Französische und Russische Revolution, italienische und deutsche Diktaturen können mit ihren Eingriffen in den Kalender vor der Geschichte nicht bestehen, und das 20. Jahrhundert brachte trotz aller Anstrengungen keine weltweit akzeptable Kalenderreform zustande. Das mag auch daran liegen, dass unsere moderne Globalgesellschaft zwar mehr oder weniger funktionierende gemeinsame Institutionen besitzt, aber keine Weltregierung – und um einen neuen Weltkalender ohne einseitige religiöse Färbung und eurozentristischen Charakter durchzusetzen, benötigte es vermutlich eine. Die Machtkomponente der Kalenderhoheit liegt nicht allein darin, dass ein Staatswesen als Ausdruck politischer Machtausübung einen gut funktionierenden Kalender braucht und Eroberungen auch kalendarisch vollzieht. Machtmittel ist der Kalender ebenso sehr deshalb, weil er als Alltagsinstrument unmittelbar auf das Leben der Menschen einwirkt, kulturell prägt und als soziales Disziplinierungsinstrument dient.

Die römische Kirche hat ihren Zugriff auf den Kalender weitgehend verloren. Auch die orthodoxen Kirchen und der Islam beharren zwar auf ihren traditionellen Kalendern, können aber nur deren religiöse Rolle wahren. Und dass der nach einem römischen Papst benannte Kalender sich als Universalkalender der Welt weiterhin behauptet, liegt nicht mehr an der Macht der Kirche, sondern an der Macht der Gewohnheit.

Auf unserem Weg zurück steht noch der Gang an den Ausgangspunkt der menschlichen Zeitordnung aus. Und dort stoßen wir auf eine Grundbedingung menschlichen Daseins: den Drang, sich in Beziehung zur Umwelt zu setzen, die Welt nach Kräften stimmig zu erklären sowie die einzigartigen menschlichen Fähigkeiten einzusetzen, um gestaltend tätig zu werden – Grundvoraussetzung für jede kulturelle Entwicklung, zu deren Errungenschaften Kalender gehören.

## *Der Knochen der Erkenntnis*

Aus Stanley Kubricks Science-Fiction-Klassiker 2001 – *Odyssee im Weltraum* von 1968 stammt einer der berühmtesten Schnitte der Filmgeschichte. Ganz zu Anfang des Films sieht man einen vorzeitlichen Menschen in der afrikanischen Savanne, der plötzlich entdeckt, dass ein Tierknochen als Werkzeug und Waffe dienen kann. Er erschlägt damit einen anderen Menschen und wirft dann den Knochen triumphierend in die Höhe. Das Mordwerkzeug schnellt immer höher, bis in die unendlichen Weiten des Weltalls, und – Schnitt! – plötzlich ist ein Raumschiff zu sehen, dessen Form an den Tierknochen erinnert.

Ein Filmschnitt ist eine Art dramaturgisches Katapult, das in diesem Fall einen mächtigen Zeit- und Raumsprung macht und uns von der grauen Vorzeit in eine Zukunft beamt, in der jenes Raumschiff an die Grenzen von Raum und Zeit reist.

Kubricks Match Cut zeigt zunächst einen fernen, aber wichtigen menschlichen Entwicklungsschritt, um dann die folgenden Jahrtausende bis zur computergesteuerten Raumfähre mittels Zeitsprung und Filmschnitt zu überbrücken. Ebenso bedurfte es einer Vorentwicklung, bevor selbst ein erster und – aus moderner Sicht jedenfalls – primitiver Kalender entwickelt werden konnte. Voraussetzung dafür war ein zumindest einfaches Zeitverständnis.

Tiere sind, wenn auch in einem begrenzten Rahmen und auf ihre begrenzten Lebensnotwendigkeiten ausgerichtet, genetisch befähigt, in ihrer Umwelt zurechtzukommen. Der Mensch hingegen muss geistig aktiv seinen Platz in der Welt einnehmen und sie dafür im Rahmen seiner Möglichkeiten und Erfahrungen gedanklich fassen. Ein wichtiges Instrument und unverzichtbar dabei ist die Zeitwahrnehmung, die dem Menschen hilft, sich analog zur räumlichen Orientierung in seinem Umfeld, in seiner Welt zurechtzufinden und zu organisieren.

Ein einfaches Zeitgefühl ist dem Menschen angeboren und vom Wechsel von Tag und Nacht, von Licht und Dunkel nahegelegt. Es existiert unabhängig von einem Kalender, der von menschlichen Gemeinschaften nach ihren Bedürfnissen und Möglichkeiten gestaltet wird – um dann wiederum das Zeitverständnis seiner Nutzer maßgeblich zu prägen.

Wenn unser Körper Nahrung braucht, sorgt das angeborene Hungergefühl für den Impuls zu essen. Fuchs oder Schlange machen sich dann ganz instinktiv und ohne aktive Planung zur Nahrungssuche auf – der Mensch hingegen muss die entsprechende Handlung bewusst einleiten, um etwas geschehen zu lassen, was noch nicht ist. Er organisiert diese Handlung zeitlich, um sein Bedürfnis zu befriedigen, er strebt ein zukünftiges Ergebnis an, sei es durch das Sammeln von Waldbeeren oder die Jagd auf ein Tier. Das ermöglicht ihm weniger der Instinkt als die Erfahrung, die sein Gedächtnis beflissen speichert.

Wie wir wissen, hat das menschliche Handeln über Millionen Jahre seit der Entwicklung des Homo erectus ganz andere Ausmaße angenommen als die bloße Überlebenshandlungskette Hunger – Nahrungssuche – Essen. Seine kognitiven Fähigkeiten haben den Menschen in die Lage versetzt, sich an die Spitze seiner gesamten Umwelt auf der Erde zu setzen. Jede der unzähligen Handlungen auf dem Weg dorthin fand in einem zeitlichen Rahmen statt, den der Mensch ermessen und gestaltet hat.

Mit der bewusst eingeleiteten Handlung und ihrem Zeitpunkt und zusammen mit der Gedächtnisleistung des menschlichen Gehirns tritt zum Jetzt und zum Dann auch die Erinnerung an das Davor, das Vergangene. Drei Zeitebenen stehen der Vorstellung also zur Verfügung: Die greifbare Realität der Gegenwart, wie sie sich der Wahrnehmung darbietet, das möglich Eintretende, die Zukunft, deren Ungewissheit in mancherlei Hinsicht von menschlichem Handeln zu einer Tatsache gemacht werden kann, und schließlich das wissentlich Vergangene, das unveränderlich zurückliegt. Die Handlungsfähigkeit des Menschen und sein potenzieller Erfolg sind unter anderem davon abhängig, wie gut sein zeitliches Verständnis entwickelt ist. Vom Standpunkt der Evolution aus gesehen ist zeitliche Kompetenz also ein Unterscheidungsmerkmal, das einen Vorteil gegenüber anderen verschafft.

Im Unterschied zur linearen Handlungszeit stellt sich die natürliche Umgebung des Menschen als in zyklische Zeit eingebettet dar, anschaulich erlebbar im Wechsel von Tag und Nacht, in Sonnen- und Mondphasen, in wiederkehrenden Naturzyklen von Werden und Vergehen oder, besonders ausgeprägt in den gemäßigten Klimazonen, in den Jahreszeiten. Die mythische und religiöse Zeit bleibt lange eine zyklische – erst mit den Hebräern und ihrer Heilsgeschichte, die sich tief in das moderne Fortschrittsdenken eingebrannt hat, wird die lineare Zeit auch religiös bestimmend.

Forscher vermuten die Evolution des menschlichen Zeitbegriffs als ähnlich der Entwicklung eines Neugeborenen, das ganz allmählich zyklisch Wechselndes wie Licht und Dunkel, Hunger und Sättigung auseinanderhalten kann und von Beständigem wie dem Gesicht der Mutter oder dem großen Stoffmond, der in seinem Bettchen liegt, zu unterscheiden lernt. Später folgt die Wahrnehmung von Handlungszeit, von Davor und Danach. Schließlich wird die gedankliche Spanne von Vergangenheit und Zukunft größer, das Verständnis von Zeit wird abstrakter, hinzu tritt der verstörendste Aspekt der Zeitwahrnehmung: die Erkenntnis der eigenen Sterblichkeit, des sicheren Todes zu einem ungewissen Zeitpunkt in der Zukunft. Weil menschliche Zeitwahrnehmung und das Bewusstsein der eigenen Endlichkeit eng zusammenhängen, treten schon früh religiöse Aspekte zur Wahrnehmung von Zeit, befeuert von dem vielen Unerklärlichen, das sich dem Menschen darbietet, wohin er auch schaut. Daher dürften die Religionen zu eben der Entwicklungsstufe entstanden sein, auf der der Mensch die Zeit für sich entdeckt hat.

Rituelle Handlungen und Opfer sind aus früher Zeit bekannt – auch sie sind ein Beleg für eine klare Zeitwahrnehmung, denn ein Opfer sollte das künftige Geschehen im Sinne des Opfernden beeinflussen. Der frühe Mensch stellte sich die Welt als rundum beseelt vor, weshalb es für ihn nicht nur die – nach unseren Maßstäben – reale Vergangenheit gab, sondern auch die mythische.

Unser modernes Verhältnis zum Firmament ist abgeklärt, häufig genug ignorant. Je mehr wir vom Kosmos wissen, je besser das Weltall erforscht wird, desto eher lassen wir es links liegen. Wir wissen doch längst, wie unendlich weit der Kosmos sich um uns erstreckt (und dass er gekrümmt ist und daher letztlich doch begrenzt). Wir wissen um die Fantastillarden von Sonnen in Abermillionen von Galaxien – darin ist die Erde weniger als ein Sandkorn. Begreifen können wir das alles nur zu einem kleinen Teil, aber wir verlassen uns auf Fähigkeiten und Erkenntnisse unserer Wissenschaftler. Die Größenverhältnisse sind so unermesslich (und beängstigend), dass wir uns zumeist lieber auf unser bescheidenes Erdendasein konzentrieren. Wir profitieren eher virtuell von den geistigen Errungenschaften Hunderter Generationen und gehen davon aus, dass es für alles eine rationale Erklärung gibt. Was wir selbst nicht verstehen, verstehen Fachleute für uns, und was diese wiederum nicht befriedigend erklären können, betrachten wir dennoch als dereinst zu entschlüsselnd. Auf die Menschen vor vielen Jahrtausenden aber blicken wir vom hohen Ross der Moderne überheblich herab, weil sie »primitive« Vorstellungen vom Wesen der Welt und ihren Zusammenhängen hatten. Nur: Unser Wissen über das Weltall und seine nach Einstein unbegrenzte Endlichkeit, über unser Sonnensystem als einem winzigen Teil davon, die Kenntnis von elliptischen Planetenbahnen und der Erde als einem Planeten unter unzähligen anderen stand früheren Zeiten nicht zur Verfügung. Damals versuchten die Menschen, im Rahmen ihrer Möglichkeiten Erklärungen zu finden für die Welt, die sie umgab, und wie sie sich ihnen darbot.

Die vorzeitlichen Menschen erlebten Welt und Natur als bestimmt vom ewigen Rhythmus von Werden und Vergehen, täglich ablesbar am Wachstum der Pflanzen und dem Vergehen nach der Reife, alljährlich im Frühling von Neuem beginnend. Ebenso erfuhren sie am eigenen Leib den Kreislauf von Geburt, Wachstum, Blüte und Verfall, erlebten die Geburt ihrer Kinder und den Tod ihrer Eltern, eine scheinbar ewige Wiederkehr von Werden und Vergehen einer Familie, eines Stammes. Denselben Kreislauf erkannten sie in den Abläufen am Himmel, die sie so verstanden, wie sie es vom eigenen Leben her gewohnt waren: Die Sonne wurde Tag für Tag wiedergeboren, um des Abends im Versinken zu sterben; der Mond begann als zarte Sichel am Himmel, schwang sich zur kreisrunden Blüte auf, um dann allmählich kleiner werdend zu vergehen und nach ein bis zwei dunklen Neumondnächten wiedergeboren zu werden.

Wenn aber die Sonne am Horizont versank, war nicht nur der Mond zu sehen, sondern die funkelnde Unermesslichkeit des Sternenmeers. Was liest man in den unzähligen glitzernden Lichtlein am Firmament, wenn man von Sonnensystemen, Planetenbahnen, Urknall und schwarzen Löchern nicht einmal eine vage Vorstellung besitzt? Wenn man nicht einmal weiß, dass die Erde eine Kugel ist, die sich um ihre eigene Achse dreht und dabei auf einer Ellipsenbahn die Sonne umrundet? Am Nachthimmel, den der Zeitforscher Julius T. Fraser als »bewegtes Bild der Unendlichkeit« bezeichnet hat, sahen unsere Vorfahren ein zugleich beruhigendes wie beunruhigendes Lichtgewimmel – beruhigend, weil es sich unerschütterlich Nacht für Nacht über uns erstreckt; beunruhigend, weil unverständlich und geheimnisvoll.

In ganz unterschiedlichen Kulturen, zu unterschiedlichen Zeiten und unabhängig voneinander erkannten Menschen in den Gestirnen Götter, und die Himmelskörper wurden – ganz wörtlich – zu den »Stars« astraler Schöpfungsmythen, die sich mitunter erstaunlich ähneln. Manche Eigenschaften, die man mit Himmelskörpern verband, liegen auch so auf der Hand; darunter fallen etwa die bereits genannten Zuordnungen des Mondes zum weiblichen bzw. der Sonne zum männlichen Prinzip.

Der schmerzlichen Wahrnehmung von Vergänglichkeit lässt sich tröstlich mit dem Lauf der Gestirne begegnen, die scheinbar ewig und unerschütterlich ihre Bahnen ziehen oder, wie Sonne und Mond, nach ihrem vermeintlichen Tod mit beruhigender Regelmäßigkeit wiedergeboren werden. Kein Wunder also, wenn der Gang der Gestirne außer mit Naturzyklen und -erscheinungen auch mit dem Bereich des Göttlichen in Zusammenhang gebracht wurde: War nicht dort oben die Quelle königlicher Macht auf Erden zu finden? Kein Wunder auch, dass die Astronomie zur ersten Wissenschaft der Menschheit wurde.

Aber bevor die Naturwissenschaften den Kosmos erheblich entzauberten, suchte man am Nachthimmel nach Erklärungen für die Rätsel der Welt und identifizierte die Sterne mit Gottheiten. Ob Germanen, Slawen oder Kelten, ob Babylonier, Ägypter oder Chinesen, ob die Indianer Nordamerikas oder die Maya Mittelamerikas – sie alle betrachteten Himmelskörper als Götter, die das Leben auf der Erde bestimmten. Daher war die Himmelsbeobachtung unverzichtbar, weil sie Aufschlüsse über kommende Ereignisse versprach, seien es Ernteaussichten, drohende Kriege oder todbringende Seuchen. Diesen himmlischen Gottheiten, wie auch immer man sie nannte und welche Eigenschaften man ihnen auch zuschrieb, brachte man Opfer dar und widmete man Gebete, um sie gnädig zu stimmen.

Das alles klingt in unseren Ohren nach Humbug, Scharlatanerie, Astrologie – aber damit gewannen unsere Vorfahren die ersten astronomischen Erkenntnisse der Menschheit, auf die gestützt Kalender erstellt werden konnten. Mögen wir die alten Babylonier auch belächeln, weil sie den Planeten monumentale Tempel bauten und sie für launische Zeitgenossen hielten, oder die Chinesen, die irdische Geschicke vom göttlichen Willen der Sterne bestimmt sahen und daher im Sternenhimmel die Zukunft auf Erden voraussehen wollten – ihre vor Jahrtausenden vorgenommenen astronomischen Beobachtungen vom Dach des legendären Turms zu Babylon aus oder im kaiserlichen Palast zu Peking bestimmten das Sonnenjahr bereits erstaunlich genau.

Ebenso gilt für andere Hochkulturen der Vergangenheit, dass sie aus unserer Perspektive naiven Vorstellungen von einem beseelten Universum nachhingen, aber aus ebendiesem Grund enormen Aufwand betrieben, um dem Geschehen am Sternenhimmel auf die Spur zu kommen – und ihre Erkenntnisse für ihre Kalendersysteme nutzten. Astronomie und Religion bildeten eine Einheit, und weil wiederum Religion und Kalenderwirtschaft eng zusammenhingen, waren es Priester, die den Kalender überwachten, damit der Himmel den Menschen nicht zürnte, weil auf Erden die Zeit falsch berechnet wurde. Diese Konstanten teilen viele Kulturen, ob Babylon, China oder Altamerika, selbst wenn sich keine direkten Verbindungen zwischen ihnen feststellen lassen.

Wann Menschen erstmals Beobachtungen und Überlegungen anstellten, die sich auf das bezogen, was sie am Himmel sahen, wissen wir nicht. Weit zurück reichen auch die Bemühungen der Menschen, die Zeit mittels eines festen Systems zu strukturieren. Die natürlichen und ersten Partner des Menschen zur regelmäßigen Zeiteinteilung waren Sonne und Mond mit ihren wiederkehrenden Zyklen. Die Sonne gibt den Tagesrhythmus vor, der das menschliche Tagewerk begründet, das durch die nächtliche Ruhephase von der Tätigkeit des nächsten Tages getrennt wird. Gleichzeitig liefert die Sonne den Bezugspunkt zu einer größeren Zeiteinheit: Durchs Jahr hindurch wechseln sich die Jahreszeiten ab, die mit der Intensität der Sonnenstrahlung in Verbindung stehen und nach Ablauf eines Sonnenjahres wieder von Neuem beginnen.

Die Bedeutung dieses Zyklus liegt auf der Hand: Der Mensch war in seiner Existenz von den Jahreszeiten abhängig, die den Vegetationszyklus bestimmen und die Ernährung sicherstellen. Schließlich galt es, durch Vorräte für den kalten Winter oder die entbehrungsreiche Trockenzeit vorzusorgen, damit die Gemeinschaft bis zum nächsten Frühling durchhielt, wenn die Tage wieder länger und wärmer wurden, die Jagd weniger beschwerlich war und die Vegetation zu neuem Leben erwachte. Und als der Mensch sich in der Jungsteinzeit allmählich vom Jäger und Sammler zum sesshaften Bauern mauserte, der Ackerbau und Viehzucht betrieb, wurden diese Jahreszeiten, ihre Abfolge und eine möglichst präzise Kenntnis davon überlebensnotwendig: Schließlich musste bestimmt werden – in verschiedenen Weltgegenden und Klimazonen anhand ganz unterschiedlicher Anzeichen –, wann die Saat ausgebracht werden musste, um auf eine gute Ernte hoffen zu können, wann die Äcker wie versorgt werden mussten, damit das Getreide gut reifte.

Daneben stellten die hartnäckig himmelwärts schauenden Menschen fest, dass auch das Antlitz des Mondes sich zyklisch verhält, dass mit dem Neulicht, dem ersten sichtbaren Stück Mond nach den dunklen Neumondnächten, der Himmelskörper zu wachsen beginnt, bis er rund und voll am Himmel steht: mal bleich, mal hell leuchtend und dann wieder gar nicht zu sehen, mal als runde Scheibe, mal als schmale Sichel, mal als Halbkreis. Zwischen Tag und Jahr bietet der Mond einen weiteren Zeitrhythmus an, entsprechend der Länge zwischen zwei Mondphasen, also von Neumond bis Neumond oder Vollmond bis Vollmond. Für diesen Zyklus braucht der Mond ziemlich genau 29,5 Tage. Der sichtbare Mondzyklus hingegen ist rund 28 Tage lang, weil im Neumond der Erdtrabant ein bis zwei Nächte nicht zu sehen ist.

Forscher vermuten, dass der Mond mit seinen Phasen zur kalendarischen Zeiteinteilung gewählt wurde, bevor die Sonne dafür Bedeutung erlangte – das lässt sich unabhängig voneinander in vielen steinzeitlichen Kulturen der Welt nachvollziehen. Der Mond ist ja von der Erde aus nicht nur gut sichtbar, sondern eine durchaus singuläre Erscheinung, denn mit dem bloßen Auge betrachtet verändert er als einziger der nächtlichen Himmelskörper unübersehbar sein Aussehen, wenn er seine Phasen durchläuft.

Die ersten Kalender der Menschheit können wir selbst mit den modernsten Methoden nicht mehr aufspüren, denn sie waren virtuell: Das menschliche Gedächtnis unternahm die ersten Anstrengungen zur kalendarischen Zeiteinteilung, die solcherart vorgenommen naturgemäß ihre Grenzen hatte, auch wenn Menschen ohne die uns heute selbstverständlichen Hilfsmittel zum Festhalten von Gedanken zu besseren Gedächtnisleistungen in der Lage waren als wir.

Trotzdem verfügten auch schriftlose Gesellschaften, beispielsweise der Steinzeit, über Kalender in materieller Form – anfangs nicht viel mehr als eine Art Gedächtnisstütze, um den Ablauf der Tage festzuhalten. Forscher haben scheinbar ohne System ausgeführte Kerben auf Knochenstücken und Mammutzähnen, die an steinzeitlichen Fundplätzen in Frankreich, der Ukraine oder Afrika gefunden wurden, als frühe Kalender interpretiert. Der älteste mögliche Beleg für Zeitaufzeichnungen ist gar 77 000 Jahre alt und stammt aus der Blombos-Höhle an der südafrikanischen Kapküste. Zweifelsfrei beweisen lässt sich diese Deutung allerdings nicht, und solche Interpretationen von Knochenfunden sind auf einigen Widerspruch gestoßen; gleichwohl spricht viel dafür, dass da jemand aus klarem Grund einen Tierknochen markierte. Denn die Einkerbungen sind keineswegs wahllos, sondern in Gruppen angeordnet und folgen damit einem System, das mit einiger Plausibilität kalendarisch sein könnte, denn sie entsprechen dem Mondlauf und bezeichnen seine Phasen. Reine Zierde kommt im Fall der Knochenstücke nicht infrage, weil die Einkerbungen nachweislich über einen längeren Zeitraum zustande kamen. Aber außer kalendarischen Zwecken könnten die Knochen ebenso dem Schleifen von Werkzeug gedient haben – oder einem ganz anderen Zweck, der sich uns heute nicht mehr erschließt.

Ein einfacher Kerbkalender, der eine bloße Tagesfolge verzeichnet, ist zur Dokumentation eines kurzen Zeitraums wie einer Schwangerschaft oder des Abstands zwischen der letzten Sammelfruchtreife und dem Wintereinbruch völlig ausreichend – es genügt dafür das simple Verständnis von Tag und Nacht als Zeiteinheit. Anders die Beziehung zwischen Himmelskonstellationen und wiederkehrenden Naturprozessen auf der Erde: Um derartige Zuordnungen herstellen zu können, braucht es genaue Beobachtung über Generationen hinweg, was wiederum einen bestimmten Grad an gesellschaftlicher Komplexität voraussetzt.

Während die Debatte um steinzeitliche Kerbknochen schon angesichts der bescheidenen Größe der Objekte vornehmlich unter Fachleuten geführt wird, reden sich an einem weiteren Beispiel eines möglicherweise uralten Menschheitskalenders bis zum heutigen Tag die Menschen die Köpfe heiß oder füttern Internetforen mit ihren Ansichten, Überzeugungen und Mutmaßungen zum Thema: Es geht um Stonehenge, die größte und rätselhafteste Megalithanlage der Welt. Im Unterschied zu handlichen bearbeiteten Knochenstücken, die ein steinzeitlicher Jäger problemlos mit sich führen konnte, handelt es sich bei dem südenglischen Relikt aus der Jungsteinzeit um eine Immobilie im vorzüglichen Wortsinn.

Während die Baugeschichte der riesigen Megalithkreise in den letzten Jahrzehnten rekonstruiert werden konnte – so wissen wir inzwischen, dass die Anlage über mehrere Tausend Jahre immer wieder ergänzt und umgewidmet wurde –, bleibt der Zweck der enormen Anstrengung ihrer Erbauer rätselhaft. Es muss ein mächtiger Antrieb vorhanden gewesen sein, dieses Monument zu planen und in aufreibender Gemeinschaftsarbeit über viele Generationen zu errichten, standen doch keine nennenswerten Werkzeuge und nur primitivste Transportmöglichkeiten zur Verfügung, um die mehrere Dutzend Tonnen schweren Felsblöcke teils aus großer Entfernung herbeizuschaffen, aufwändig zu bearbeiten und nach einem ausgeklügelten Plan aufzustellen.

Stonehenge könnte astronomischen und kalendarischen Zwecken gedient haben, dafür spricht jedenfalls die Hauptachse des Bauwerks, die auf den Stand der Sonne bei Sommeranfang ausgerichtet ist. Der Lauf der Sonne übers Jahr hätte dort Lokalisierungen ermöglicht, die an bestimmte Aspekte geknüpft sind, seien es wiederkehrende Himmelskonstellationen, Wettereinflüsse oder günstige Zeitpunkte für den Ackerbau. Aber wie im Fall der Knocheneinkerbungen lässt sich auch im Falle Stonehenges vieles schlüssig vermuten, ohne dass Beweise den Zweck des Baus zweifelsfrei bestimmen ließen. Zu spärlich sind die Zeugnisse aus dieser Zeit, weshalb eindeutige Einschätzungen schwer zu treffen sind.

Die sogenannte Neolithische Revolution, also der mehrere Jahrtausende dauernde Übergang von der mobilen zur sesshaften Lebensweise, schuf Bedarf für einen leistungsfähigen Kalender. Sesshaftigkeit bedingte komplexere Lebensverhältnisse und – weil Ackerbau und Viehzucht mehr Menschen ernähren konnten – größere Gemeinschaften, die ihre religiöse Praxis gemeinsam ausübten. Das Verhältnis zur Welt insgesamt wurde dadurch ebenfalls vielfältiger, und ganz allmählich wuchs der Bedarf an verbindlicher Zeitmessung, um Aussaat und Ernte zu planen, sowie an zeitlich gefassten Absprachen, um gemeinschaftliche Aktivitäten zu koordinieren. Geeignete Mitglieder schufen dafür einen Kalender, erzielten Übereinkunft über seine Gültigkeit und führten ihn in beständigem Abgleich mit äußeren Bedingungen: in der irdischen Natur wie in der himmlischen Sternenpracht. Schon wegen seiner religiösen, also heiligen Aufgaben unterlag der Kalender schamanischer oder priesterlicher Autorität. Seine Qualität wurde nicht zuletzt daran gemessen, den religiösen Anforderungen zu entsprechen, sei es die Bestimmung von Fest- oder Opfertagen oder die Vorhersage kommender Ereignisse.

Mit der Entwicklung komplexerer menschlicher Gemeinschaften in ersten Dörfern, dann Städten und frühen Staatengebilden erhielten die Kalender weitere zivile Aufgaben, ohne ihren religiösen Charakter zu verlieren. Allerdings setzte mit der Sesshaftigkeit der Menschen auch die Entwicklung zur Ungleichheit ein – vorher spielten Besitz und Reichtum als soziales Merkmal kaum eine Rolle; die Jäger-und-Sammler-Gemeinschaften waren egalitär und kannten kaum soziale Unterschiede. Nun aber nahmen menschliche Gesellschaften einen hierarchischen Charakter an, und es bildeten sich erste Staaten heraus. Komplexe Staaten wie Babylonien, China oder Ägypten sowie später das Römische Reich mit ihrer weit entwickelten Verwaltung und Wirtschaft brauchten nicht nur Gesetze, sondern auch einen leistungsfähigen Kalender, um die Staatsgeschäfte und das öffentliche Leben zu regeln. Weil Politik und Religion untrennbar zusammenhingen, war der Kalender nicht nur eine Art religiöses und gesellschaftliches Hilfsmittel, sondern auch ein Instrument politischer Machtausübung: Der babylonische König verfügte Schalttage, Alexander der Große ließ den Kalender nach Belieben anhalten, römische Politiker nutzten die laxen Schaltregelungen zur persönlichen Bereicherung. Als römischer Oberpriester verfügte Caesar ebenso eine Kalenderreform wie anderthalb Jahrtausende später Papst Gregor XIII. als Oberhaupt der römischen Kirche Und die Eroberung eines Großteils der Welt durch das christliche Europa wurde nicht nur mit der Bibel in der einen und einer Waffe in der anderen Hand, sondern auch mit dem Kalender im Sackerl bewerkstelligt.

## *Vom Kerbholz zur Schlaguhr zur Weltzeit*

Seit den ersten Kerbhölzern hat sich viel verändert – nicht nur beim Kalender als Instrument der Zeitrechnung, sondern auch und unmittelbar damit zusammenhängend beim Verhältnis des Menschen zu seiner Zeit. Durch Jahrhunderte und Jahrtausende hat sich die Zeitwahrnehmung von einer konkret handlungsorientierten zu einer komplexen und vorwiegend abstrakt erfahrenen entwickelt – oder auch vom bedächtig Pfeil an Bogen legenden Steinzeitjäger zum gehetzten Großstadtmenschen des 21. Jahrhunderts. Diese faszinierende Entwicklung der Zeitwahrnehmung wenigstens knapp nachzuvollziehen ist nötig, um die vielfältigen Ausformungen des Zeitverständnisses richtig einordnen zu können, in unserem Fall das der alten Maya. Deren Auffassung von Zeit steht mit ihrem Kalender ebenso in Wechselwirkung, wie es in anderen menschlichen Gesellschaften und Kulturen der Fall ist. Natürlich wirkt nicht allein der Kalender auf die Zeitwahrnehmung einer Gesellschaft, sondern daneben deren weitergehende Strukturierung der Zeit: Werden Tageszeiten streng unterteilt und damit das Leben der Menschen diszipliniert? Welchen Charakter besitzt Zeit: privat, religiös, funktional? Ist Zeit eine ökonomische Größe und daher knapp oder dagegen im Überfluss vorhanden? Werden zur Unterteilung des Tages Zeitmessgeräte verwendet, und wie ausgeprägt ist ihr Einfluss?

Wenn Gesellschaften wachsen und sich entwickeln, verändert sich auch ihre Zeitkultur und -wahrnehmung. Sobald Zeit keine rein mystische, kultische, religiöse Angelegenheit mehr ist, wird sie zu einem unverzichtbaren Bestandteil aller Bereiche gesellschaftlichen Miteinanders. Entscheidend ist dabei, dass eine Gesellschaft ihren Mitgliedern eine Zeitkultur nicht nur auferlegt, sondern regelrecht einimpft – der gesellschaftlich vorgegebene Umgang geht den Menschen in Fleisch und Blut über. Eine Zeitkultur wird umfassend verinnerlicht und prägt nicht nur den Alltag, sondern auch das Erleben eigener Lebenszeit sowie des jeweiligen Zeitalters.

Zeit als kollektive Angelegenheit beruht auf gegenseitiger Absprache und strukturiert das soziale Miteinander. Wenn sich wirtschaftliche und soziale Prozesse beschleunigen, also die Lebensumwelt der Menschen, wirkt sich das ganz direkt auf ihr eigenes Zeitempfinden aus. Es erscheint paradox, dass einerseits die Alltäglichkeiten unseres modernen Lebens durch den technischen Fortschritt sehr viel schneller vonstatten gehen als vor einigen Jahrhunderten, wir uns aber gleichwohl in erheblich größerem Maße gehetzt fühlen als unsere Vorfahren. Das liegt daran, dass unser Leben so vielfältig geworden und damit der Lebensaufwand gestiegen ist. Wer Reisen kann, tut dies auch und verbringt damit Zeit, und die Fülle an angebotenen Zerstreuungen führt dazu, dass wir Zeit in sie investieren. Wer technische Innovationen nutzt, muss ihre Anwendungen zuvor erlernen. Unsere Konsumgesellschaft vermittelt zudem, unser Leben sei nur mit vielen zeitraubenden Dingen angefüllt auch ein *er*fülltes Leben. Und selbst wenn wir uns dem entziehen, prägt uns die Zeitwahrnehmung der Gesellschaft und der Epoche, in der wir leben, sehr viel mehr, als uns mitunter lieb ist. Wir können ihr kaum entfliehen.

In Gesellschaften existieren nebeneinander verschiedene Zeitkulturen, je nach den sozialen Gruppen, ihrem Alltag und ihren Aufgaben. In vormodernen Zeiten – ob dem europäischen Mittelalter, der Antike oder Frühstaaten wie Ägypten oder Altamerika – kam ein einfacher Bauer überall auf der Welt mit einem einfachen Kalender bestens zurecht, orientierte seinen Alltag am Stand der Sonne und besaß ein einfaches, aber hinreichendes Zeitgefühl, das den Erfordernissen seines Alltags entsprach. Für die Einteilung des Tages orientierte er sich am Sonnenstand, die maßgebliche Arbeitseinheit war das Tagewerk, das von Sonnenaufgang bis Sonnenuntergang reichte. Feiertage unterbrachen diese Gleichförmigkeit und strukturierten sie gleichzeitig.

Tag und Jahr eines christlichen Mönchs wurden bestimmt von den kanonischen Stunden für die vorgeschriebenen Gebete sowie dem Verlauf des Kirchenjahres mit seinen religiösen Festtagen. Ebenso war es für das gottgefällige Leben eines babylonischen Priesters oder eines buddhistischen Mönchs unabdingbar, die gegebene Zeit zu achten, indem man die Gebets- und Opferzeiten genau einhielt und religiöse Festtage demütig beging. Die Zeit der Händler richtete sich dagegen nach Messen und Märkten, nach aufzuwendender Reisezeit, nach Termin- und Zinsgeschäften. Natürlich überschnitten sich unterschiedliche Parallelzeiten, etwa wenn der Bauer den städtischen Markt besuchte oder wenn der Händler den Tag seines persönlichen Schutzheiligen beging. Insgesamt aber waren die Zeitstrukturen locker gefügt, die genaue Uhrzeit spielte eine nur sehr geringe Rolle.

Städtische Gesellschaften sind differenzierter, komplexer und damit auch auf ein anderes Zeitmanagement angewiesen als ländliche Gegenden – das gilt für die mesopotamischen Städte vor 4000 Jahren ebenso wie für das antike Rom, für das böhmische Prag um 1400 und die Maya-Stadt Copán des 8. Jahrhunderts. Dass viele Menschen auf engem Raum bei vielfältiger Interaktion höheren Bedarf für Terminabsprachen, zeitliche Vorgaben und standardisierte Zeitstrukturen haben, liegt auf der Hand. Zu unterschiedlichen Zeiten und in unterschiedlichen Kulturen können diese Zeitkulturen jedoch höchst verschieden ausfallen – abhängig beispielsweise von Alltag, Bevölkerungsstruktur, Wirtschaftsleben, von kulturellen, religiösen und politischen Aspekten, aber auch von den Apparaturen, die zur Verfügung stehen.

Unser westlich-modernes Zeitgefühl von Tempo, Kurzlebigkeit und der Erfahrung beständiger Beschleunigung nahm seinen Anfang in der europäischen Stadt des Mittelalters. Wollte man die Moderne als einen Hefeteig ansehen, der beständig geht und dabei mitunter hässliche Luftblasen schlägt, könnte man die aufstrebenden Städte des Mittelalters als eine Art Vorteig betrachten: Dort wurden Voraussetzungen geschaffen für die westliche Vorherrschaft, für Transport- und Informationsrevolution, Industrialisierung, Globalisierung und digitale Revolution. Dort begann die Beschleunigung, unter der wir bis heute zuweilen vernehmlich ächzen.

Die Mechanisierung der Produktion setzte im Mittelalter ein und revolutionierte die Zeitwahrnehmung, auch wenn bereits antike Autoren über das Diktat der Zeit klagten. Jetzt aber wurde die Zeit umfassend ökonomisiert und damit zunehmend verweltlicht, und eine Zeitmessmaschine namens Schlaguhr wurde seit Beginn des 14. Jahrhunderts zunächst vor allem an Türmen italienischer Städte für jedermann sichtbar installiert. Sie zeigte den Fortgang der Stunden akustisch an, während ihr Minutenzeiger noch eine lange Weile fehlten. Zuvor war das Zeitregiment entspannt gewesen; wichtige Zeitpunkte wurden von einer Vielzahl Glocken »ausgerufen«, deren Bedeutung den Stadtbewohnern geläufig war. Aber nun verkörperte die Turmuhr eindrucksvoll und unablässig das Leben unter der Zeit. Sie kündete seither vom ersehnten Ende des Arbeitstages, verfügte das Schließen der Stadttore oder eröffnete den Markt. Wem wir diese wegweisende Erfindung zu verdanken haben, ist bis heute nicht bekannt, aber sie verbreitete sich alsbald in ganz Europa und schließlich darüber hinaus.

Mit der Schlaguhr übernahm in den Städten des späten Mittelalters immer mehr die Stunde das Regiment. Durch Handel und Wirtschaft gelangte das Abendland nicht nur zu der Feststellung »Zeit ist Geld«, sondern auch nach und nach zur Einhaltung einer immer gleich langen Stunde. Sie löste die bisherige Tageseinteilung in zwölf saisonal unterschiedlich lange Stunden von Sonnenaufgang bis Sonnenuntergang ab, die schon wegen ihrer schwankenden Länge nicht sonderlich hingebungsvoll beachtet wurden. Zunächst wurde eine präzisere Uhrzeit dort eingesetzt, wo Bedarf dafür bestand, aber gleichzeitig schuf das Angebot exakterer Zeiteinteilung neue Nachfrage. Das wiederum beförderte die Disziplinierung durch die Zeit: Die »neue« Stunde ersetzte nach und nach das Tagewerk als Arbeitseinheit, die städtische Uhr übernahm die Strukturierung des Tagesablaufs.

Bis Europa im Spätmittelalter zum ökonomischen Aufstieg ansetzte (und viel später seinen Zeitstempel dem Großteil der Welt aufdrückte), hatte Zeit keine sonderliche wirtschaftliche Bedeutung, Uhrzeit noch viel weniger. Landbesitz bedeutete Reichtum, und dabei war der Faktor Zeit unwesentlich – beziehungsweise im

Überfluss vorhanden, weil der gemächliche Rhythmus von Mutter Natur den Takt vorgab. Nun aber änderten sich die Zeiten grundlegend: Für den aufstrebenden Finanz- und Warenhandel wurde der Faktor Zeit sprichwörtlich zu Geld, hinzu kam die räumliche Vernetzung durch Handelskontakte, die zeitlich synchronisiert werden mussten. Mobilität spielte dabei eine Rolle – der Weg der Ware vom Produzenten zum Käufer wurde zum Kostenfaktor und damit auch die Zeit, die der Transport beanspruchte. Was aber bedeutet es, wenn Zeit zu Geld wird? Man geht sorgfältiger mit der kostbaren Ware Zeit um, und doch ist sie stets ein knappes Gut.

Später hielt die Uhr Einzug in die Häuser und schließlich im 16. Jahrhundert in Taschen und um 1900 an Handgelenke, was der Armbanduhr den wenig ruhmvollen Spitznamen »Zeitfessel« eintrug. Nunmehr hatte man im eigenen Haus einen Zeitmesser, dann stets bei sich – und konnte sich jederzeit den unerbittlichen Fortgang der Zeit vor Augen führen.

Mit der Maschine Uhr löste eine neue Wahrnehmung vom Kosmos die althergebrachte vom beseelten Firmament ab. Man verglich das Universum mit dieser staunenswerten Maschine, in dessen Präzision sich die Größe der Schöpfung abzubilden schien – Ausgangspunkt einer mechanistischen Sicht auf die Natur insgesamt. Nach und nach erzielten die Uhrenmacher technische Verbesserungen, sodass Uhren nicht mehr ständig gestellt werden mussten und damit die Vorstellung von der Zeit als ewiglich voranschreitend und als abstrakte Größe beförderten. Ein scharfer Wind unanfechtbarer Wissenschaftlichkeit durchwehte den Alltag der Menschen, und es war nur noch ein Schritt zu Isaac Newton (geboren in Lincolnshire, nach dem dort noch gültigen julianischen Kalender 1643) und seiner Auffassung von der Zeit als etwas Absolutem, das unabhängig von allem anderen existiert. Diese Ansicht nahmen die Philosophen Leibniz, ein Zeitgenosse Newtons, und im 18. Jahrhundert der Königsberger Immanuel Kant unter Beschuss, als sie der Zeit ihre objektive Existenz absprachen, da sie nur subjektiv wahrgenommen werde, als Beziehung zwischen Ereignissen, ohne die Zeit nicht vorstellbar sei.

Allmählich bildete sich so etwas wie ein Geschichtsverständnis heraus, ein historisches Bewusstsein für die kollektive Vergangenheit. Befördert wurde es von dem sich immer weiter verbreitenden Fortschrittsgedanken, der ja voraussetzte, dass beim Voranschreiten der Menschheit eine Vergangenheit zurückblieb. Während der Zeitgeist des 16. und 17. Jahrhunderts, bedingt durch Kriege und Seuchen, noch von Endzeitvorstellungen und der Betonung der Vergänglichkeit geprägt war, propagierten die Philosophen der Aufklärung eine positivere und diesseitige Sicht auf die Welt. Einen wichtigen Schub erfuhr der Fortschrittsgedanke schließlich Mitte des 19. Jahrhunderts durch Charles Darwin und seine Evolutionstheorie. Unangefochten blieb die Idee des Fortschritts jedoch nicht. Ein Vorläufer für die antimodernistische Zurück-zur-Natur-Haltung unserer Tage war Jean-Jacques Rousseau, der in Ablehnung der Moderne seiner Zeit (und vielleicht gegen seinen Uhrmachervater gerichtet sowie seine Heimatstadt, die Uhrenmetropole Genf) seine Taschenuhr in hohem Bogen wegwarf.

Nur führte dieser ohnmächtige Protest zu nichts, ebenso wenig wie später die erbosten Reaktionen auf das neue Verkehrsmittel Eisenbahn, das in den Augen vieler Zeitgenossen gefährlich war – die hohe Geschwindigkeit schade der Gesundheit und vernichte den Raum, hieß es. Wohlgemerkt zu einer Zeit, als die Züge mit einem Bruchteil des Tempos unserer Hochgeschwindigkeitszüge vergleichsweise gemütlich durchs Land zockelten, jedenfalls aus heutiger Perspektive betrachtet.

Seit Mitte des 18. Jahrhunderts, also zur Lebenszeit des Uhrenfeindes Rousseau, häufen sich die Klagen über ein problematisch beschleunigtes Leben – heute gilt das Phänomen der Beschleunigung der uns umgebenden Zeit als einer der wichtigsten Aspekte der Moderne und ihr augenfälligstes Charakteristikum.

Der Prozess der Modernisierung lässt sich an Wegmarken der Beschleunigung und komplexeren Zeitmessung nachzeichnen: Während Nachrichten lange Zeit nur im Schneckentempo unterwegs waren, stieg mit der wachsenden Wirtschaft, dem Handel über Grenzen hinweg und durch die weit auseinanderliegenden Herrschaftsgebiete des Habsburgerreiches der Bedarf an schnellerer Übermittlung – der Kontinent wurde mit einem Postnetz überzogen. Der Aufbau eines leistungsfähigen Straßennetzes, bessere Transportmittel und ein dichteres Postnetz führten zur Transportrevolution des 18. Jahrhunderts, ohne die die Industrielle Revolution nicht möglich gewesen wäre. Parallel dazu wurden die Uhren immer genauer sowie Pünktlichkeit und Schnelligkeit immer wichtiger. Die Disziplinierung durch die Zeit war in den Städten weiter vorangeschritten; Schulen und Kasernen übernahmen die Aufgabe, diese Sozialnorm umfassend und früh durchzusetzen. Dabei waren die Städte in ihrer Zeitrechnung noch recht souverän – jede Stadt hatte ihre eigene Zeit. Mit zunehmendem Verkehr und dadurch steigender Mobilität wurden die verschiedenen Zeiten jedoch zum Problem, da Fahrpläne nach klaren (Zeit-)Ansagen verlangten. Wie zuvor bei der Kalenderrechnung wuchs der Bedarf für eine verbindliche Zeit im größeren Rahmen.

Einen enormen Schub in der Entwicklung der Zeitwahrnehmung bedeutete die Industrialisierung, anschaulich vertreten durch die Errungenschaften Dampfmaschine, Eisenbahn und Fließbandarbeit. Der Fortgang der Industrialisierung mit zunehmender Arbeitsteilung und immer strengerer Auffassung von Produktivität und Arbeitszeit ließ außerdem die Zeitmessung immer wichtiger werden – ein rhythmisierter Schichtbetrieb verlangte getaktete Arbeitnehmer, die die Maschinen so bedienen sollten, dass diese nicht mehr stillstanden, um keine Zeit und damit Geld zu verlieren. Der US-amerikanische Technikhistoriker Lewis Mumford ging gar so weit, die Uhr als die eigentliche Schlüsselerfindung des Industriezeitalters zu bezeichnen, weil sie standardisierte und synchronisierte und in ihrer Entwicklung den anderen Maschinen stets voranging.

Das Diktat der Zeit nahm immer größere Ausmaße an, die Beschleunigung legte auf Schienen an Tempo zu. Ein Zugfahrplan musste nicht nur vom Lokführer beziehungsweise den angestrengt schaufelnden Männern am Tender eingehalten werden, sondern ebenso vom Reisenden, der nicht nach Lust und Laune anspannen lassen konnte wie der adelige Müßiggänger in seiner Kutsche. Ebenso erging es den Fabrikarbeitern, deren ohnehin schon harte Arbeit nun auch noch in ein Zeitkorsett gepresst wurde, das zuvor Handwerker oder Heimarbeiter, vom Schuster bis zur Weberin, nicht beachten mussten, weil sie nicht nach Zeit, sondern nach Leistung bezahlt wurden. Die Aneignung der notwendigen Eigendisziplin wurde als durchaus mühsam empfunden.

Ebenso setzte die Eisenbahn auch jenseits der Gleise eine Beschleunigung in Gang: Nachrichten gelangten schneller von einem Ort zum anderen, bald noch schneller infolge der elektrischen Telegrafie. Mehr Tempo in allen Lebenslagen, möchte man für die rapiden Veränderungen in der zweiten Hälfte des 19. Jahrhunderts sagen, in Jules Vernes berühmtem Roman *Reise in 80 Tagen um die Welt* ebenso amüsant wie einsichtig thematisiert. Das aus heutiger Sicht zu würdigen fällt uns manchmal schwer, weil das damalige Lebenstempo so viel langsamer erscheint als das unsrige heute. Und doch: In wenigen Jahrzehnten wurden nicht nur das Zeitempfinden und der Umgang mit Zeit revolutioniert, dort ist auch der Ursprung der Überreizung an Eindrücken und Informationen zu suchen, wie sie für unser Medienzeitalter immer wieder kritisiert wird. Denn Ansturm und Verfügbarkeit von Angeboten wurde ermöglicht durch die Beschleunigung, die sich somit auch auf Umwegen auf unser Zeitgefühl auswirkt. Das Leben eines Landbewohners im Polen oder im Spanien des 17. Jahrhunderts war gemächlich, vorhersehbar und ereignisarm, Nachrichten verloren schon deshalb an Dringlichkeit, weil sie bei ihrem Eintreffen bereits Monate alt sein mochten. Den beschaulichen, beständigen Lauf der die Menschen umgebenden Natur hinzugenommen, ergibt sich eine Zeitlichkeit, gegen die selbst ein heutiger Strandurlaub ohne Fernsehen und Zeitungen schwindeln macht.

Schon die frühe Moderne wurde von Zeitgenossen mit Zeitökonomie und Schnelllebigkeit in Verbindung gebracht – der rückblickende soziologische Befund lautet gar, dass die Menschen die Modernisierung vor allem an der Beschleunigung erfahren haben und die Globalisierung, die längst den Großteil der Welt erfasst hat, von einer abermaligen Beschleunigung gekennzeichnet ist, die nicht wenige schlichtweg überfordert. 1880 führte das Vereinigte Königreich die landesweite Normalzeit Greenwich Mean Time (GMT) ein, bereits zwei Jahre später ergriffen die Vereinigten Staaten die Initiative für eine allgemeine Weltzeit, auf die sich eine internationale Konferenz 1884 verständigte – mit der Greenwich Time als Universal Time, von der ausgehend entlang der Längengrade Zeitzonen festgelegt wurden. Seither gibt es die berühmte, im Zickzack-Kurs durch den Pazifik verlaufende Datumsgrenze, die zur letzten Jahrtausendwende wieder Furore machte, als teure Schiffsreisen Millenniumsfeiernden ermöglichten, gleich mehrmals hintereinander auf den Jahreswechsel anzustoßen, weil das Schiff die Datumsgrenze in der Nacht der Nächte immer wieder kreuzte. Die Weltschifffahrt, von Großbritannien dominiert, hatte sich zwar auch vorher schon weitgehend an der Greenwich Time des *Royal Observatory* orientiert, aber trotzdem war diese doch durchaus anmaßende Festlegung einer Weltzeit ein unübersehbarer Ausdruck des Eurozentrismus im kolonialen Gewand. Kein Wunder, dass dagegen polemisiert wurde, beispielsweise in den USA oder in Frankreich. Alternativvorschläge sahen vor, einen politisch neutraleren, aber kulturell aussagefähigen Ort als zeitlichen Nullpunkt auszuwählen, etwa die ägyptischen Pyramiden oder Jerusalem. Das wäre aus heutiger Sicht natürlich kaum glücklicher geraten. Wie auch immer, ein französischer Anarchist mit dem passenden Namen Martial Bourdin versuchte 1894 ein Attentat auf das Observatorium von Greenwich, das jedoch ungeplant zum Selbstmordattentat geriet – mit dem jungen Mann als einzigem Todesopfer.

Dass die westliche Kultur noch zu Beginn des 21. Jahrhunderts die Welt dominiert, lässt sich auf ein ganzes Bündel an Faktoren zurückführen, die auf komplexe Weise zusammenwirkten. Eindrucksvolle alltägliche Symbole dafür sind jedoch sicherlich der gregorianische Weltkalender und die Weltzeit von Greenwich. In China oder Japan, der Türkei oder Südamerika mag die Übernahme einer christlich geprägten Zeitrechnung als unumgängliche Einflussnahme oder als Ausdruck des Kolonialismus empfunden und mehr oder weniger widerstrebend durchgeführt worden sein. Doch angesichts der neuen Machtverhältnisse gab es zu ihr keine Alternative, um Anschluss zu finden an den Teil der Welt, der unmissverständlich den Ton angab. Und es war ein höchst wirkungsvoller, nachhaltiger Akt der Herrschaftsnahme des Modells Westen – kalendarischer Imperialismus in der Frühzeit der Globalisierung.

Um 1900 wurden die hektischen, niemals zur Ruhe kommenden Metropolen New York und Berlin zu Symbolen für das atemberaubende Tempo des Fortschritts: Für das deutsche Kaiserreich der Wende zum 20. Jahrhundert wurde der Begriff »das nervöse Zeitalter« geprägt, in dem »Tempokrankheiten« Furore machten, rasende Automobile den Stadtrhythmus beschleunigten und schließlich die Zigarette, bis heute Synonym für nervöse Zeitlichkeit, ihren Siegeszug antrat. Mit dem Futurismus des frühen 20. Jahrhunderts bekam die Verherrlichung von Geschwindigkeit sogar eine eigene Kunstrichtung. In Deutschland sprach man vom »Berliner Tempo«, wenn Schnelllebigkeit gemeint war, Schnellzüge rasten durch Europa, Hochöfen produzierten »Schnellstahl«, der Lochstreifen beschleunigte die Telegrafie, Automatenrestaurants servierten das erste Fastfood. Seither hat sich die Moderne keine Atempause gegönnt – mit Flugzeug und Raumfahrt, mit Computer, Handy und Internet, mit Videoclips und Technobeats, mit Powerwalking, Powernap und Speeddating ist unser Leben abermals beschleunigt worden, ohne dass ein Ende abzusehen wäre. Selbst der Natur haben wir unser Tempo aufgezwungen, das jedenfalls lassen Klimaszenarien vermuten, die die globale Erwärmung mit jeder Prognose schneller ablaufen lassen.

Weil die entfesselte Beschleunigung zunächst vornehmlich in den Metropolen der Welt zu erleben war, während es auf dem Land noch beschaulicher zuging, überforderten Großstadtbesuche um 1900 nicht selten die einheimische Landbevölkerung, die angesichts der ungewohnten Betriebsamkeit einen Kulturschock erleiden konnte. Umgekehrt wüteten Landbewohner häufig gegen die motorisierten Städter, wenn sie mit ihren unheimlichen Automobilen hupend über die Dörfer rasten. Tempobrüche kennzeichneten auch Begegnungen zwischen der westlichen Welt und Kulturen, die entspannter und lässiger mit Zeit umgingen. Zuletzt war das am Beispiel der sozialistischen Länder zu beobachten, die mit dem kapitalistischen System des Westens dessen rigide Zeitkultur übernahmen; die eigene war im Sozialismus bei Arbeit und Freizeit als erheblich entspannter erfahren worden. Schon früher hatten andere Länder die zeitliche Dimension als Kulturschock erlebt, etwa Japan und China im 19. Jahrhundert oder Naturvölker, wenn sie sich der westlich geprägten Moderne öffneten oder öffnen mussten und sich mit einem unerbittlichen Zeitverständnis konfrontiert sahen.

Das Unbehagen angesichts der ungebremsten Beschleunigung äußert sich seit vielen Generationen in einer Bandbreite von hilfloser Wut bis beißender Systemkritik. Seit Jahrzehnten ist von diktatorischer Tempokratie die Rede, die dem Menschen entgegen seiner Natur ein überzogen rigides Zeitkorsett verpasse. Der französische Philosoph Paul Virilio entwickelte eine eigene Wissenschaft von der Geschwindigkeit namens Dromologie und machte in der beständigen Beschleunigung vor allem des Verkehrs eine Sackgasse aus, an deren Ende nichts weniger als die Liquidierung der Welt zu erwarten sei. Sachbücher und Ratgeber schwärmen von Entschleunigung gegen den rasenden Wahnsinn unserer Zeit und verheißen ganzheitliche Erfüllung im Widerstand gegen Tempo und Moderne.

Sofort verfügbare Informationen verkürzen die Reaktionszeit – Kriege können schneller ausgelöst, Naturkatastrophen schneller bewältigt werden. Somit beschleunigt sich die Abfolge von Ereignissen und Handlungen, von Aktion und Reaktion, was das Leben in all seinen Facetten und im gesamten Bereich, den diese Zeitlichkeit einschließt, umfassend beschleunigt, natürlich ohne vor den Köpfen der Menschen haltzumachen. Das wirkte sich beispielsweise auf den Ausbruch des Ersten Weltkriegs aus, weil Politiker und Diplomaten in der Julikrise des Sommers 1914 von Tempo und Fülle der eintreffenden Telegramme überfordert waren und der allgemeinen politischen Erhitzung nichts entgegenzusetzen vermochten, weil keine Zeit blieb, mäßigend einzuwirken und etwa »Tempo rauszunehmen«, wie man heute sagen würde.

Ein jüngeres, nicht weniger dramatisches Beispiel ist der Fall der Berliner Mauer am 9. November 1989, der das Ende der kommunistischen Herrschaft in Mittel- und Osteuropa einleitete. Nach einer turbulenten Pressekonferenz der DDR-Regierung machte die zugespitzt dargestellte Meldung in den Spätnachrichten des Westfernsehens aus einer vorgesehenen Ausreiseregelung mit einem zeitlichen Vorlauf aus Passantrag und Behördengang eine angeblich bereits erfolgte Grenzöffnung, die in kürzester Zeit zu einem Ansturm auf die innerstädtischen Grenzanlagen Berlins führte. Deren Zeitdruck wiederum führte zum Hochziehen der Schlagbäume – und schließlich zur deutschen Einheit weniger als ein Jahr darauf. Eine Zeitenwende im Schnellwaschgang. Frischer noch ist die Erinnerung an die Bankenkrise 2008, die sich zwar lange angebahnt hatte, dann aber von New York ausgehend wie ein Lauffeuer den Erdball erfasste.

Beschleunigung als Phänomen der Moderne begann in Europa, und unser modernes Zeitempfinden, ob in Berlin, Seoul oder Kapstadt, ist bei allen regionalen oder kulturellen Nuancen von der westlichen Kultur ebenso beeinflusst wie der westliche Lebenstil insgesamt weltweit dominiert. Weltweit? Nein, denn es gibt im beschleunigten Zeitstrom der Welt gemächlich dahintreibende Inseln, die sich dem Tempo der Moderne verweigern. Alle Menschen haben ein Bewusstsein für Zeit, nur kann dieses Bewusstsein selbst heute noch höchst unterschiedlich aussehen. Denn die Wahrnehmung und der Umgang mit Zeit sind von einer Fülle gesellschaftlicher Bedingungen abhängig – Religion, soziale Interaktion, wirtschaftliche Entwicklung –, aber auch von Vorgaben der natürlichen Umwelt. Für die noch traditionell lebenden australischen Aborigines bestimmt ihre ursprüngliche Daseinsform als Jäger und Sammler ihr Verhältnis zur Zeit: Der richtige Zeitpunkt für eine Handlung wird nicht durch den Blick auf Uhr oder Kalender bestimmt, sondern anhand von Erfahrung und Beobachtung: Die Früchte einer bestimmten Gegend etwa sind ungefähr zu der Zeit reif, wenn der Fluss nach der Trockenzeit wieder Wasser führt.

Ebenso misst man den Verlauf des menschlichen Lebens nicht an Lebensjahren, sondern im Vergleich mit Kindern oder Eltern. Solche Zeitmaßstäbe dienen auch der Verständigung untereinander, etwa wenn man sich für den Zeitpunkt verabredet, zu dem die Sonne erstmals hinter einem bestimmten Felsen untergeht oder die Fischlaiche vorüber ist. Auch ohne niedergelegten Kalender spielen Himmelskonstellationen, insbesondere der Vollmond, für religiöse Feste eine wichtige Rolle.

Die kanadischen Inuit besitzen in ihrer Sprache nicht einmal ein Wort für den Begriff Zeit, wie wir ihn verstehen. Trotzdem haben sie eine Vorstellung davon, beispielsweise gilt das frühe Aufstehen als unerlässliche Tugend. Vor der Einführung der Uhr bestimmte man den Zeitpunkt des Aufstehens im arktischen Winter anhand des Sternenstands und verließ sich fürs zeitige Aufwachen auf die eigene Blasenfunktion. Die Lebensumstände prägten die Zeitwahrnehmung: Um stets gut versorgt zu sein, bedurfte es der Kenntnis der Gewohnheiten der Beutetiere, seien es Fische, Robben oder Karibus, und ihrer zyklischen Wanderungsbewegungen. Dafür orientierte man sich an wiederkehrenden Aspekten im Jahreslauf, den man wiederum durch genaue Himmelsbeobachtung verfolgte. In einer derart unwirtlichen Lebensumwelt wie der Arktis waren entsprechende Fertigkeiten überlebensnotwendig.

Längere Zeiträume wurden auf persönlicher Basis festgehalten: So besaßen traditionelle Inuitfamilien einen individuellen Kalender, um das Aufwachsen ihrer Kinder zu dokumentieren und mehrere Generationen in die Vergangenheit zurückzublicken. Ein einfacher Kalender verzeichnete übers Jahr 13 recht flexible »Monde«, die mit wiederkehrenden Naturerscheinungen oder Lebensgewohnheiten wichtiger Tiere assoziiert wurden und zu bestimmten Tätigkeiten aufforderten. So wechselte man vom Winteriglu ins Zelt zu der Zeit, in der man die Seelöwen jagte, die sich in den ersten Sonnenstrahlen des Frühlings aalten, und man fuhr zum Fischfang aufs offene Meer hinaus, wenn der Karibu im Sommer das Fell wechselte.

Diese traditionellen Zeitvorstellungen entsprechen denen vorgeschichtlicher Gesellschaften, und der Archäoastronom Anthony Aveni bezeichnet sie als Öko-Zeit. Auf vergleichbare Art und Weise, aber jeweils den eigenen Bedürfnissen und Lebensumständen angepasst, gehen auch andere Naturvölker mit der Zeit um, ob in Papua-Neuginea, im südamerikanischen Amazonasbecken oder in entlegenen Gebieten Afrikas. Während zu früheren Zeiten die Meinung vorherrschte, diese Naturvölker müssten der Fortschrittsidee der restlichen Welt angenähert werden, überwiegt heute die Ansicht, ihre ursprüngliche naturnahe Lebensart zu achten. So bewahren sie ihren eigenen Umgang mit der Zeit, den Ethnologen und Soziologen erforschen, auch um damit Aufschlüsse über die Entwicklung des menschlichen Zeitbewusstseins zu gewinnen. Und wir gehetzten Zeitgenossen, die im modernen Lebensstil und trotz einer Fülle zeitsparender Erfindungen keinen wirklichen Zeitgewinn und mitunter auch keinen Gewinn an Lebensqualität verspüren, können uns für die ursprüngliche, naturnahe und entspannte Zeitwahrnehmung dieser Völker begeistern – oder für den Umgang mit Zeit und dem exotischen Kalender der alten Maya in Mittelamerika. Aber Moment: Hatten wir nicht eingangs von den Maya als Zeitsklaven gesprochen? Wie also verträgt sich das mit einer alten, uhrenlosen Kultur lange vor der beschleunigten Moderne?

# HERNÁN CORTÉS UND DAS SCHWARZE LOCH DER ZEITENWENDE

## Die alten Kulturen Mittelamerikas

Im Februar des Jahres 1519 stach der Spanier Hernán Cortés, seit einigen Jahren auf Kuba ansässig und dort unter anderem für die Kolonialverwaltung tätig, überstürzt in See, um sich selbst zuvorzukommen. Sein Dienstherr Diego Velázquez, der spanische Gouverneur Kubas, wollte ihn mit der Leitung einer Expedition zur mexikanischen Küste betrauen. Zwei solcher Expeditionen hatte es in den Jahren zuvor gegeben, man hatte mit den Maya Bekanntschaft gemacht, ihren in den Augen der Europäer unerwartet hohen kulturellen Entwicklungsstand festgestellt und witterte nun vor allem reiche Goldvorkommen. Eine Kolonie war nicht gegründet worden, und das sollte vorerst auch nicht geschehen, sondern mit Erkundungen und Sondierungen sorgfältig vorbereitet werden – aber Cortés verlangte es nach schnellem Ruhm. Der sollte sich in der Tat einstellen, mag sein Titel des bedeutendsten spanischen Konquistadors auch seither eine deutlich negative Färbung angenommen haben.

Mit elf Schiffen und rund sechshundert Mann, mit sechzehn Pferden und einer überschaubaren Zahl Waffen, die den indianischen jedoch haushoch überlegen waren, machte er sich auf zur Insel Cozumel – heute ein beliebtes Touristenziel, damals ein Pilgerort ehrfürchtiger Maya. Bald darauf erreichte man das mexikanische Festland und gründete, zumindest nominell, die erste spanische Stadt auf amerikanischem Festland, Veracruz. In seinem Ehrgeiz, als erster Spanier das amerikanische Festland zu erobern und zu beherrschen, handelte Cortés gegen seinen Dienstherrn, gegen die spanische Krone, und schließlich auch gegen diejenigen seiner eigenen Leute, die ihre Loyalitäten noch nicht über Bord geworfen hatten: Um Desertionen jener zu verhindern, die sich weiterhin dem Gouverneur und dem König verpflichtet fühlten, ließ er die mitgebrachten Schiffe kurzerhand versenken. Vor allem aber handelte er gegen die rechtmäßigen Besitzer des Landes, das er ohne jede Gnade unterwerfen wollte.

Sein erstes Ziel war etwa 600 Kilometer entfernt und nichts Geringeres als eine der größten Metropolen der Welt: Tenochtitlán, auf Inseln im salzwasserführenden Texcoco-See gebaut. Mit mehreren Hunderttausend Einwohnern war die damalige Hauptstadt des Aztekenreiches selbst für heutige Maßstäbe eine Großstadt. Inzwischen leben dort, im heutigen Mexiko-Stadt, allerdings fast neun Millionen Menschen. Auf dem Weg lagen weiter westlich Cempoala und Tlaxcala, Hauptstädte der den Azteken feindlich gesinnten Totonaken und der Tlaxcalteken, die Cortés für sich gewinnen konnte. Dem dienten nicht nur Versprechungen, sondern auch die Tatsache, dass die vielen Völker und Städte Mesoamerikas keineswegs eine Einheit bildeten, die den Spaniern hätte geschlossen entgegentreten können – ein maßgeblicher Grund für den spanischen Erfolg. Insbesondere die mächtigen Azteken waren vielerorts verhasst.

Ebenso half den Spaniern die mangelnde Resistenz der Amerikaner gegen europäische Viren: Denn vor allem die Pocken erleichterten den Spaniern wie eine rasant wütende Vor- und Nachhut die Arbeit. Ein Weiteres tat der Terror der Invasoren – seit dem frühen Massaker, das Cortés noch 150 Kilometer vor den Toren Tenochtitláns an den arglosen Bewohnern der Stadt Cholula vollziehen ließ, Teil der spanischen Reputation bei den Einheimischen. Es steht den zahllosen anderen schrecklichen Massakern an wehrlosen Menschen in der Geschichte in nichts nach. Die Spanier zwangen ihren Gegnern völlig unbekannte Regeln der Kriegführung auf – es ging nicht mehr um das den Azteken geläufige zwar grausame, aber ritualisierte Kräftemessen unter Gleichen, bei dem man möglichst viele Gefangene machte, um sie hernach opfern zu können. Ziel der Spanier war Niederwerfung um jeden Preis. Insbesondere den langen, robusten Schwertern aus Stahl hatten die mittelamerikanischen Völker wenig entgegenzusetzen.

Die Eroberung Tenochtitláns, das Cortés neun Monate nach seinem Aufbruch aus Kuba erreichte, ging zunächst leicht, insgesamt aber kein bisschen weniger grausam als der Vorlauf vonstatten: Der Aztekenherrscher Moctezuma gewährte den gefürchteten Spaniern Einlass in die bereits von den Pocken gezeichnete Stadt und unterwarf sich ihnen. Während Cortés aber an anderer Front spanische Truppen des erzürnten Gouverneurs besiegen musste, zerbrach in Tenochtitlán der erzwungene Burgfrieden zwischen Azteken und den zurückgebliebenen Spaniern. Ein Aufstand der Stadtbewohner zwang die Eroberer unter großen Verlusten zum Abzug, wobei Moctezuma unter bis heute ungeklärten Umständen ums Leben kam. Immer brutaler gingen der zurückgekehrte Cortés und seine Männer in den nächsten Monaten gegen die Einheimischen vor, bevor sie erneut gegen die Hauptstadt der Azteken anstürmten. Fast drei Monate dauerten Belagerung und Eroberung, wobei geschätzte 200 000 Azteken ums Leben kamen – ein schreckliches, erbittertes Gemetzel, an dessen Ende die Vertreibung der Überlebenden und die Plünderung der Stadt standen. Für das moderne mexikanische Selbstbewusstsein ist von großer Bedeutung, dass die Azteken, die viele Mexikaner als ihre Vorfahren ansehen, den *Conquistadores* etwas entgegenzusetzen versuchten, auch wenn sie den Untergang ihrer Eigenständigkeit und ihrer reichen Kultur nicht aufhalten konnten.

Der Fall der aztekischen Hauptstadt leitete den Zusammenbruch des Aztekenreiches ein, dessen Blüte keine einhundert Jahre gedauert hatte, sowie die spanische Eroberung ganz Mittelamerikas. Aus der eigenmächtigen Fahrt des Cortés nach Mexiko wurde in den folgenden Jahrzehnten der Siegeszug der Spanier, aus dem Vizekönigreich Neuspanien, das unter Kolumbus nur aus Westindien bestanden hatte, entstand ein riesiges Kolonialreich. Mitte des 18. Jahrhunderts, zur Zeit seiner größten Ausdehnung, reichte es im Süden bis ins heutige Venezuela und im Norden bis an den heutigen US-Bundesstaat Oregon heran – und damit bis zu der Region, aus der möglicherweise die Azteken drei Jahrhunderte vor ihrer Unterwerfung nach Mexiko eingewandert waren.

Bei aller Überheblichkeit kamen die Eroberer Tenochtitláns nicht umhin, voller Bewunderung zu bestaunen, was sie dem Erdboden gleichmachen würden. Zu eindrucksvoll waren Pracht und Größe dieser Stadt, mehr als 2000 Meter über dem Meeresspiegel gelegen und noch keine 200 Jahre alt: ihre geometrische Anlage, die straffe Verwaltung und der Drill der Schulen, ihre hohen, bunt bemalten Tempel, die in prachtvoll gefertigte Baumwolle gewandeten Adeligen und die verschwenderische Hofhaltung im Palast des Moctezuma, ihre breiten Straßen und schiffbaren Kanäle, die schwimmenden Felder und ihr System von Aquädukten, die von weither Trinkwasser herbeiführten … Cortés und andere mussten Sevilla und Córdoba, damals die prachtvollsten Städte Spaniens, zum Vergleich heranziehen, um ihren Landsleuten zu Hause zu vermitteln, was sie in Mexiko vorfanden. Auf den Trümmern Tenochtitláns erbauten sie die neue Stadt Ciudad Real de México, das zur Hauptstadt Neuspaniens wurde. Der frischgebackene Generalgouverneur Cortés ließ seine Residenz auf den Grundmauern des Palastes Moctezumas errichten, und unter der Ende des 17. Jahrhunderts erbauten Kathedrale Nuestra Señora entdeckte man in den 1970er-Jahren die Reste eines aztekischen Tempels. Herrschaftsnahme findet zu allen Zeiten ihren architektonischen Ausdruck.

Für die spanischen Konquistadoren war Tenochtitlán nur ein Vorgeschmack auf den kulturellen Reichtum und den hohen Entwicklungsstand der Völker Mittelamerikas – für die Indianer bedeutete die Zerstörung der Metropole das Menetekel für die Unterwerfung unter Fremdherrschaft und den Untergang ihrer Kulturen.

Der Ursprung dieser Völker liegt streng genommen in Asien, denn von dort wanderten ihre Vorfahren vor mindestens 13 000 Jahren über die damals noch existierende Landverbindung zwischen den beiden Kontinenten im hohen Norden nach Alaska ein. Völlig unumstritten ist diese Ansicht allerdings nicht, und vielleicht wurde der amerikanische Kontinent schon erheblich früher über den Seeweg besiedelt. Nach und nach nahm eine angesichts reicher Vorkommen an jagdbaren Tieren wie Mammut, Bison, Kamelen und Wildpferden rasch wachsende Population den Kontinent in Besitz. Je schneller diese Jäger-und-Sammler-Gemeinschaften sich vermehrten, desto rascher breiteten sie sich auch räumlich aus, denn mit der Jagd und dem Sammeln von Wildfrüchten kann eine Region nur eine vergleichsweise geringe Zahl von Menschen dauerhaft ernähren, Mittelamerika seinerzeit vermutlich allenfalls mehrere Zehntausend.

Der bedeutsame Übergang zur sesshaften Lebensweise vollzog sich in Mittelamerika landeinwärts ab 8000 v. Chr. mit dem planmäßigen Anbau von Wildpflanzen – vor allem Kürbis, Bohnen und besonders Mais, der um 4700 v. Chr. in Zentralmexiko domestiziert wurde und zum bis heute wichtigsten Grundnahrungsmittel der Region wurde. Erst die Kultivierung dieser Wildpflanzen schuf die Grundlage, auf kleinem Raum mehr Menschen zu ernähren, und ermöglichte damit die Entstehung komplexerer Gesellschaften, aus denen sich die Hochkulturen Altamerikas entwickelten. Aus bisher nicht geklärter Ursache vollzog sich diese Entwicklung allerdings langsamer als beispielsweise in Mesopotamien, weshalb der Fortgang der Geschichte Mittelamerikas im Vergleich zu Europa oder Asien zeitversetzt abläuft. Das ist ein Grund dafür, warum die Azteken der technisch überlegenen Kriegführung der Spanier nicht genug entgegenzusetzen hatten.

Später trat wie in anderen Gegenden der Welt, wo die Menschen feste Siedlungsplätze bewohnten, die Herstellung von Keramik dazu, die Siedlungen wurden größer, stärker strukturierte Stammesverbände bildeten sich, man begann, die Toten aufwändiger zu bestatten. Die Techniken des Landbaus und der Keramik wurden verfeinert, Menschen spezialisierten sich auf bestimmte Tätigkeiten, und die Gemeinschaft konnte sich die Freistellung anderer für kultische Zwecke leisten, weil der Feldertrag genug Lebensmittel abwarf. Und schließlich – womit Mittelamerika eine von gerade mal sieben herausgehobenen Weltregionen ist – bauten die Menschen Städte, um darin zu leben.

Zu den Kulturen Mesoamerikas, den am weitesten entwickelten Zivilisationen im Amerika nördlich der Anden vor der spanischen Expansion, werden verschiedene präkolumbische Völker gezählt, die im mittleren und südlichen Teil des heutigen Mexiko, in Guatemala, Belize sowie in Teilen von Honduras und El Salvador lebten. »Mesoamerika« ist also streng genommen kein geografischer Begriff, auch wenn er Regionen in Mittelamerika umfasst, der schmalen Verbindung zwischen den Landmassen Nord- und Südamerikas. Vielmehr bezeichnet dieser Oberbegriff den kulturellen Entwicklungsstand jener Hochkulturen, zu denen auch die Maya zählen: strukturierte Gesellschaften, die Ackerbau betreiben, fortgeschrittene Herrschaftssysteme bis hin zum Staatsgebilde kennen, zeremonielle Zentren oder sogar Städte mit aufwändigen Bauwerken besitzen sowie kunsthandwerklich hochwertige Güter produzieren. Darüber hinaus nutzen sie einen hoch entwickelten Kalender, der vom Sonnenjahr ein rituelles Kalenderjahr von 260 Tagen unterscheidet, und haben mindestens Anfänge eines Schriftsystems ausgebildet. Hinzu kommen Buchkultur, astronomische Kenntnisse, das rituelle Ballspiel, ein komplexes Götterpantheon und Kakaobohnen als Währung. Damit unterscheiden sie sich von den Indianern jenseits der Wüsten Nordmexikos, die überwiegend Jäger und Sammler blieben, aber auch von den älteren Hochkulturen der südamerikanischen Andenregion, wo beispielsweise keine Schrift entwickelt wurde.

Die natürlichen Voraussetzungen der Region sind höchst unterschiedlich – vulkanische Gebirgszüge und tiefe Täler, Hoch- und Tiefland, Sumpf- und Seenlandschaften, außerdem die Küstenzonen an Atlantik und Pazifik. Das Klima ist mal trocken und kühl, manche Lagen kennen sommerliche Regenzeiten mit heftigen Güssen, es gibt Regenwälder ebenso wie karge Steppen und feucht-tropische Küstenregionen. Die Völker und ihre jeweiligen Entwicklungen auseinanderzuhalten fällt den Archäologen nicht immer leicht, was vor allem an der oft schlechten Überlieferung von Artefakten liegt: Während in knochentrockenen Gegenden Südamerikas sogar Stoffe gut erhalten überlebt haben, konnten im feuchten Klima Mittelamerikas organische Materialien den Lauf der Zeit nur selten überstehen. Daneben sorgten ausgedehnte Handelskontakte für Vermischungen, die Abgrenzungen erschweren. Der rege Austausch wiederum erklärt die zahlreichen Parallelen, insbesondere auf religiösem und kulturellem Gebiet. Andererseits verliefen diese Kontakte nicht immer friedlich; kleine Völkerschaften oder Häuptlingstümer versuchten, sich über andere zu behaupten und aus militärischen Siegen Vorteile zu erringen.

Ob einvernehmlich oder in Konfrontation: Errungenschaften wie religiöse Vorstellungen, Kunst- oder Keramikstile und der Kalender verbreiteten sich. Daneben hatten die Völker Mesoamerikas die Grundnahrungsmittel Mais, Bohnen, Kürbis und Paprika gemeinsam, den Hund nicht nur als Haustier, sondern auch als gezüchtete Delikatesse der Vornehmen, und das Fischen. Außerdem jagten sie Wild, das damals noch im Überfluss vorhanden war, sowie Enten, Tapire und Affen. Dagegen fehlten geeignete Zugtiere, und das Rad war zwar nicht unbekannt, aber man baute keine Wagen.

Es beginnt am südlichsten Zipfel des Golfs von Mexiko, in den heutigen Bundesstaaten Veracruz und Tabasco, am Isthmus von Tehuantepec, wo Golf und Pazifik nur 200 Kilometer auseinanderliegen und Mexiko so regenreich ist wie nirgendwo sonst – und eher unwirtlich daherkommt. Hier trat vor ungefähr 3500 Jahren die erste Hochkultur Mesoamerikas in Erscheinung und leitete damit die sogenannte Präklassische Phase ein: die Olmeken, die allerdings offenbar keine Militärmacht waren, die sich ein Reich geschaffen hätte wie später die Azteken. Kämpferisch waren sie aber trotzdem, wie sich an abgebildeten Schlachtszenen ablesen lässt. Unklar ist bislang auch geblieben, ob die Olmeken in einem Staat lebten. Ihre Bedeutung liegt vor allem in ihrem kulturellen Beitrag für die gesamte Region – weshalb das Volk der Olmeken auch gerne als Mutterkultur Mesoamerikas bezeichnet wird. Ihre Erforschung – seit gerade mal 150 Jahren – ist jedoch schwierig, weil es keine schriftlichen Zeugnisse, sondern nur wenige archäologische Reste gibt, entsprechend problematisch sind belastbare Aussagen. Welche Sprache sie gesprochen haben, wissen wir nicht – nicht einmal, wie sie sich selbst nannten, denn der Name Olmeken ist eine Fremdbezeichnung der Azteken aus späterer Zeit und bedeutet »Menschen aus dem Gummiland«. Inzwischen sieht die Forschung für den mesoamerikanischen Bereich eine Vielzahl von Entwicklungssträngen, von denen die Olmeken einen zwar starken, aber eben nicht den einzigen bilden, und vielfältige Einflüsse statt einseitiger Prägung. Danach gab es nicht eine Mutterkultur, sondern nebeneinander mehrere Schwesterkulturen.

Die Erforschung der Olmeken begann, damals noch eher gemächlich, Mitte des 19. Jahrhunderts, als der erste von insgesamt siebzehn riesigen Steinköpfen entdeckt wurde. Die meisten davon wurden in San Lorenzo gefunden, dem ersten städtischen Zentrum der Olmeken und Mesoamerikas überhaupt. Bis zu drei Meter sind sie hoch und bis zu 20 Tonnen schwer, die monumentalen Gesichter ausdrucksstark und individuell gestaltet. Sie stellen vermutlich Herrscherporträts dar, mit kreisrunden, flachen Gesichtern, breiten Nasen und ein wenig arrogant heruntergezogenen Mundwinkeln. Das San Lorenzo der Olmekenzeit muss aus den wenigen Spuren mühsam rekonstruiert werden, aber wir wissen von terrassierten Hängen und symmetrischen Anlagen, von Abwasserleitungen, weiteren Denkmälern und steinernen Tempeln, von farbigen Palästen der Herrschereliten weit oben und von Lehmhäusern der einfachen Menschen weiter unten. Bis um 1200 v. Chr. war es die größte Siedlung weit und breit. Man unterhielt weitgespannte Handelsbeziehungen – auch das ergaben Ausgrabungen, denn man fand viele Gegenstände, die von weither stammen.

Die Olmeken profitierten offenbar von den Erfolgen des Ackerbaus – von besseren Anbaukenntnissen, kultivierten Pflanzen und der damit verbundenen höheren Ernteausbeute –, die die Bevölkerung rasch wachsen ließen. Begünstigt wurde ihre Landwirtschaft durch die fruchtbare Umgebung mit Regenzeiten und Flüssen, die sowohl reichen Fischbestand aufwiesen als auch regelmäßig über die Ufer traten und nährstoffreichen Schlamm zurückließen.

In der olmekischen Kultur finden sich viele Elemente, die später auch für die anderen Kulturen Mittelamerikas charakteristisch werden sollten, insbesondere eine Götterwelt mit Regen-, Mais- und Feuergott oder auch Göttern der Jahreszeiten oder der Weisheit. Sie werden später von nachfolgenden Kulturen ebenso übernommen wie eine der wichtigsten Gottheiten Mesoamerikas, die unter verschiedenen Namen bekannte Gefiederte Schlange (Quetzalcoatl, Gukumatz, Kukulkan etc.). Sie taucht bereits bei den Olmeken auf. Ein wichtiges Detail im Mythenschatz der Olmeken war offensichtlich, wie zahlreiche Motive erkennen lassen, die Verbindung einer menschlichen Frau mit einem Jaguar. Als stolzestes und größtes Raubtier der Region spielte er eine wichtige Rolle, sein edles Fell war begehrt und hochgestellten Persönlichkeiten vorbehalten. Aus dieser Verbindung gingen Tiermenschen hervor, Wer-Jaguare sozusagen, die in der Bildersprache der Olmeken als geschlechtslose Wesen häufig auftauchen. Möglicherweise dienten sie der Legitimation von Herrschaft, indem sie den Herrscher als Abkömmling des Jaguargotts auswiesen. Vielleicht als Ableitung des Wer-Jaguars der Olmeken wurde der Regengott zu einer der wichtigsten Gottheiten Mesoamerikas.

Einige der olmekischen Götter ähnelten dem Jaguar, daneben aber auch anderen Tieren, die mit großer Meisterschaft dargestellt wurden. Vermutlich verbreiteten die Olmeken durch ihre Handelsbeziehungen ideologische und religiöse Vorstellungen, die bei den nachfolgenden Kulturen Mesoamerikas stilbildend wirkten. Nicht nur die Ursprünge mesoamerikanischer Religion liegen wahrscheinlich in der Olmekenstadt San Lorenzo, sondern auch die des verbreiteten rituellen Ballspiels. Nicht weit von dort wurden die einzigen Kautschukbälle aus der Zeit vor der spanischen Eroberung gefunden.

Aus unbekannten Gründen wurde San Lorenzo später aufgegeben und zerstört, an seine Stelle trat La Venta, weiter östlich gelegen und etwas erhöht im Sumpfland des Flusses Tonalá. Einstmals beherrscht von einer mehr als 33 Meter hohen kegelförmigen Pyramide aus bunten Lehmziegeln, wie alle anderen Bauten exakt nach Norden ausgerichtet, war La Venta das wichtigste Kultzentrum der Olmeken und eine mächtige, bevölkerungsreiche Stadt mit agrarisch geprägtem Hinterland. Wichtig für unser Thema ist eine weitere Stadt der späten Epi-Olmeken, 160 Kilometer weiter nordwestlich: Tres Zapotes. Von hier stammt eines der ersten in Stein gemeißelten Daten des amerikanischen Doppelkontinents, der

Rest einer Basaltstele mit einem Datum der sogenannten »Langen Zählung« des mesoamerikanischen Kalendersystems: 7.16.6.16.18. Umgerechnet auf den gregorianischen Kalender verweist die sogenannte Stele C auf den 3. September 32 v. Chr. – sofern das Datum sich auf denselben kalendarischen Nullpunkt bezieht wie die späteren Maya-Datierungen. Möglicherweise kannten also bereits die Olmeken die Lange Zählung der mesoamerikanischen Kalender. Das älteste bisher entdeckte Datum wurde allerdings nicht im Gebiet der Olmeken gefunden, sondern sehr viel weiter südöstlich, in 400 Kilometer Luftlinie Entfernung. Es entspricht dem gregorianischen 8. Dezember 36 v. Chr. Ebenso entwickelten die Olmeken offenbar als Erste eine Hieroglyphenschrift, die bisher jedoch nicht entziffert werden konnte.

Auch ein anderes wichtiges Merkmal taucht bei den Olmeken zum ersten Mal auf: die Hierarchisierung der Gesellschaft, die das Element der Ungleichheit in die bisherigen eher egalitären Stammesstrukturen einführte, aber auch Spezialisierung begünstigte. So erklären sich Kolossalmonumente wie die Basaltköpfe, deren Material ohne Rad oder Zugtiere in einer gut koordinierten Gemeinschaftsaktion von Menschenhand über viele Dutzend Kilometer transportiert werden musste, oder auch die Fertigkeit der olmekischen Kunsthandwerker, die im Auftrag der Eliten und mit kostbaren, von weit hergeschafften Materialien eindrucksvolle Kunstwerke schufen. Diese Artefakte zeigen häufig religiöse Motive – bildlicher Ausdruck einer Art kultischer Ideologie, die eine Elite als verbindendes, sakral besetztes Element zwischen den einfachen Menschen und ihren Göttern einsetzte und damit erklärungsbedürftige Standesunterschiede rechtfertigte.

Die Olmeken mit ihrer günstigen Siedlungslage inmitten sich kreuzender Handelswege brachten es durch vielfältige Kontakte zu einigem Wohlstand: Zwischen El Salvador und Zentralmexiko wurden Waren ausgetauscht – Jade und Kautschuk, Serpentin und

Hämatit, Kakao und prächtige Federn sowie der wertvolle Werkstoff Obsidian. Doch mit zunehmender Konkurrenz verloren die Olmeken um 400 v. Chr. ihre überregionale Bedeutung, die nachfolgenden Epi-Olmeken ungefähr sechs Jahrhunderte später; der Strahlglanz ihrer wohlhabenden Städte ließ nach.

Auf eine beispiellose Erfolgsgeschichte kann Teotihuacán zurückblicken, die für lange Zeit größte Stadt Mesoamerikas und mit einer beeindruckenden Ausstrahlung gesegnet. Keine 50 Kilometer vom heutigen Mexiko-Stadt entfernt und damit von der Aztekenhauptstadt Tenochtitlán gut erreichbar, war die Metropole noch Jahrhunderte später für die Azteken ein Mythos. Sie glaubten, dort hätten die Götter die Welt zum nunmehr fünften Mal erschaffen, nachdem die vorangegangenen Weltreiche zerstört worden waren. Für die Azteken war die Metropole der Inbegriff einer Stadt, ähnlich wie Jerusalem für die Christen des Mittelalters. Ausgangspunkt für den Aufstieg Teotihuacáns im 1. Jahrhundert n. Chr. war tatsächlich die Nähe zu einer wichtigen Kultstätte – einer Höhle, in der der Legende nach Sonne und Mond erschaffen wurden, als sich zwei Götter zum Wohl der Menschheit opferten. (Der zögerlichere von beiden, der nur ungern in die Flammen hopste, musste sich mit der Existenz als Mond begnügen.) Langfristig aber war es der Zugriff auf reiche Vorkommen des meist dunkelgrünen vulkanischen Glases Obsidian, eines unerlässlichen Rohstoffs, der der Stadt ihre herausragende Stellung sicherte. Aus diesem Material wurden Waffen und Werkzeuge mit rasiermesserscharfen Klingen hergestellt, für die man in Europa bereits Metall verwendete. Da Obsidian nur in bestimmten Gegenden vorkam, war er eine begehrte Luxusware, und Teotihuacán nutzte sein Monopol darauf weidlich aus. Dass ihre Bedeutung als religiöser Wallfahrtsort dahinschwand, konnte die Metropole da leicht verschmerzen.

Und imposanter Kultbauten konnte man sich auch weiterhin

rühmen, darunter die 42 Meter hohe Mondpyramide sowie die über der Kulthöhle errichtete riesige Sonnenpyramide: Weit über 200 Meter lang und breit, über 60 Meter hoch – die drittgrößte Pyramide weltweit. Daneben nimmt sich ein weiteres Monument fast zurückhaltend aus: Der Tempel des Gottes Gefiederte Schlange, dessen Bau von rituellen Menschenopfern begleitet wurde. Von einer breiten, einstmals über sechs Kilometer langen Nord-Süd-Achse durchzogen, der »Avenue der Toten«, war die Stadt nach einem strengen Rasterplan rechtwinklig angelegt.

Teotihuacán, wie die Azteken die Stadt nannten, war eine Art frühe Multikulti-Metropole von der Größe des antiken Roms, deren Bewohner aus nah und fern kamen, darunter Zapoteken und Maya. Das illustriert die Bedeutung der Stadt – tatsächlich ist ein Verständnis der Region zwischen dem 2. und dem 7. Jahrhundert n. Chr. ohne den Blick auf Teotihuacán gar nicht möglich. Rätselhaft ist allerdings bis heute, wer die Stadt erbaute und die Mehrheit der Bevölkerung stellte, und ebenso wenig wissen wir, wie die Bewohner ihre Stadt nannten. Vermutlich sprachen sie Nahuatl, die bis heute lebendige Sprache der Azteken und damals in der Region mutmaßlich eine *lingua franca* wie das moderne Englisch. Die in reichen, farbig bemalten Palästen wohnende Oberschicht stellten vermutlich Totonaken, daneben gab es spezialisierte Handwerker und Künstler sowie Fernhändler und schließlich eine breite Unterschicht – die ehrgeizige Bautätigkeit ohne fortgeschrittene Technik setzte ein Heer an schwer schuftenden Arbeitern voraus. Damit eine Metropole dieser Größe funktionieren kann, ist außerdem eine hoch entwickelte und sorgsam ausgeführte Verwaltung vonnöten. Die Strahlkraft der Stadt, die bei einer Fläche von 20 Quadratkilometern über 100 000, manchen Schätzungen zufolge bis zu 200 000 Einwohner hatte, war immens, ihre Kunstwerke und ihre Architektur beeinflussten die anderen mesoamerikanischen Kulturen über Jahrhunderte massiv.

Als die nahe gelegenen Obsidianvorräte zur Neige gingen, schaffte man das Vulkangestein kurzerhand von weiter heran. Um 650 n. Chr. setzte dann aber der rätselhafte Niedergang ein, an dem sich noch einmal die Bedeutung der Stadt bewies: Das Ende ihrer Vormachtstellung riss nämlich andere Gegenden mit, die auf die ein oder andere Weise von Teotihuacán abhängig waren, darunter auch viele Maya-Städte. Einige Forscher gehen so weit zu behaupten, vom Untergang Monte Albáns, der Hauptstadt der Zapotheken, um 800 bis zum mysteriösen Kollaps der stolzen Maya-Städte des Tieflandes gehöre alles zu einer großen mesoamerikanischen Krise, an deren Anfang der Untergang Teotihuacáns stand. Vielleicht bekam die Handelsmetropole Konkurrenz und verlor ihre beherrschende wirtschaftliche Stellung. Vielleicht waren politische Schwierigkeiten der Auslöser für den Niedergang. Aber vielleicht waren es auch ökologische Gründe: Zu jener Zeit wurde es fast überall in Mexiko empfindlich trockener – über die Jahrtausende nahm die Regenmenge bis heute generell immer mehr ab, und die rücksichtslose Abholzung der Waldbestände zugunsten der Landwirtschaft könnte dieses Problem noch verschärft haben.

Teotihuacán ist für den sogenannten Talud-Tablero-Baustil bekannt, der aber ursprünglich gar nicht dort entwickelt wurde. Vor allem Pyramiden wurden dabei treppenartig angelegt, mit waagrecht vorspringenden Simsen (Tablero), die die schräge Fassade (Talud) untergliedern. Verfeinert wurden aber auch die gesellschaftlichen Strukturen: Die Hierarchisierung nahm zu, religiöse Eliten und eine Kriegerkaste setzten sich von der Masse der Bevölkerung ab. Entgegen früherer Ansichten vom friedfertigen Mittelamerika jener Zeit war diese Hochphase der mesoamerikanischen Kulturen durchaus kriegerisch, und die maßgebliche »Militärmaschine« Mittelamerikas, wie ein Forscher sich einmal ausdrückte, dürfte Teotihuacán gewesen sein.

Merkwürdig erscheint, dass eine derart wichtige Metropole, mit weit gespannten Handelsbeziehungen und großem Einfluss, keine Schrift besessen haben soll. Aber die archäologischen Funde sind hier nicht eindeutig, und die Forschung ist in dieser Frage gespalten. Andererseits ist trotz aller Komplexität die bedeutende Rolle der Stadt auch ohne Schriftsystem vorstellbar – in den Anden Südamerikas waren die Inka ganz ohne Schrift schließlich auch in der Lage, ein mächtiges Imperium zu verwalten.

Auch ohne Schrift markiert der Aufstieg Teotihuacáns die große Blütezeit der mesoamerikanischen Kulturen, die um 200 n. Chr. einsetzende klassische Periode. In dieser Zeit stiegen die Bevölkerungszahlen explosiv, was belegt, dass durch fortgeschrittene landwirtschaftliche Kenntnisse, bessere Anbautechniken und erweiterte Anbauflächen immer mehr Menschen ernährt werden konnten. Möglicherweise entstand damals eine Schriftkultur in Büchern, die die Jahrhunderte allerdings nicht überlebt haben, und ebenfalls zu dieser Zeit nahm die Bedeutung des Kalenders zu. Die Bautätigkeit dieser Epoche war immens, ebenso das Output an künstlerischen Arbeiten und kunsthandwerklichen oder Gebrauchsprodukten.

Ungefähr zur selben Zeit, in der die Olmeken erste Schriftzeichen entwickelten, und nicht allzu weit entfernt bildete sich Monte Albán im Tal von Oaxaca im heutigen gleichnamigen südmexikanischen Bundesstaat, ein frühes Hieroglyphensystem heraus, das allerdings ebenfalls bisher noch nicht entziffert werden konnte. Die Gründung der Stadt lässt sich vermutlich auf eine Föderation der drei Täler von Oaxaca zurückführen, die den Berggipfel im Schnittpunkt ihrer Territorien um 500 v. Chr. aus strategischen Gründen als künftiges Zentrum und als Zuflucht in unsicheren Zeiten auswählten. Die Stadt – gelegen auf einer mühsam abgetragenen Bergkuppe 400 Meter über dem Tal, knapp 2000 Meter über dem Meeresspiegel – wurde zum kulturellen, religiösen und politischen

Mittelpunkt. Wie kämpferisch es zu jener Zeit zuging, belegen Steinreliefs in einem Tempel, die 300 vermutlich geopferte Gefangene zeigen. Darunter sind bislang unlesbare Hieroglyphen sowie Zahlen erkennbar, die als Kalenderdaten identifiziert wurden. Die Zapoteken von Monte Albán kannten danach bereits sowohl den 260-tägigen Ritualkalender als auch das Sonnenjahr mit seinen 365 Tagen, die zur sogenannten Kalenderrunde von 52 Jahren übereingebracht wurden. Auf dem »Weißen Berg« haben Archäologen mehr Material zur mesoamerikanischen Kalendertradition gefunden als bei den Olmeken, was astronomische Fertigkeiten erklärt: In der ersten Erweiterungsphase zwischen 150 v. Chr. und 150 n. Chr. wurde ein Gebäude errichtet, das wegen seiner besonderen Ausrichtung rätselhaft blieb, bis der Archäoastronom Anthony Aveni herausfand, dass es auf den Stern Capella ausgerichtet ist.

Zwischen 250 und 450 n. Chr. zum Zentrum eines vermutlich weiter konsolidierten Zapotekenreiches ausgebaut, unterhielt man enge Beziehungen zur Metropole Teotihuacán. In dieser Zeit erhielt Monte Albán, das nach und nach auf über 30 000 Einwohner anwuchs, weitere eindrucksvolle Monumentalbauten, darunter einen prächtigen Palast, kleinere Repräsentationsbauten und einen Sakralbezirk. Monte Albán behauptete sich für ein Jahrtausend, blieb also besonders lange ungestört von äußerem Druck und wurde noch mehrmals umfangreich ausgebaut, die Bevölkerung nahm zu. Zur selben Zeit wie der mächtige Partner Teotihuacán und vielleicht in Zusammenhang mit dessen Ende begann im 7. Jahrhundert der Niedergang der Stadt auf dem Berg. Nach dem Verlust seiner herausragenden Stellung musste Monte Albán einer Vielzahl an kleinen zapotekischen Herrschaften Platz machen. Noch später wurde der spanische Konquistador Cortés Herr über das beeindruckende Tal: Zum Dank für seine Verdienste in Übersee für die spanische Krone erhob Karl V. ihn zum »Marqués del Valle de Oaxaca«.

An die Klassik als wichtigste Phase der Maya-Kultur schließt sich die Phase der mesoamerikanischen Postklassik an. Sie reicht bis zur spanischen Invasion und wird im 9. Jahrhundert von Wanderungsbewegungen eingeleitet, die mit der europäischen Völkerwanderung der Spätantike vergleichbar sind, denn hier wie dort veränderten sich Herrschaftsräume, politische Verhältnisse und wirtschaftliche Bedingungen. Und wie in Europa vermischten sich in Mittelamerika kulturelle Elemente und führten zu neuen Ausprägungen, weil die »Neuen« von den »Alteingesessenen« lernten, deren Lebensweise weiter entwickelt war. Im Falle Mesoamerikas waren die Neuankömmlinge vor der sich ausbreitenden Trockenheit in ihrer Heimat geflüchtet, vielleicht auch – wie die europäischen Völkerschaften ein paar Jahrhunderte früher von Roms Strahlkraft – angezogen von der Kunde reicher Gegenden weiter südlich: Das sorgte für kriegerische Zeiten, was sich an den Kunstwerken dieser Zeit eindrucksvoll ablesen lässt. Kriegerische Zeiten führen meist neben einem aggressiveren Klima auch zu unerwarteten Allianzen – insgesamt geriet die Region kräftig durcheinander.

Spätere Chronisten unterschieden die Neuankömmlinge aus dem Norden von den einheimischen Tolteken politisch reichlich unkorrekt mit dem Zusatz Chichimeca: »die von Hunden abstammen«. Das erinnert verdächtig an die griechischen und römischen Vorstellungen von den »Barbaren« jenseits der angeblichen Zivilisationsgrenze. Der Name Tolteke stammt von der Stadt Tula oder Tollán, die die Tolteken vermutlich gemeinsam mit der Volksgruppe der Nonoalca bewohnten. Tula mauserte sich als Handelsstadt für den begehrten Obsidian zum – wenn auch erheblich kleineren und weniger langlebigen – Nachfolger von Teotihuacán. Die Stadt besaß ein riesiges Zeremonialzentrum, das für mehr als dreimal so viele Menschen ausgelegt war, wie die Stadt Einwohner besaß – hier fanden keine elitären Versammlungen einer Priesterkaste mit wenigen Adeligen mehr statt, sondern regelrechte Massenveranstaltungen. Die Tolteken machten sich aber nicht nur als Krieger einen Namen, sondern wurden nach ihrem Untergang derart verklärt, dass spätere Völker, darunter die Azteken, sie gern als ihre Vorfahren reklamierten.

Steinreliefs geben zu erkennen, dass die Kriegführung einen enormen Stellenwert gewonnen hatte und es nunmehr professionelle Krieger gab. Unsichere Zeiten und Spannungen in der Region waren es wohl auch, die in der Umgebung die Anlage von Wehrburgen nötig machten. Möglicherweise gab es denn auch einen erneuten Ansturm aus dem Norden, der den plötzlichen Untergang der Stadt herbeiführte.

Kriegerisch waren auch die Mixteken, deren kleine Königtümer – große Städte bauten sie nicht – gegeneinander um guten Ackerboden Kämpfe führten. Zeit für die Fertigung hochwertigen Kunsthandwerks blieb ihnen nebenher trotzdem. Dazu gehören auch mit Türkis und Perlmutt besetzte Totenschädel, gleichzeitig kunstvoll und zuverlässig furchteinflößend. Trotz der lockeren und kleinteiligen Organisationsstruktur der Mixteken ist ihre Geschichte vergleichsweise gut nachvollziehbar. Das verdanken wir vier erhaltenenen Handschriften aus gefaltetem gekalktem Hirschleder, die in reicher Bildsprache vom mythischen Ursprung der Mixteken, von ihrer Geschichte und vom Leben ihrer Herrscher berichten. Mit einigem Vorwissen kann man sie wie einen Comic lesen. Auch Daten werden angegeben, allerdings nur in der Zählung der 52-jährigen Kalenderrunde; sie dienen der Identifizierung der nicht individualisiert dargestellten Personen. Der spärliche Text lässt ein eher einfaches Schriftsystem erkennen. Aus den Chroniken erfahren wir, wie die Mixteken ihre Kriegführung durch Heiratsdiplomatie ergänzten und dadurch nach und nach auch den Großteil der zapotekischen Gebiete unter ihre Herrschaft brachten. Folgerichtig bestand die mixtekische Oberschicht irgendwann nur noch aus einer einzigen Familie. Die Kämpfe gingen trotzdem weiter, und Dynastien kamen und gingen, bis die Mixteken im 13. Jahrhundert Oaxaca erreichten und aus dem verlassenen Monte Albán einen Begräbnisort für ihre Oberschicht machten. Dem Schicksal der Unterwerfung durch die Azteken – wie es vielen anderen Völker geschah – entgingen sie, da sie erfolgreich mit den nun verbündeten Zapoteken Widerstand leisteten, doch wurden einige ihrer Städte gegen die Azteken tributpflichtig.

Die Azteken waren die letzte der mesoamerikanischen Hochkulturen und hatten ein riesiges Imperium geschaffen, bevor Cortés und seine Nachfolger den eigenverantwortlichen Geschicken der Region ein Ende setzten. Vor allem weil sie erst so spät ins Spiel kamen, ist das Material über sie reichhaltiger, und ihr Einfluss reicht so weit, dass wir ihre Vorgänger zumeist mit dem Namen kennen, den die Azteken ihnen gegeben haben. Aus diesen Gründen werden die Azteken heute gerne mit der reichen Kultur Mexikos vor der spanischen Eroberung in eins gesetzt, auch wenn das entschieden zu kurz greift.

Die von den Azteken selbst überlieferten Quellen erleichtern das Wissen über ihre Geschichte jedoch nur begrenzt, denn es handelt sich dabei um eine ideologisch gefärbte Geschichtsschreibung, wie sie bei autoritären Staaten ja nicht selten ist. Die Vorstellung von der eigenen Größe hatte auch mit den religiösen Überzeugungen zu tun, die alles durchdrangen – damit es kosmologisch passte, frisierten die aztekischen Chronisten schon mal eine Datumsangabe oder die Beschreibung eines Ereignisses.

Das Volk, das sich selbst als »Mexica« bezeichnete, aber seit Alexander von Humboldt häufiger unter Azteken firmiert, begann seinen Aufstieg recht verhalten, denn als es 1325 die später so berühmte Stadt Tenochtitlán gründete, geschah das nicht ohne Grund auf einer Insel im Texcoco-See: Man konnte sich trotz eigener Schwäche recht gut gegen Stärkere verteidigen. Ins Becken von Mexiko waren die Azteken im Zuge einer längeren Wanderungsbewegung vorgedrungen und hatten als fremde Eindringlinge mit der dort ansässigen Bevölkerung um Siedlungsraum gestritten. Der Aufstieg vollzog sich ähnlich wie zu anderen Zeiten in anderen Weltgegenden: Als Söldner leisteten die Azteken anderen wertvolle Dienste und arbeiteten sich allmählich hoch, gründeten Stadtstaaten, mit Tenochtitlán und dem benachbarten Tlatelolco als wichtigste. Untereinander und mit anderen Völkern pflegten sie eine mehr oder weniger freiwillige Heiratsdiplomatie. Lange Zeit blieben sie aber in ihrer Region politisch nachrangig, bis sie – gestärkt, zunehmend überheblich und offenbar seit einiger Zeit reichlich unbeliebt – ein Bündnis mit der bisherigen Territorialmacht der Region, den nunmehr besiegten Teponeken, sowie den Acolhua eingingen: den aztekischen Dreibund.

Das letzte Jahrhundert vor der spanischen Invasion war vom Kampf um die Vorherrschaft in Mesoamerika geprägt, den der Dreibund für sich entschied – und in diesem waren die Azteken tonangebend. Nach und nach wurden weite Räume Mesoamerikas von den Azteken unterworfen – etwa sechs Millionen Menschen sollen schließlich in Abhängigkeit des aztekischen Königs von Tenochtitlán gelebt haben. Der Einflussbereich der Azteken umfasste mehr als die Hälfte des heutigen Mexikos und reichte im Süden bis ans heutige Guatemala heran. Ein Imperium mit fest strukturierter militärischer, politischer und administrativer Machtausübung war das Aztekenreich jedoch nicht, das überstieg seine Möglichkeiten. Stattdessen stützten sich die immense Macht und der viel gerühmte Reichtum der Aztekenherrscher auf ein System von tributpflichtigen Vasallenstaaten. Zu Hilfe kamen ihnen dabei die gemeinsamen religiösen Überzeugungen der Völker Mesoamerikas, die die Azteken kurzerhand in den Dienst ihres Reiches stellten, mit Huitzilopochtli als schreckenerregendem Haupt- und

Kriegsgott. Eine wichtige Rolle spielte, was wir heute als Terror bezeichnen würden: Bei Massentötungen geopfertes Menschenblut diente ideologisch-religiös betrachtet als eine Art »Treibstoff« für die Sonne oder als Opfer für verschiedene Gottheiten; machtstrategisch verbreiteten diese Hinrichtungen Angst und Schrecken. Die Feldzüge der Azteken dienten schließlich nicht nur der Unterwerfung anderer Völker und Staaten, um mit deren Tributleistungen Ruhm und Reichtum ihrer Herrscher zu mehren, sondern auch zur Beschaffung von armen Seelen zur Besänftigung zürnender Götter. Aber nicht nur die mythische, auch die historische Vergangenheit machten sich die Azteken dienstbar: Die Geschichtsbücher unterworfener Völker wurden verbrannt und die Geschichte in Glorifizierung aztekischer Herrlichkeit umgeschrieben – ihrer Ideologie nach waren sie bestimmt zu beherrschen, denn sie verstanden sich als auserwähltes Volk.

Ganz Mesoamerika konnten die Azteken jedoch nicht unterwerfen. Außer den Maya Yucatáns widerstanden vor allem die Tarasken dem Sog des Imperiums, aber auch andere Völker blieben unabhängig. Das und die Tatsache, dass das rasant gewachsene Aztekenreich auch im Innern nicht so stabil war, wie es angesichts der spanischen Wucht nötig gewesen wäre, erleichterten Hernán Cortés seine zweifelhafte Arbeit zusätzlich.

Die Zeitenwende, global gesehen durch das Jahr 1492 markiert, in dem Christoph Kolumbus Amerika »entdeckte« und damit für viele Chronisten die Neuzeit einläutete, setzte in Mesoamerika 1519 ein und endete mit der Eroberung der letzten Maya-Stadt Tayasal im Jahr 1697. Sie riss Mesoamerika mit seiner stolzen Geschichte und seinen kulturellen Errungenschaften in ein schwarzes Loch, das Archäologen, Ethnologen und Wissenschaftler anderer Disziplinen mit unendlich viel Mühe und Aufwand Stück für Stück weiter erhellen.

# HUN NAL YEH ODER DIE FETTEN UND DIE MAGEREN JAHRE

## Aufstieg und Niedergang der alten Maya

Am Anfang war der Mais. So sahen es die Maya selbst, die sich bis heute als Maismenschen bezeichnen und ihr wichtigstes Grundnahrungsmittel weiterhin in Ehren halten, aber so lautet auch der historische Befund. Denn die allmähliche Kultivierung des nährstoff- und ertragreichen Nahrungsmittels Mais in Mittelamerika seit dem 5. vorchristlichen Jahrtausend ermöglichte ab ungefähr 2000 v. Chr. ein beispielloses Bevölkerungswachstum und schuf damit überhaupt erst die Voraussetzung für den Aufstieg der Maya zur legendären Hochkultur. Diese Umstände kamen den anderen Völker Mesoamerikas zwar ebenso zugute, aber die Maya schöpften ihr Potenzial besonders weitreichend aus und gelten daher unter den präkolumbischen Völkern Mittelamerikas als herausragend. Nicht nur erwies sich ihre Kultur als am langlebigsten und brachte es in Religion und Herrschaftsform, in Landwirtschaft und Kunst, in Mathematik, Astronomie und Kalenderwesen besonders weit. Die Entdeckung überwucherter Tempel im tropischen Regenwald und der rätselhafte Untergang ihrer klassischen Kultur haben ihnen außerdem den Ruf einer außergewöhnlichen, einzigartigen, ja regelrecht magischen Gesellschaft eingebracht. Davon profitiert die Wissenschaft, weil das immense öffentliche Interesse Forschungsgelder nach sich zieht, sie leidet aber auch darunter. Allzu leicht nämlich gerät aus dem Blick, dass die Maya keineswegs aus dem Nichts entstanden, sondern im größeren Zusammenhang der Entwicklungen in Mesoamerika und darüber hinaus in die Reihe bedeutender früher Zivilisationen gehören, mit denen sie in mancherlei Hinsicht verglichen werden können – und müssen.

So ist es auch mit dem Mais, dem die Maya voller Dankbarkeit in ihrem kollektiven Gedächtnis einen prominenten Platz reservierten, denn darin ähneln die Maya und die anderen mesoamerikanischen Völker den frühen Zivilisationen in Asien oder Europa, die ihr jeweiliges Hauptnahrungsmittel gleichermaßen wertschätzten, sei es Reis, Weizen oder Gerste. Das Wissen um den Zusammenhang zwischen einem domestizierten, produktiven Getreide und dem kulturellen Aufblühen – der Begriff Kultur bezieht sich nicht zufällig sowohl auf landwirtschaftliche als auch geistige Errungenschaften – schlug sich insbesondere in religiösen Vorstellungen nieder.

Die Schöpfungsmythen der Maya wissen zu berichten, es habe mehrere Versuche der Götter gegeben, die Menschen zu erschaffen, die jedoch zunächst misslangen, weil die Materialien – erst Lehm, dann Holz – den Anforderungen nicht genügten und das Geschöpf Mensch nicht zu dem in der Lage war, was die Götter sich versprachen: sie anzubeten und ihnen Opfer darzubringen, um so für das Wohlergehen und den Fortbestand der Welt und des Kosmos zu sorgen. Erst der dritte Versuch gelang, als ein Klumpen Maismehlteig geformt und beseelt wurde. In den vier Ecken eines Maisfeldes namens Erde erschufen die Götter vier Männer und vier – ausnehmend schöne – Frauen, weshalb die Zahl Acht für Mais und den Maisgott steht und der achte Tag *K'an* im Maya-Kalender den Maisgott als Patron hat. In diesen Aspekten von Schöpfungsgeschichte und ihrer Tiefenwirkung in alle Lebensbereiche ist die Wertschätzung für die wichtigste Kulturpflanze gleichermaßen unübersehbar und nachvollziehbar. Allerdings hatte das auch eine beträchtliche Abhängigkeit zur Folge – sowohl ideell als auch tatsächlich. Denn neben fetten Jahren und Jahrhunderten erlebten die Maya magere, weil der Maisgott Hun Nal Yeh ihnen nicht zu jeder Zeit wohlgesinnt war.

Der Maisgott war den Maya ein stets präsenter und besonders

volksnaher Gott. In ihrer Ikonografie taucht die Maispflanze so häufig auf wie in der christlichen Bildwelt die Jungfrau Maria, und wie sie ist der Maisgott eine überaus positive Gestalt. Interessanterweise bezeichnen die Hochland-Maya unserer Tage die Muttergottes gerne auch als »Unsere Mutter Mais«, wie der Volksglaube der Region ganz allgemein in vielen Details zum Schmelztiegel wurde, in dem sich das von den Spaniern eingeführte Christentum mit älteren Glaubensinhalten verband. Der Maisgott der alten Maya steht für Fruchtbarkeit und Reichtum und wird meist als hübscher Jüngling mit Maisblättern als Haar dargestellt. Man kann ihn guten Gewissens als männliches Schönheitsideal bezeichnen – selbst für den Filmhelden in Mel Gibsons Maya-Streifen *Apocalypto* stand er offensichtlich Modell.

Ein beliebtes Motiv der Maya-Künstler ist der Tanz des Maisgottes anlässlich der Erschaffung der Welt, was die Könige in der Rolle des jungen Gottes nur zu gerne nachahmten, um sich als seine Nachfolger zu inszenieren. In Darstellungen wächst er oft als Maisschößling aus einem Schildkrötenpanzer empor – die Schildkröte (oder auch ein Krokodil) steht für die Erde, die auf dem Urmeer schwimmt. Für das einfache Volk war der Maisgott ein alltäglicher Begleiter, in jeder Aussaat sah man seinen Tod, der den Keim legt für die Wiedergeburt in einem neuen Vegetationszyklus, hoffentlich gekrönt von einer reichen Ernte. Zum Maisgott betete man, sprach mit ihm, und wie die arktischen Inuit für Schnee kannten die Maya für den Mais in all seinen Erscheinungsformen und Reifestufen viele Wörter – ganz abgesehen von der schier unübersehbaren Vielfalt der Gerichte aus Mais, die die Maya-Frauen ihren Familien zubereiteten. Seine praktische und mythologische Bedeutung war so groß, dass er in seinem Zyklus von Wachsen, Reifen und Vergehen als die Metapher schlechthin für das menschliche Leben diente und das viereckige Maisfeld als Abbild der Welt. Rituale und Aberglauben drehen sich bei den

Maya bis heute um ihr liebstes Getreide, dem außerdem Heilkräfte zugeschrieben werden.

Eine ganz profane Vorbedingung dafür, dass der Mais zum erfolgreichen Grundnahrungsmittel werden konnte, war die aufwändige Art der Zubereitung. In Mesoamerika wurden die Maiskörner mit Limetten gekocht und dann zu Brei zerkleinert, was wichtige Nährstoffe im Mais freisetzt, oder man mahlte das Korn zu Mehl, wobei der Abrieb des kalkhaltigen Steins für denselben Effekt sorgt. Aus dem Maisbrei wurden dann *tortillas* oder *tamales* (Maisbrot) zubereitet. Viele Forscher sehen diesen Umstand heute als noch wichtiger an für die Sesshaftwerdung der Maya in Dorfgemeinschaften als den gestiegenen Ertrag der Maispflanze und die damit verbesserte Ernährungsgrundlage. Als zu Anfang des 16. Jahrhunderts die Europäer die Region in Besitz nahmen, begriffen sie schnell, dass diese fremde Feldfrucht für die Indianer das war, was für Europa Weizen und Gerste waren und in Asien der Reis bedeutete, und führten sie auch in ihrer alten Heimat ein. Das Wissen um die richtige Zubereitungsart brachten die europäischen Eroberer allerdings nicht mit nach Hause, daher kam es in den Ländern der Alten Welt, die sich auf den Maisanbau verlegten, später zu Mangelkrankheiten.

Als Herkunftsgebiet der Maya hat die Forschung die Sierra de los Cuchumatanes ausgemacht, einen Gebirgszug im guatemaltekischen Hochland im Nordwesten des Landes, der einige der höchsten Gipfel Mittelamerikas zu bieten hat. Von dort aus verbreiteten sich die Maya seit der Mitte des 2. Jahrtausends v. Chr. über viele Jahrhunderte, zunächst entlang der Flussläufe und der Küsten, und begannen gleichzeitig, planmäßige Landwirtschaft zu betreiben und in Dörfern zu siedeln. Bereits im ersten Jahrtausend v. Chr. ließen sie sich im Tiefland nieder, in dem sich viele Jahrhunderte später ihre Kultur zur höchsten Blüte entfalten, aber auch der rätselhafte Niedergang der klassischen Maya zutragen sollte. Aus Ungleichheiten – als deren erste Ursache vor allem erbeutete oder erwirtschaftete Überschüsse ausgemacht werden – wurden nach und nach festgefügte Hierarchien, sowohl innerhalb der Siedlungen als auch unter den Dörfern einer Region, wo ein großes Hauptdorf die Führung übernahm und durchaus mehr als tausend Einwohner haben konnte.

Das nach und nach von den Maya besiedelte Gebiet umfasst drei Regionen in den Tropen des nördlichen Mittelamerika: Die nördliche bildet die mexikanische Halbinsel Yucatán, die zwischen dem Golf von Mexiko und der Karibik liegt und ihre Spitze gen Kuba reckt, die mittlere umfasst die heutigen mexikanischen Bundesstaaten Chiapas, Tabasco und Campeche, dazu die Länder Belize, Guatemala sowie Landstriche im Westen von Honduras und El Salvador. Die dritte ist der südliche, maximal 100 Kilometer breite Küstenstreifen am Pazifik. Das Land der Maya, das von der Fläche her ziemlich genau der Größe Deutschlands entspricht, weist nicht die landschaftliche Vielfalt auf, wie sie in der Region Mesoamerika insgesamt anzutreffen ist – die Siedlungsgebiete unterscheiden sich vor allem in Hochland und in Tiefland. Das vulkanische Hochland mit seiner in tiefer gelegenen Regionen sehr ergiebigen Regenzeit von Mai bis Anfang November reicht von Lagen ab 300 Meter Höhe bis zu den Gipfeln erloschener und noch tätiger Vulkane, die in der Sierra Madre bis 4400 Meter hoch sind. Der tropische Regenwald ist hier ausgedehnter als im Rest Mittelamerikas. Das Tiefland ist heiß, die Regenzeit nicht überall sonderlich ergiebig, wenn auch länger als im Hochland, und Trinkwasser ist des Winters vor allem im trockenen Norden ein rares Gut, weil es nur wenige Flüsse und kaum Seen gibt – der Kalkboden lässt das Wasser schnell versickern. Insgesamt können Niederschlagsmengen überall sehr unterschiedlich ausfallen, sodass für die Landwirtschaft verlässliche Vorhersagen heiß begehrt sind.

Zur Zeit der alten Maya gab es im Süden ausgedehnte Monsunwälder, die seither zu großen Teilen abgeholzt wurden. Dort wuchsen vor allem Mahagonibäume, Breiapfel- oder Kaugummibäume sowie Brotnuss-, Cashew- und Avocadobäume. Nach Norden hin gehen sie in dichte Urwälder über, auch die Fauna wird reichhaltiger: Wild, Truthahn und der majestätische Jaguar, den die Maya ebenso fürchteten wie verehrten – und wegen seines kostbaren Fells erlegten. Während das nördliche Yucatán mit seiner abweisenden Dornbuschsteppe schon damals keine sehr fruchtbare Gegend war, boten südlichere Tieflandregionen zum Teil bessere Anbaubedingungen. Heute ist ein Großteil des Tieflandes wieder von dichtem Regenwald bedeckt, in dem sich noch immer viele Ruinen des Maya-Reiches unentdeckt verstecken. In der Epoche der klassischen Maya sah die Gegend jedoch anders aus, weil Siedlungen und Anbaugebiete dem Urwald abgerungen worden waren, der sich nach ihrer Aufgabe die Gebiete wieder zurückerobert hat.

Die Maya-Bauern der frühen Zeit betrieben den Maisanbau in sogenannter *milpa*-Bewirtschaftung, die noch heute angewendet wird. Der Mais und die mit ihm zusammen angebauten Bohnen und Kürbisse ergänzen einander: Beispielsweise können sich die Bohnen an den Maispflanzen hochranken, die Kürbisse liefern dem Mais Dünger in Form von Stickstoff. Die Äcker trotzten die Maya der Natur durch Brandrodung ab und pflanzten am Ende der Trockenzeit Mais in der Erde unter der Ascheschicht. Der Regen wusch die Nährstoffe der Asche als wertvollen Dünger in den Boden. Auf diese Weise, dem Wanderfeldanbau, bringt der Boden einige Jahre guten Ertrag, braucht dann aber, je nach Region, vier bis zwanzig Jahre zur Regeneration, in denen der Wald wieder heranwächst. Über die Jahrhunderte verbesserten die Maya ihre Ernteerträge mit Methoden, die den jeweiligen regionalen Bedingungen angepasst waren. Sie legten Hochäcker und Terrassenfelder an, bauten Bewässerungssysteme, in deren Kanälen gleichzeitig Fischzucht betrieben wurde. Je intensiver die Landwirtschaft wurde, desto anfälliger war sie allerdings auch für Überbeanspruchung, Dürre und andere Umwelteinflüsse.

Von dem *einen* Volk der Maya kann man guten Gewissens nicht sprechen, sondern von vielen, denn es handelt sich eher um eine Völkerfamilie gemeinsamer Abstammung und »Ursprache«, die sich über die Jahrtausende hinweg jedoch auseinanderentwickelt hat, sodass noch heute die Maya Mittelamerikas rund 30 verschiedene Sprachen sprechen, manche sichtlich verwandt, andere mit großen Unterschieden zueinander. Somit hat jedes Maya-Volk seine eigene Geschichte, die zu erforschen bis heute eine beträchtliche Herausforderung darstellt. Das liegt zunächst an der schlechten Überlieferung: bedingt sowohl durch das Klima, das vieles rasch verrotten lässt und Ausgrabungen weniger ertragreich macht als anderswo, wie auch durch die spanische Herrschaft, die der reichen, aber aus christlicher Perspektive heidnisch-minderwertigen Kultur voller Geringschätzung schreckliche Zerstörungen beibrachte. Der *Conquista* fielen durch Eroberung, Besatzung und aus Europa eingeschleppte Krankheiten nicht nur ungezählte Menschen zum Opfer, auch die kulturellen Errungenschaften erlitten schwerste Schäden. Die reiche Buchkultur der späten Maya beispielsweise haben die Spanier als teuflisches Machwerk vernichtet, oder die Handschriften fielen geächtet und vernachlässigt der Feuchtigkeit zum Opfer. Überlebt haben nur durch Zufall ein paar wenige *Codices* und die vielen Steininschriften in den Ruinen der Maya-Städte – von denen wiederum auch nur ein Teil bisher überhaupt gefunden, geschweige denn erschöpfend erforscht wurde.

Eine weitere Herausforderung bedeutet die komplizierte Schrift. Die spektakulären Fortschritte der Maya-Forschung der vergangenen Jahrzehnte wären undenkbar ohne die Entzifferung der Hieroglyphen – es handelt sich um das am weitesten entwickelte der mesoamerikanischen Schriftsysteme. Auch unser heutiges Wissen über ihre astronomische Forschung und die mythologische Bedeutung der Gestirne beispielsweise wäre andernfalls rudimentär geblieben. Lange hielt man es für ausgeschlossen, dem Geheimnis der exotischen Schriftzeichen überhaupt auf die Spur zu kommen, und verließ sich in der Erforschung der alten Maya notgedrungen auf die wenigen anderen Quellen – was zu einigen völlig falschen Auffassungen über die Maya führte, wie wir heute wissen. Was der Forschung in unermüdlicher Kleinarbeit mit der Entzifferung der Maya-Schrift schließlich doch gelang, kann es mühelos mit der ungleich berühmteren Entzifferung der ägyptischen Hieroglyphen durch den französischen Sprachwissenschaftler Jean-François Champollion 1822 aufnehmen.

Im Laufe einer viele Jahrhunderte währenden Entwicklung, die von verbesserten Anbaumethoden, steigendem Wohlstand und der Herausbildung vielschichtiger Gesellschaftsstrukturen gekennzeichnet war, kam es seit dem 4. Jahrhundert v. Chr. bei rasch wachsender Bevölkerung zu einer ersten Blüte der Maya-Kultur. Ablesbar ist der Anstieg der Bevölkerungszahl – wofür die Maya den Maisgott als Spender der Fruchtbarkeit priesen – an der rapide zunehmenden Zahl von Siedlungen; das kulturelle Erblühen zeigt unter anderem die aufwändiger werdende, monumentale Architektur. Aber nicht nur werden die Bauten größer und repräsentativer, ihr Äußeres wird auch reichhaltig verziert, mit farbig akzentuierten Stuckmasken, die beispielsweise Gottheiten der Maya abbilden. Wer den Befehl für solche Baumaßnahmen gibt, muss genügend Macht und Autorität besitzen und gleichzeitig über die notwendigen Bevölkerungsressourcen für ihre Ausführung verfügen. Gleichzeitig muss aber auch der nötige Sachverstand vorhanden sein, mithin spezialisierte Handwerker, und in der Bautechnik hatten die Maya den anderen mesoamerikanischen Völkern schon damals einiges voraus.

Als Voraussetzung für den Aufschwung hatte sich eine folgenschwere Veränderung in der Gesellschaftsstruktur vollzogen: In kleinen Dörfern hatten Häuptlinge und Schamanen genügt, um das Gemeinwohl zu steuern und religiösen Pflichten nachzukommen. In größeren Siedlungen und schließlich Städten aber wurden die Verhältnisse und damit Problemlösungen komplizierter und bei steigendem Wohlstand die Machtfrage prekärer. Gleichzeitig ermöglichte der Reichtum mehr Spezialisierung in allen Tätigkeitsbereichen – und eine wachsende Oberschicht, die eine politisch-religiöse Führungsrolle beanspruchte.

Der Ursprung der »Gottkönige im Regenwald«, wie die Herrscher der Maya genannt werden, geht auf diese vorklassische Zeit in den letzten vorchristlichen Jahrhunderten zurück. Entscheidend war der Schritt zur Zentralisierung der Macht in einem staatsartigen Gebilde mit einem Herrscher an seiner Spitze, der zu dieser Zeit erstmals mit dem Titel *k'uhul ajaw* (= Gottkönig, hoher Herr) benannt wird. Seine erfolgreichste Ausprägung erlebte das Konzept der »Gottkönige im Regenwald« jedoch in der Hochphase der Maya-Kultur der klassischen Periode zwischen dem 3. und dem 10. Jahrhundert n. Chr. Die Könige sahen sich von kosmischen Mächten begünstigt und über den gewöhnlichen Menschen stehend, beriefen sich auf eine Abstammungslinie von Vorfahren, die vorzugsweise direkt auf eine Gottheit zurückging, und traten mittels blutiger Rituale in Verbindung mit Vorfahren und Götterwelt. Dass bei diesen Ritualen Blut floss, hat weniger mit Brutalität und barbarischen Sitten zu tun als mit der Auffassung, Blut als der Lebenssaft schlechthin nähre die Götter. Beispielsweise durchstach ein König mit einer feinen Klinge aus Obsidian oder einem Rochenstachel seine Zunge, sein Ohrläppchen oder, was nicht nur besonders schmerzhaft war, sondern auch als besonders wirkungsvoll angesehen wurde, seinen Penis und tränkte mit dem Blut bereitliegendes Papier, das dann zusammen mit anderen wertvollen Substanzen wie Weihrauch, Kopal (ein Baumharz) oder Tabak verbrannt wurde. Möglicherweise unterstützt durch Drogen führte der Blutverlust zu einer Trance, die Visionen hervorrief und so den Kontakt zur Götterschaft ermöglichte. Menschenopfer gab es zwar ebenso, nicht aber in dem erschreckenden Ausmaß wie bei den Azteken Jahrhunderte später.

Wie wichtig diese Rituale waren, zeigen zahlreiche künstlerische Darstellungen. Anderen frühen Zivilisationen gleich, sahen die Maya eine gegenseitige Abhängigkeit zwischen Menschen- und Götterwelt: Ohne ihnen gewogene Götter, die für Wind und Regen, für Fruchtbarkeit und Kriegsgeschick zur richtigen Zeit sorgen, können die Menschen nicht bestehen. Aber umgekehrt brauchen die Götter die Menschen, weil allein deren Opfertätigkeit ihre stete Wiedergeburt und ihr Wohlergehen sichert. Und wie die Herrscher anderer Kulturen legitimierten die Maya-Könige mit der Nähe zu den Göttern ihre eigene Machtposition und gleichermaßen die hierarchisch aufgebaute Gesellschaft mit einer Adelsschicht an der Spitze, mit Priesterkaste und Verwaltungsleuten, die weit über den gewöhnlichen Maisbauern, Fischern und Handwerkern standen. Das war sozusagen der Preis, den die Maya – wie andere frühe Kulturen – für ihren wirtschaftlichen Aufstieg und ihr enormes Bevölkerungswachstum zahlen mussten: Im Rahmen einer egalitären Gesellschaft, die kaum Unterschiede zwischen den Menschen macht, wäre der Aufschwung nicht möglich gewesen, und auch die sich daraus entwickelnden kleinen Häuptlingstümer hätten das nicht leisten können. Es bedurfte einer komplexen Gesellschaftsstruktur mit verfeinerter Arbeitsteilung und eindeutigen Befehlsketten. Die Religion diente dabei aber nicht nur der herrschenden Klasse als Legitimierung ihrer Führungsrolle, sondern auch als ideologisches Bindemittel, um die verschiedenen Gesellschaftsschichten zusammenzuhalten.

Die größte der frühen Maya-Metropolen ist El Mirador im äußersten Norden Guatemalas, nur wenige Kilometer vor der Grenze zum heutigen mexikanischen Bundesstaat Campeche. Das Stadtzentrum besaß Bauten von bis zu 72 Metern Höhe, riesige Plattformen mit meist drei korrespondierenden Gebäuden, deren Anordnung hier wie an anderen Orten noch Jahrhunderte später einen Bezug zur Maya-Kosmologie erkennen lässt, und war über Dammstraßen mit anderen Vierteln und Orten verbunden. El Mirador übertrifft sogar die späteren Städte der klassischen Periode an Größe und Maßstab der Gebäude. Diese umfassende Bautätigkeit setzt ein hohes Maß an handwerklichem Können, Organisationsfähigkeit und wirtschaftlichem Potenzial voraus und belegt damit die erhebliche Hierarchisierung der Maya-Gesellschaft schon zu dieser Zeit. Das bestätigen auch die Unterschiede in der Ausstattung der gefundenen Gräber: Mitglieder der Oberschicht ließen sich mit kostbaren Beigaben bestatten, die zum Teil von weither stammten – und demonstrierten damit ihren Reichtum.

Im Zentrum eines Straßennetzes gelegen, muss El Mirador die Hauptstadt eines größeren Gebietes gewesen sein, das Handelskontakte unterhielt und vermutlich eine politische Oberherrschaft ausübte, auch wenn die Machthaber sich nicht mittels Porträts oder datierter Monumente zu erkennen geben wie in späteren Maya-Städten. Aber gleichwohl können wir vermuten, dass El Mirador die Hauptstadt des ersten Maya-Staates des Tieflandes war und dort bereits Könige regierten, die sich als irdische Vertreter der göttlichen Kräfte des Kosmos verstanden. Im Rückblick bezogen sich die Maya viel später auf dreizehn Königtümer der Frühzeit, von denen El Mirador vermutlich eines war. Als den Maya heilige Zahl muss man die Dreizehn allerdings mit Vorsicht betrachten, wie insgesamt bei der Geschichtsschreibung der Maya immer behutsam zwischen Substanz und Propaganda abzuwägen ist, will man den Wahrheitsgehalt ermessen. Dass El Mirador für die erste

Blüte der Maya-Kultur von herausragender Bedeutung war, daran lassen die archäologischen Erkenntnisse jedoch keinen Zweifel.

Raffinierter wurden in dieser Zeit aber nicht nur Architektur und Kunst, sondern auch die Landwirtschaft: Mit immer besseren Techniken intensiviert, trug sie ihren Anteil zur kulturellen Blüte bei, denn ein höherer Ertrag ermöglichte die Versorgung spezialisierter Arbeiter, einer Intelligenzschicht sowie einer herrschenden – oder müßiggängerischen – Elite. Bei dieser Intensivierung mittels Terrassenfeldern, Be- und Entwässerungssystemen sowie bei der Herausbildung einer komplexeren Gesellschaftsstruktur taten sich die Maya besonders hervor.

Eine kleinere der frühen Maya-Städte mit repräsentativen Bauwerken war Cerros, weit im Norden des heutigen Belize an der Bucht von Chetumal auf einer Halbinsel gelegen. Lange war sie ein unscheinbarer Flecken wie unzählige andere. Zum Aufstieg vom kleinen Fischerdorf zur reichen Handelsstadt im 1. Jahrhundert v. Chr. trug die günstige Lage an einem Handelsweg bei, denn der steigende Wohlstand der Maya-Siedlungen führte auch zu regem Handel, der den Reichtum abermals mehren half: Wer zu Wohlstand gelangt, leistet sich Dinge, zu denen er zuvor keinen Zugang hatte, zumal er seinen Reichtum beispielsweise mit erlesenen Produkten von weither zur Schau stellen kann. Über Jahrhunderte bestand der einträgliche Handel vor allem im Austausch exklusiver Luxusgüter für die wohlhabenden Eliten der Städte. Den Maya kam dabei zugute, dass wichtige Handelsrouten ihr Siedlungsgebiet durchmaßen.

Um 50 v. Chr. verliehen die Bewohner von Cerros ihrem Aufstieg und den damit verbundenen wirtschaftlichen und sozialen Veränderungen architektonischen Ausdruck: Sie rissen ihren Ort nieder und bauten ihn auf den Trümmern neu auf – nunmehr aber bestückt mit repräsentativen Großbauten, darunter künstlerisch reich ausgestattete Stufenpyramiden. Zuerst errichtete man direkt am Ufer ganz im Norden des Ortes einen Tempel, von dem aus eine Straße schnurgerade nach Süden bis zu einem Ballspielplatz führte. Auf der Freitreppe des Tempels konnte der Herrscher seine Rituale vollziehen und mit den Göttern in Verbindung treten – und dabei von seinem Volk beobachtet werden. Die Zuschauer sahen dann nicht nur den Gottkönig, sondern neben den Stufen vier große Stuckmasken mit Darstellungen von Sonne und Venus. Bei dem einen Tempel blieb es nicht; nach und nach kamen noch vier weitere hinzu, was eine Abfolge von vier Königen vermuten lässt, über die allerdings bisher nichts Näheres bekannt ist. Der repräsentative Teil der Stadt wurde auf der Landseite von einem Kanal umgeben.

Ob der Impuls für den Umbau zur Stadt von den eingesessenen Bewohnern ausging oder von neuen Machthabern, ist unklar, aber Cerros wäre in jedem Fall ein attraktives Ziel für eine Invasion gewesen.

Offenbar neidete jemand den frühen Maya-Städten ihren Wohlstand – jedenfalls wurden Cerros und El Mirador wie andere Maya-Städte in den ersten Jahrhunderten n. Chr. zunächst befestigt, was auf eine Bedrohung verweist, später teilweise zerstört und schließlich aufgegeben. Diese erste tiefe Krise im Land der Maya war so umfassend, dass die Archäologen bis heute rätseln, was im Einzelnen zu ihr geführt haben könnte, denn militärische Bedrohung allein erklärt nicht, dass zu jener Zeit so viele Städte verlassen wurden. Zwar muss es schon damals kriegerisch zugegangen sein unter den Maya-Siedlungen im Tiefland, davon zeugen neben Befestigungsanlagen Massengräber, die vermutlich geopferte Kriegsgefangene enthalten. Aber wahrscheinlich traten zur militärischen Bedrohung andere Faktoren, seien sie kultureller, ökologischer oder klimatischer Art – also beispielsweise eine politische Krise, Überbeanspruchung der natürlichen Umwelt oder ein zunehmend trockeneres Klima. Was auch immer verantwortlich war, diese Phase des Niedergangs ist von einem enormen Bevölkerungsrückgang gekennzeichnet, und was aus dieser Epoche ausgegraben werden konnte, ob Keramiken oder Bauten, ist von deutlich schlechterer Qualität als noch kurze Zeit zuvor. Statt in blühenden Städten lebten die Menschen wie früher in kleinen Weilern, und auch das stolze Cerros verwandelte sich wieder in ein unscheinbares Fischerdorf. Die Menschen mögen bang in die Zukunft geschaut und sich zugeraunt haben, dass der Maisgott ihnen zürne. In ihrer Vorstellungswelt wäre das eine schlüssige Erklärung gewesen, während ihnen für Ursachenzusammenhänge, die wir aus heutiger Sicht herstellen können, außer dem nötigen Abstand auch das Wissen fehlte.

Ein maßgeblicher Entwicklungsfaktor der gesamten Region Mesoamerika war der Handel, vor allem mit Luxusgütern. Ein frühes wichtiges Zentrum dafür und von entsprechend großem Einfluss auf andere Städte war Kaminaljuyu, heute ein westlicher Vorort von Guatemala-Stadt. Dort lassen sich sowohl aufwändige Monumentalbauten nachweisen als auch Agrargebiete mit einem raffinierten Bewässerungssystem. Ihren immensen Reichtum verdankte die Stadt dem Handel mit Obsidian aus den nahe gelegenen Vorkommen in El Chayal. Vor allem in den sechs Jahrhunderten zwischen 400 v. Chr. und 200 n. Chr. profitierten die Bewohner vom Zugriff auf das begehrte Material, das ihnen im Gegenzug wertvolle Handelsgüter aus ganz Mittelamerika verschaffte. Die Handelsbeziehungen reichten weit, die Erträge waren üppig – jedenfalls solange die Bilanzen stimmten. Der Wohlstand beweist sich in luxuriösen Gräbern der Oberschicht, deren Tote verschwenderisch geschmückt mit Hunderten kostbarer Beigaben im Inneren von mindestens 200 Pyramiden begraben wurden. Aus Abbildungen erfahren wir, dass schon seit Mitte des ersten Jahrtausends v. Chr. Könige über Kaminaljuyu herrschten. Eine straffe Verwaltung stand ihnen zur Seite und ermöglichte der Stadt, ihre Vorherrschaft über die gesamte Region auszuüben und kleinere Städte in Abhängigkeit zu halten – aber auch die beeindruckenden Bewässerungsanlagen zu betreiben und (Zwangs-)Arbeiter für die ehrgeizigen Bauvorhaben zu rekrutieren. Gleichwohl sonnte sich Kaminaljuyu nicht nur in Macht, Pracht und Verschwendung, sondern ließ die Kultur erblühen. Das Kunsthandwerk war von höchster Qualität, außerdem besaß die Stadt eine weit entwickelte Schrift, was anderswo zu jener Zeit allenfalls in den Anfängen steckte. Die bisher nicht entzifferte Schrift von Kaminaljuyu könnte ein Vorläufer der klassischen Maya-Schrift gewesen sein.

Als Kaminaljuyus erste Blüte zu Ende ging, wirkte sich der Zusammenbruch auf die Region und die Handelspartner aus, vermutlich unter Wechselwirkungen mit Krisen an anderen Orten. Als Ursache des rätselhaften Niedergangs nach 200 n. Chr. wurde lange eine schwere Naturkatastrophe vermutet: der Ausbruch des Vulkans Ilopango, der jedoch nach neueren Erkenntnissen erst später stattfand und daher wohl eher auf bereits bestehende Probleme noch eins draufsetzte. Mit einiger Wahrscheinlichkeit war das Ende von Kaminaljuyu vor allem wirtschaftlich bedingt, weil das Handelssystem der Metropole zusammenbrach. Hinzu kamen Migrationsbewegungen, in deren Folge die Bewohner von Kaminaljuyu ihre stolze Stadt aufgaben, sowie insbesondere massive Umweltprobleme, weil der Miraflores-See als wichtigste Wasserquelle unter anderem zur Bewässerung der Maisfelder auszutrocknen begann und sich damit die Ernährungssituation verschlechterte. Wieder einmal bereitete der Maisgott einem vermeintlich unaufhaltsamen Aufschwung ein vorläufiges Ende.

Krisenhafte Veränderungen beendeten einerseits diese große Epoche, bereiteten gleichzeitig aber auch den Boden für die größte Blüte der Maya-Kultur in der sogenannten klassischen Phase, die sich historisch erheblich besser erschließen lässt. Denn aus dieser Zeit stammt eine Fülle hieroglyphischer Inschriften über die Geschichte der Gottkönige – beziehungsweise darüber, wie die herrschaftliche Propaganda die Taten der Könige dargestellt sehen wollte, denn eine unabhängige Geschichtsschreibung gab es nicht. Mit der klassischen Periode wird außerdem eine Langzeitchronologie üblich, die zum Zwecke der Geschichtsschreibung ja auch gebraucht wird. Und schließlich werden in Stein gemeißelte Herrscherporträts jetzt immer häufiger.

Kaminaljuyu erlebte später, ab ca. 400 n. Chr., eine zweite Blüte, die es dem mächtigen Einfluss Teotihuacáns verdankte, dem »Rom Mesoamerikas«. Ob die Metropole unweit des heutigen Mexiko-Stadt wirklich ein Reich unterhielt, wie wir es vom *Imperium Romanum* kennen, oder eher eine Art Wirtschaftsimperialismus ausübte, konnte bisher nicht befriedigend geklärt werden. In jedem Fall profitierten viele Städte Mittelamerikas von ihrer Ausstrahlung, die sie aber gleichzeitig in erhebliche Abhängigkeit zwang: wirtschaftlich und politisch, weil Teotihuacán Anspruch auf politische Vorherrschaft erhob, sei es nun als mächtiges Reich oder als Handelsmonopolist. In der Durchsetzung dieses Anspruchs war die Metropole im Hochlandbecken von Mexiko keineswegs zimperlich, und ihre militärische Schlagkraft war insbesondere bei den Maya gefürchtet – aber auch bewundert. Diese Bewunderung schlug sich in Nachahmung nieder, sowohl künstlerisch und architektonisch als auch symbolisch – etwa wenn sich Maya-Könige mit kriegerischen Attributen aus Teotihuacán abbilden ließen.

Die Wirtschaftsmacht Teotihuacán hatte erheblichen Einfluss auf einen der bedeutendsten Protagonisten der ebenso schillernden wie blutigen Geschichte im Maya-Tiefland der klassischen Zeit: Tikal, im Norden Guatemalas gelegen und vermutlich diejenige Stadt, die das Tiefland zum Aufblühen anspornte und erfolgreich darin war, andere Städte zu dominieren und tributpflichtig zu machen – aber auch immer wieder handfeste Niederlagen einstecken musste. Die Forschung betrachtet Tikal und seine Geschicke als wichtigen Schlüssel zum Verständnis für die Geschichte der Tiefland-Maya. Schon gegen Ende des 1. Jahrhunderts n. Chr. hatte hier Yax Eeb Xook, der den Titel »Herr aus dem Westen« erhielt und vielleicht aus Teotihuacán kam, eine Herrscherdynastie begründet, die einigermaßen lückenlos, wenn auch nicht gerade genealogisch lupenrein, über acht Jahrhunderte verfolgt werden kann. Die Gottkönige ließen ihre Geschichte und Verdienste auf Steinstelen verewigen – maßgebliches Merkmal der Maya-Kultur der klassischen Epoche und eine Hauptquelle für ihre wissenschaftliche Erforschung. Rege Bautätigkeit lässt außerdem erheblichen Wohlstand erkennen, der wohl vor allem auf weit gespannte Handelsbeziehungen zurückzuführen ist.

Der alten Dynastie von Tikal machte jedoch schon bald der übermächtige Handelspartner Teotihuacán ein Ende: Nach dem vermutlich gewaltsamen Tod des letzten Königs setzte die mexikanische Metropole im Jahr 378 eine Marionettendynastie von ihren Gnaden ein. Mit einiger Dreistigkeit – aber keineswegs außergewöhnlich in der Geschichte von Herrscherdynastien, und das weltweit – stellten sich die neuen Machthaber ganz unverblümt in dieselbe Nachfolge wie die Dynastie, mit der sie kurzen Prozess gemacht hatten: Auch sie beanspruchten den ersten Herrscher von Tikal als Ahnherrn. Und schon recht bald nach der Machtübernahme durch Teotihuacán kehrte man in Tikal und anderswo zur Tradition der Maya zurück – aber nicht ohne das eine oder andere Element zu übernehmen, vor allem eine bewährte Marke aus dem Hause Teotihuacán namens militärisches Großmannstum. Reihenweise fielen in der Folge andere Maya-Städte der Region unter die Vorherrschaft der neuen Herren der Stadt, darunter Uaxactún, damals Tikals größter Rivale und nur gut 20 Kilometer entfernt. Ein anderes gängiges Mittel der Politik ist uns aus der abendländischen Geschichte ebenfalls nur zu gut bekannt: Heiratsdiplomatie der herrschenden Eliten untereinander, wobei dem Maya-Adel keine hinderliche Vorschrift zur Monogamie wie im christlichen Abendland im Weg stand. Beide Strategien zusammen angewandt waren ziemlich unschlagbar.

Ein Verbündeter Tikals war das malerisch gelegene Palenque im Nordwesten des heutigen mexikanischen Bundesstaates Chiapas, am Übergang zwischen dem Tiefland und dem Hochland mit seinen ausgedehnten Regenwäldern. Die Herrscherdynastie dieser Stadt konnte so vollständig rekonstruiert werden wie in keiner anderen Maya-Polis und setzt bereits 431 ein. Palenques berühmtester König war Pakal I., dessen Grab im »Tempel der Inschriften« erst Anfang der 1950er-Jahre gefunden wurde. Pakal, 603 geboren und schon als Halbwüchsiger König, wurde über 80 Jahre alt, und eine entsprechend lange Regierungszeit war ihm beschieden. Sein Sohn und Nachfolger ließ ihn in einer prächtig ausgestatteten Grabkammer beisetzen, und der riesige, kunstvoll gearbeitete Kalksteindeckel seines Sarkophags bringt, abgesehen von der Ahnenreihe des verstorbenen Königs, wieder einmal den Maisgott ins Spiel: In seiner Gestalt sieht man den Gottkönig, der gerade den Klauen der Unterwelt entkommt, um in die Götterwelt einzutreten. Wie dem *milpa*-Bauern bei seiner Feldarbeit diente dem seine letzten Dinge ordnenden König der Maisgott als Metapher für den Zyklus von Tod und Wiedergeburt – nur dass er sich erlaubte, gleich selbst in dessen Haut zu schlüpfen.

Unter Pakals Herrschaft erlangte Palenque wieder Glanz und Ruhm, der zuvor durch militärische Niederlagen gegen die rivalisierende Stadt Calakmul arg verblasst war. Die wiedererlangte Größe war offenbar vornehmlich dem militärischen Geschick des Königs zu verdanken – wenn Pakal auch anfängliche Rückschläge hinnehmen musste. Seine größte Machtausdehnung erfuhr Palenque unter Pakals Sohn Kan Balam II. Ende des 7. Jahrhunderts und verdankte sich neben militärischen Erfolgen auch geschickter Diplomatie – doch ein Jahrhundert später und nach abermaligen Niederlagen gegen Machtrivalen ging Palenque als eine der ersten Städte in der rätselhaften Krise der Maya-Klassik unter.

Das System der Stadtstaaten – mehrere Dutzend im Maya-Tiefland – beruhte auf der Vorherrschaft einiger weniger Städte über viele kleinere und weniger mächtige. Das beständige Ringen um Einfluss und Reichtum führte zu Vasallenstaaten der Großen, zu denen auch die Stadt Caracol gehörte, die wie ihr mächtiger Bruder Tikal wirtschaftlich und strategisch von einiger Bedeutung war.

Caracol lehnte sich im 6. Jahrhundert auf gegen die Vormachtstellung Tikals, das gerade den Zenit seiner Herrlichkeit überschritten hatte. Unterstützt wurde Caracol von einer neuen Großmacht der Region: von Calakmul, deren Herrscher möglicherweise aus dem untergegangenen El Mirador stammten.

Bei aller Bedeutung als diejenige Stadt, die Tikal zumindest für einige Zeit den Rang ablief, ist die Geschichte Calakmuls erheblich schwieriger zu rekonstruieren als die Tikals: Zwar gibt es mehr Stelen als in jeder anderen Maya-Stadt, und diese Stelen könnte man lesen wie ein Geschichtsbuch – wären ihre Inschriften nicht dem Zahn der Zeit zum Opfer gefallen, weil der allzu weiche Kalkstein sich als nicht dauerhaft genug erwies.

Hauptantrieb für offen ausgetragene Machtkämpfe waren offenbar wirtschaftliche Belange, es ging immer wieder um die Kontrolle von Handelswegen und Ressourcen und darum, im Kampf um Wohlstand über den Konkurrenten die Oberhand und damit Machtprestige zu gewinnen. Dagegen scheint die Schaffung eines großen Territorialstaates, wie wir es als Kriegsziel vergleichbarer alter Kulturen kennen, nicht im Kalkül der Maya-Herrscher gelegen zu haben. Die Gründe dafür sind umstritten – sie dürften ideologisch-religiöser Natur sein, aber auch bestimmt von der Schwierigkeit, unter den Gegebenheiten der Region eine Infrastruktur und Verwaltung aufzubauen, um ein Großreich auf Dauer zu erhalten.

Vermutlich war aber insbesondere das Gottkönigsystem unangefochten – das würde erklären, warum ein siegreicher Stadtstaat seine Oberherrschaft dadurch ausreichend gefestigt sah, dass der König der besiegten Stadt zum Vasallen, zum Unterkönig degradiert wurde, offiziell aber in Amt und Würden blieb. Möglicherweise war der militärische Triumph, der als göttlicher Gunstbeweis propagandistisch verwertet werden konnte, nutzbringender als die mühselige Unterhaltung eines ausgedehnten Territorialstaates.

Da die Könige des Tieflandes der klassischen Epoche sich und ihren Alleinvertretungsanspruch in wirtschaftlichen und politischen Dingen religiös und dynastisch legitimierten, mussten sie die ihnen und ihren Ahnen zukommende Gunst der Götter immer wieder unter Beweis stellen. Diese Nähe zum Götterhimmel sollten religiöse Rituale belegen, aber auch ihre Feldzüge: Wem die Götter wohlgesinnt waren, dem schenkten sie gutes Erntewetter, Händlerglück – und militärische Fortüne. Tikal begründete seinen Anspruch auf Vorherrschaft im Maya-Tiefland mit seiner vorgeblich uralten Dynastie, was Calakmul mit der Behauptung konterte, noch viel länger in ein und derselben Herrscherlinie regiert zu werden – auch das riecht unverkennbar nach Propaganda in einem Konkurrenzkampf, in dem es weniger um Legitimation als um Machtbehauptung und Statusfragen ging. Gleichzeitig stand der Konflikt zwischen den beiden großen Städten in Zusammenhang mit dem enormen Bevölkerungswachstum jener Zeit, weil damit Agrarland, Wasser, Rohstoffe und Handelsanteile zu ebenso knappen wie umkämpften Gütern wurden.

Das Kräftemessen weitete sich zum offenen Krieg der Supermächte Tikal und Calakmul aus, in dem Tikal, unter König Wak Chan K'awiil, 562 zunächst unterlag, obwohl es erheblich größer war als Calakmul und sich mit Verteidigungsanlagen zu schützen versucht hatte. Aber Calakmul hatte Verbündete, darunter die Stadt Caracol. Der König von Tikal kam 562 vermutlich ums Leben, jedenfalls wurde er fortan nicht mehr genannt. Calakmul hatte listig und erfolgreich eine Politik der Einkreisung praktiziert, indem es ein Bündnissystem installierte, von dem Tikal schließlich umzingelt und dadurch von seinen Verbündeten Copán und Palenque abgeschnitten wurde. Die Information darüber findet sich aber nicht in Tikal selbst, wo die Geschichtsschreibung für ein volles Jahrhundert unterbrochen wird und damit auf die Dramatik der Ereignisse verweist. Calakmuls Verbündete sind es, die diesen historischen Sieg überliefern und dem Kriegsgott Venus zuschreiben. Bald konnten die Herrscher von Calakmul sich damit brüsten, ein größeres Gebiet zu kontrollieren als je ein Stadtstaat des Tieflandes zuvor. Fortan stand die Stadt im heutigen mexikanischen Bundesstaat Campeche als mächtiger Platzhirsch in der Rangordnung unter den Maya-Städten ganz oben.

Nach dem Sieg Calakmuls und seiner Verbündeten trat zum zweiten Mal in der Geschichte von Tikal ein Herrscher sein Amt an, der sich in die Nachfolge der uralten Dynastie setzte, obwohl er gar nicht der Sohn seines Vorgängers und diesmal noch dazu ein Unterkönig der Siegermacht Calakmul war. Dauerhaft konnte Calakmul den Rivalen Tikal allerdings nicht zum ohnmächtigen Vasallen degradieren, auch wenn die Erfolgsserie Calakmuls noch eine Weile anhielt und viele andere Städte ihre Unabhängigkeit kostete. Über beachtliche Distanzen streckte die Großmacht ihre begehrlichen Fänge aus – Hunderte Kilometer weit, was angesichts der geografischen Bedingungen und ohne Pferd und Räderwagen höchst beachtlich ist.

Aber Tikal verzagte selbst unter der neuen Dynastie nicht, sondern begehrte abermals auf und gründete 120 Kilometer südwestlich, ebenfalls im heutigen Guatemala gelegen, die Filiale Dos

Pilas, wo der König von Tikal seinen Sohn als Herrn einsetzte. Der aber sah sich Angriffen aus Calakmul ausgesetzt, wechselte die Fronten und schloss sich, wenn auch mutmaßlich nicht ganz freiwillig, dem gegen seinen Vater gerichteten Bündnis an. Das trieb ganz im Sinne Calakmuls einen Keil in die Herrscherfamilie von Tikal, wo inzwischen ein neuer König den Thron bestiegen hatte. Wie Kain und Abel standen damit in Tikal beziehungsweise in Dos Pilas nunmehr zwei Brüder einander in verfeindeten Lagern gegenüber. Die Gunst der Venus war mal dem einen, mal dem anderen beschieden, bis Dos Pilas in einer besonders blutigen Schlacht und mithilfe Calakmuls den Gegner niederrang und der unterlegene der beiden Brüder getötet wurde, der Herrscher von Tikal.

Trotzdem wurde wenige Jahre darauf dessen Sohn Nachfolger auf dem Thron und errang Ende des 7. Jahrhunderts schließlich doch noch den Sieg über Calakmul, dessen Bündnissystem nämlich offenbar zunehmend überdehnt und nur mit Mühe unter Kontrolle zu halten war. Das lassen die Konflikte diverser Bündnispartner untereinander erkennen. Irgendwann war der mächtigste Stadtstaat der Maya-Lande so sehr mit Problemen innerhalb seines Bündnisses befasst, dass er die äußeren Feinde aus dem Auge verlor. Dass nicht nur Venus dem mächtigen Calakmul zürnte, offenbarte sich für alle Beteiligten ebenso anschaulich wie überzeugend an der Trophäe, die die Krieger Tikals voller Stolz vom Schlachtfeld mit nach Hause brachten. Es war das Standbild des Schutzgottes von Calakmul: ein wütender Jaguar, der seiner Aufgabe, die Stadt auf dem Feld zu beschützen, nicht nachgekommen war. Die zahlreich gemachten feindlichen Gefangenen wurden in Tikal zunächst ausgestellt und dreizehn Tage nach der Schlacht geopfert. Was mit der Herrscherdynastie von Calakmul geschah, ist unklar – möglicherweise revanchierte sich Tikal für früher Erlittenes und setzte in der besiegten Stadt seinerseits eine Vasallendynastie ein.

Calakmuls System von Bündnispartnern und unterjochten Vasallenstädten brach alsbald nach weiteren Erfolgen Tikals nach und nach auseinander. Der Triumph Tikals über Calakmul und seine Verbündeten – und die zurückgewonnene Kontrolle über wichtige Handelsrouten – schlug sich in einer beispiellosen Bautätigkeit nieder, mit denen siegreiche Staaten überall auf der Welt zu allen Zeiten ihre Überlegenheit architektonisch demonstrieren – wenn auch mitunter vor allem zum Beweis, dass trotz enormer militärischer Anstrengungen die Kräfte dafür noch ausreichen. Im Falle Tikals dürfte dieser Aspekt durchaus eine Rolle gespielt haben, wenn auch hohe Tributzahlungen der Besiegten das Ganze erleichtert haben dürften. Im »Tempel der Inschriften« wurde der Ruhm der Stadt bis weit vor Menschengedenken beschworen: Das älteste Datum in der Reihe der kalendarischen Meilensteine der Stadtgeschichte lautet 5.0.0.0.0., das entspricht dem Jahr 1139 v. Chr. unserer Zeitrechnung. In seinen besten Zeiten bevölkerten den Großraum Tikal nach Schätzungen mehr als 60 000 Menschen. Aber diese glanzvolle Phase währte nicht allzu lange, denn schon rund ein Jahrhundert später begann der Abstieg der Stadt und erlebte das Maya-Tiefland seine schwerste, bis heute berühmteste und mysteriöseste Krise.

Eine weitere der großen Maya-Städte der klassischen Periode ist Copán, im Nordwesten Honduras', nicht weit der Grenze zu Guatemala in einem geschützten, sehr fruchtbaren Flusstal gelegen und von steil aufragenden Zweitausendern umgeben. Vermutlich war es Tikal, das 426 n. Chr. durch einen Militärschlag, dessen Gelingen sich wohl der Überlegenheit der Waffen aus Teotihuacán verdankt, eine neue Dynastie in Copán einsetzte. Im Bündnis mit der Vormacht Tikal, das ja seinerseits erst ein halbes Jahrhundert zuvor von Teotihuacán »kolonisiert« worden war, sollte sie für vier Jahrhunderte die Geschicke der Stadt bestimmen.

Seither verzeichnete Copán einen steilen Bevölkerungsanstieg, sodass nach und nach immer mehr Flächen des Tales und schließlich der weniger fruchtbaren Berghänge landwirtschaftlich genutzt wurden. Bis zu 25 000 Menschen könnten in der Stadt selbst und im Tal von Copán gelebt haben – eine beachtliche Zahl, zumal die Einwohner der Vasallenstädte nicht eingerechnet sind. Politisch stieg Copán im 7. Jahrhundert auf. Den Höhepunkt ihrer Macht und Pracht erlebte die Stadt unter König Rauch Imix, der fast sieben Jahrzehnte regierte, bis er 695 hochbetagt starb und prächtige Bauten und Kunstwerke hinterließ.

Sein Nachfolger Waxaklajuun Ub'aah K'awiil, unter dem Namen Achtzehn Kaninchen ungleich einprägsamer, setzte dies einige Zeit fort – er ließ für das Jahr 731 eine aufschlussreiche Stele in Stein meißeln. Sie zeigt den König selbst und stellt sein Reich stolz in eine Reihe mit den Maya-Metropolen Palenque, Tikal und Calakmul. Mit Achtzehn Kaninchen war es aber alsbald vorbei, denn er wurde schon 738 vom König der kleinen, aber aufsässigen Vasallenstadt Quirigua gefangen genommen und ermordet. Vermutlich wurde der Herrscher von Quirigua dabei von der Großmacht Calakmul unterstützt, die Copán als Verbündetem von Tikal feindlich gesinnt war und mit diesem Coup dem ewigen Rivalen Tikal eins auswischen wollte. Man darf vermuten, dass dieser Sieg auch deshalb möglich wurde, weil das Tal von Copán bereits unter den Auswirkungen litt, die der Raubbau an der natürlichen Umwelt nach sich zog: Seit Mitte des 7. Jahrhunderts nahmen Kindersterblichkeit und Mangelerkrankungen zu, und der Rückhalt des Königs in der Bevölkerung schwand dahin. Als Verbindungsmann zum Götterhimmel war er schließlich der irdische Garant für das Wohlergehen seiner Leute, die aufmerksam registrierten, dass er seinen Job nicht gut machte.

Der militärische Triumph Quiriguas, dessen Herrscher vom Unterkönig zum unabhängigen *k'uhul ajaw* aufstieg, bedeutete zwar das Ende der regionalen Vorherrschaft von Copán mit allen wirtschaftlichen und politischen Folgen, nicht aber die Übernahme der Hegemonialstellung durch Quirigua und auch nicht das Ende der Dynastie von Copán. Deren Strahlkraft und Autorität war jedoch einstweilen dahin, mochte sie auch noch bis ca. 820 bestehen, bevor sie ein endgültiges, möglicherweise gewaltsames Ende fand. Fast ein Jahrhundert zuvor hatte man noch an der bis heute imposanten Hieroglyphentreppe gebaut – von den wenigen erhaltenen *Codices* abgesehen das längste überlieferte Textstück aus der Geschichte der alten Maya.

In seinen besten Zeiten hielt Copán sich eine glanzvolle Ahnenreihe zugute, zurückgehend bis auf den Begründer Yax K'uk' Mo, der 426 den Thron bestiegen hatte. Der vermutlich letzte Herrscher Copáns war Yax Pasaj (»Aufgehende Sonne«), der seit 763 regierte und wie sein Vorgänger seiner Stadt wieder zu mehr Einfluss und Wohlstand verhalf. Seine Mutter war eine Adelige aus Palenque, sein Vater allerdings nicht der verstorbene König, sodass Aufgehende Sonne wohl auch deshalb seine Abstammung zweifelsfrei in Stein verewigt sehen wollte. Er gab für das Jahr 775 eine Proklamation seiner dynastischen Herkunft in Auftrag, die an die Gründung der Dynastie erinnerte: Auf den vier Seiten des Altars Q sind alle sechzehn Herrscher von Copán so nebeneinander abgebildet, dass der Dynastiegründer Yax K'uk' Mo, weit ausholend über viele Jahrhunderte, wie einen Staffelstab das Zepter an die neben ihm sitzende Nummer 16 der Herrscherfolge weitergibt: den Auftraggeber des Propagandawerks höchstselbst. Bei der feierlichen Einweihung wurden auf dem Altar 15 Jaguare geopfert. Die Grandeur, die Yax Pasaj entfalten ließ, erinnert ein wenig an die Verkörperung des europäischen Absolutismus: Ludwig XIV. Aber während man Ludwig von Frankreich bis heute als »Sonnenkönig« kennt, müsste man Aufgehende Sonne trotz seines Namens den Titel »Venuskönig« verleihen. Denn seine ikonografischen Verweise und kalendarischen Bezüge sind vornehmlich an der Venus ausgerichtet.

An Yax Pasajs Bautätigkeit kann man aber bereits den nahenden Niedergang der Stadt ablesen: Ehrgeizig in der Planung, blieb sie in der Ausführung doch qualitativ erheblich hinter früheren Bauwerken der Stadt zurück – so wie der König seit der Quirigua-Krise auch nicht mehr unumschränkt regierte, sondern auf die Unterstützung seiner Oberschicht angewiesen war. Und das letzte Auftragswerk des Königs spricht Bände, gerade weil es nie fertiggestellt wurde: Es zeigt die Machtübergabe an den Nachfolger von Yax Pasaj, der sein Amt aber nie antrat – das letzte Datum aus Copán trägt das Datum 9.19.11.14.5, das entspricht dem Jahr 822 des julianischen Kalenders. Copáns Stern sank sternschnuppenschnell, wenige Jahrzehnte später wurde der Königspalast zerstört, Stadt und Umland entvölkerten sich innerhalb eines Jahrhunderts, während überall im Maya-Tiefland die einst stolzen Städte fielen, weil die Monarchie zusammengebrochen war.

Der legendäre Kollaps der stolzen Stadtstaaten überrollte das Land der Maya von Westen her, negativ dokumentiert vom Versiegen der Informationen, weil die Städte nicht mehr wie zuvor Stelen zur Erinnerung an wichtige Ereignisse aufstellten. In Tikal wurde schon das Festjahr 830, in dem ein Zyklus von 400 Jahren, ein *bak'tun*, zu Ende ging (10.0.0.0.0.), nicht mehr mit der Errichtung einer Stele gewürdigt, wie es sonst der Fall gewesen war, und die letzte Datierung aus dieser Metropole stammt aus dem Jahr 869. Nach über 700 Jahren endete damit eine eindrucksvolle Herrschergeschichte. Der Niedergang der klassischen Maya-Kultur vollzog sich über zwei Jahrhunderte; die letzte Inschrift, die ein Maya-König der klassischen Periode in Stein meißeln ließ, stammt aus dem Jahr 909 in Calakmul und erinnert an ein *k'atun*-Ende (Zyklus von 20 Jahren).

In der Region zwischen Yucatán und Guatemala spielte sich zur Zeit der alten Maya politisch also keineswegs ein harmonisches Miteinander der vielen Stadtstaaten ab, sondern es ging um Vorherrschaft und Hegemonie. Darin unterscheidet sich die Geschichte Mesoamerikas kaum von der anderer Weltgegenden. Macht bedeutete Zugriff auf Ressourcen und Handelskontakte – und damit Reichtum und weiteren Einfluss. Und darum rangen die Maya-Städte mitunter erbittert. Daneben gab es natürlich auch friedliche Kontakte, die Königs- und Adelsfamilien heirateten untereinander, was sie aber vom Kriegszug nicht notwendigerweise abhielt. Insgesamt waren es sechs größere Stadtstaaten, die um die Vorherrschaft konkurrierten, Bündnisse eingingen, miteinander Handel trieben, diplomatische Kontakte pflegten und Angehörige der Eliten miteinander verheirateten. Die Unterwerfung einer Stadt wurde auch dadurch gesichert, dass man hochgestellte Persönlichkeiten als Geiseln hielt, um die unterlegene Stadt von einem Aufstand oder der Annäherung an eine andere Großmacht abzuhalten. Mit Heiratsdiplomatie und Geiselpraxis taten es die Maya, ohne dass vor der spanischen Eroberung je Kontakte bestanden hätten, der politischen Praxis der »alten Welt« nach, wo die Politik damals nach durchaus ähnlichen Regeln funktionierte. Nun, da die Schriftquellen erschlossen werden und es sich erweist, dass die einstmals als vorbildlich friedvoll gerühmten, ja glorifizierten Maya kriegsgeprüft waren, schlägt das Pendel allerdings zur anderen Seite aus: Fast könnte man den Eindruck gewinnen, die Maya hätten untereinander ohne Unterlass Kriege geführt. Das allerdings trifft ebenso wenig zu, und die Bewohner der Maya-Lande waren zu ihren Lebzeiten vermutlich nicht häufiger von Kriegshandlungen betroffen als die Menschen anderer Zivilisationen und anderer Epochen.

Das Ende der Blütezeit im Stadtstaatensystem des Maya-Tieflandes fasziniert Fachleute und interessierte Laien seit Langem, und bis heute konnten die Vorgänge nicht befriedigend erhellt werden. Diese Faszination begann schon mit der Entdeckung vom Regenwald überwucherter Maya-Tempel und -Stadtanlagen sowie der rätselhaften Hieroglyphen, die ihren Inhalt zunächst nicht preisgeben wollten. Man könnte fast meinen, der Begriff »geheimnisumwittert« sei überhaupt erst im Hinblick auf die Ruinen der alten Maya-Städte geprägt worden. Eine hoch entwickelte Kultur mit unheimlichen Skulpturen und Schriftzeichen, die aus dem Gedächtnis der Menschheit getilgt war, gab Anlass zu wilden Spekulationen. Heute, nachdem ein beachtlicher Teil der Geschichte der Maya in mühevoller Kleinarbeit rekonstruiert werden konnte, vermuten die Forscher mehrheitlich, dass ein ganzes Bündel von Faktoren den Untergang der klassischen Städte bewirkte. Ein gewichtiger Gesichtspunkt führt uns ein weiteres Mal zum Maisgott Hun Nal Yeh: Angesichts eines bemerkenswerten Bevölkerungswachstums und damit verbundener Ausbeutung der natürlichen Lebensgrundlagen dürfte das Ende der landwirtschaftlichen Fahnenstange erreicht worden sein. Die Böden lieferten nicht genug Ertrag – trotz ausgeklügelter Anbaumethoden, die wiederum die Auswirkungen schlechter Ernten verschärften, weil der Ausfall umso größer war. Das System der Gottkönige geriet an seine Grenzen, wo das Gebot der Stunde gewesen wäre, völlig neue Wege einzuschlagen. Aber statt beherzt in die Zukunft zu schauen und Neues auszuprobieren, verharrten die Herrscher der Tieflandstädte in Tradition und Vergangenheit, die auf die drängenden Fragen jedoch keine Antworten liefern konnten. In den Augen der Menschen und durch Propaganda vielfach beschworen, waren die Potentaten aber der Garant für reiche Ernten und Wohlstand. Daher musste ihr Ansehen und das des ganzen Systems des Gottkönigtums empfindlich leiden, als plötzlich Missernten in Folge eintraten, Ackerböden schlechter wurden, Trockenperioden zunahmen und der für die Maisernte so wichtige Regen zum richtigen Zeitpunkt immer öfter ausblieb. Der verschärfte Wettstreit der Dutzende Städte untereinander und die auszehrenden Kriegszüge dürften ein Übriges dazu beigetragen haben. Unter solchen Umständen genügten wenige Missernten oder Unwetter, um das längst brüchige System ins Wanken zu bringen. Die Auswirkung all dessen war, dass immer mehr Menschen die Städte verließen, um anderswo bessere Lebensbedingungen zu finden, was wiederum den Gottkönigen und dem Stadtstaatensystem zunehmend die Machtgrundlage entzog. Und irgendwann verfielen die eindrucksvollen Bauten, weil sich niemand mehr um ihre Pracht und Herrlichkeit kümmerte, sodass die Natur den ihr abgetrotzten Raum wieder in Besitz nahm.

Mit dem rätselhaften Niedergang der Stadtstaaten und dem Ende der klassischen Periode war die Geschichte der Maya-Städte jedoch nicht zu Ende, denn einige Städte überlebten und neue wurden gegründet. Im Hochland von Guatemala war die Spätzeit der Maya von Krieg und Wanderungsbewegungen geprägt, bis sich das Maya-Volk der K'iche' zum dominierenden Faktor aufschwang und das gesamte Hochland beherrschte. Auch sonst verschob sich das Geschehen aus dem südlichen Tiefland: insbesondere weiter nach Norden auf die Halbinsel Yucatán, wohin sich offenbar viele Menschen aus dem Tiefland flüchteten. Dort gab es zwar bereits Maya-Städte, aber gleichwohl noch genügend Land, um Zuwanderer aus dem Süden zu ernähren. Allerdings nehmen die Zeugnisse aus dieser Zeit wieder ab: Aus der Nachklassik sind kaum noch Inschriften überliefert, und andere Quellen sprudeln ebenfalls nur spärlich. Geschrieben wurde nunmehr weniger auf Stein als auf Papier, aber von den reichhaltigen Bibliotheken dieser Zeit haben gerade mal vier Bücher überlebt. Andererseits ist diese letzte Epoche der Maya vor der Ankunft der Spanier durch koloniale Quellen besser erschlossen als die Geschichte der untergegangenen Städte der Maya-Klassik – dementsprechend aber auch durch den europäischen Blick eingetrübt.

Im trockenen Nordwesten der Halbinsel Yucatán, der von klimatischen Veränderungen weniger betroffen war als das südliche Tiefland, siedelten sich seit ca. 800 n. Chr. immer mehr Menschen an, und der Niedergang konnte dort hinausgeschoben werden. Die größte der dort für zwei Jahrhunderte aufblühenden Städte war Uxmal, wo wie in den südlicheren Tieflandstädten ein Gottkönig herrschte, der über große militärische Stärke verfügte. Aber die Herren von Uxmal scheinen von Versäumnissen und Krisen weiter südlich gelernt zu haben – jedenfalls lagen die Geschicke des Stadtstaates nicht mehr ausschließlich in der Hand des einen unumschränkten Herrschers. Die Verhältnisse hatten sich gewandelt, das absolutistische Gottkönigtum hatte sich per Misserfolg selbst abgeschafft.

Den Aufstieg der Stadt dokumentiert eine intensive Bautätigkeit, die verbesserte Techniken erkennen lässt, aber auch der sinkende Stern rivalisierender Städte und eine ausgeprägt militärische Kultur. Aber so schnell, wie Uxmal aufgestiegen war, rutschte es auch wieder in die Bedeutungslosigkeit ab.

Uxmal unterhielt in seiner kurzen Blütezeit Beziehungen zur berühmtesten Stadt in Nordyucatán: das politische Schwergewicht Chichén Itzá, das den größten und mächtigsten aller Maya-Staaten kontrollierte. Dessen Aufstieg zur Territorialmacht setzte nach der Machtübernahme durch eine neue Herrscherschicht ein, die möglicherweise auf eine Invasion zurückgeht. Die Stadt entwickelte sich seit dem 9. Jahrhundert zu einer lebendigen, vielseitigen Metropole, in der sich Kunst- und Architekturstile ebenso vermischten, wie religiöse und ideologische Vorstellungen unterschiedlicher Herkunft miteinander verschmolzen. Die gesamte Region erlebte zu dieser Zeit einen beachtlichen Aufschwung des Fernhandels, der jetzt überwiegend in großen Kanus entlang der

Küsten abgewickelt wurde und nicht mehr nur eine kleine Elite ernährte. Unter den Gottkönigen war es vor allem um Luxusgüter gegangen, die die Bedürfnisse einer exklusiven Elite befriedigen sollten, jetzt aber wurden vermehrt Gebrauchsgegenstände im- und exportiert. Gelegentlich wird sogar von der Herausbildung einer Mittelschicht gesprochen, die sich solche Handelsgüter zunehmend leisten konnte.

Der Handel im großen Stil, mit Obsidian und Jade, von Baumwolle bis zu Kakao und Salz, beförderte Kontakte zwischen weit entfernten Städten in fast ganz Mittelamerika, was sich das expansionistisch orientierte Chichén Itzá politisch zunutze machte. Dem Aufstieg zur Wirtschaftsmacht gingen militärische Eroberungen voraus, mit denen Chichén Itzá ein Netz abhängiger und verbündeter Städte etablierte, auf das seine Wirtschaftskraft gründete. Um widerspenstige Vasallenstädte im Zaum zu halten, hatten diese in Chichén Itzá Mitglieder der Herrscherfamilien als Geiseln zu stellen.

Die Schlüssel zum Erfolg des Wirtschaftsimperiums aber waren – abgesehen von der militärischen Schlagkraft – ein im Unterschied zu den unflexiblen und personenabhängigen Gottkönigtümern hocheffektives politisches System, eine gesunde und expansive Wirtschaft, die Seehäfen kontrollierte und so vom zunehmend wichtigeren Handel entlang der Küste profitierte, und eine modifizierte religiöse Weltsicht, die den Status der Metropole stützte. Denn bei aller weltlichen Ausrichtung war Chichén Itzá auch ein religiöses Zentrum, das den legendären Herrscher Kukulkan (»Gefiederte Schlange«) als Gottheit verehrte. In Zentralmexiko war dieser Gott seit Langem als Quetzalcoatl bekannt, aber auch die Maya huldigten ihm schon geraume Zeit. Das erleichterte Chichén Itzá, über die Grenzen des Maya-Landes hinaus nicht nur mittels Zwang handlungsfähig zu sein, sondern religiöse, also ideologische Glaubwürdigkeit auszustrahlen.

Rund zwei Jahrhunderte konnten die Itzá, wie die neue Herrscherschicht in Chichén Itzá genannt wird, ihre Machtstellung ausbauen und behaupten, dann aber begann auch der Stern dieser Stadt zu verblassen. Die Gründe sind umstritten, könnten aber ganz ähnlich gelagert sein wie beim Niedergang der Tieflandstädte der Klassik.

Chichén Itzá wurde im 13. Jahrhundert vom Konkurrenten Mayapan abgelöst, das vermutlich seinen Sieg über den Rivalen, ganz wie im politischen Geschäft anderswo auf der Welt, politischen Intrigen und neuen Bündnissen verdankte. Gleichwohl eiferte man dem erfolgreichen Vorgänger nach, sei es als Handelsmacht oder indem man hochrangige Geiseln aus abhängigen Städten in Mayapan ansiedelte. Trotz seiner Bedeutung war Mayapan innenpolitisch aber eher bescheiden: Man legte weniger Wert auf monumentale Architektur, wie sie zuvor üblich gewesen war, sondern investierte in die Infrastruktur in Form von Straßen, Häfen und Lagerhäusern, ließ breitere Schichten vom Wohlstand profitieren – und die Stadt mit Festungswällen umgeben.

Wichtigstes Merkmal der Spätphase der alten Maya, der sogenannten Postklassik, war die Tatsache, dass nicht mehr Gottkönige als Bindeglied zwischen dem Maisfeld Erde und dem Götterhimmel für das menschliche Wohlergehen sorgten und sich in dieser Überhöhung zu gottgleichen Wesen mit übernatürlichen Kräften immer mehr von ihrem Volk entfernten. Die neuen Herrscher der postklassischen Periode waren irdischer, also pragmatischer ausgerichtet und regierten nicht selten im Kollektiv mächtiger Familien. Anstatt Entscheidungen in selbstherrlicher Einsamkeit zu fällen, griffen sie auf eine effiziente Beamtenschaft zurück.

Aber auch Mayapans Zeit ging vorüber. Verantwortlich dafür waren Machtkämpfe innerhalb der führenden Familien in der ersten Hälfte des 15. Jahrhunderts, die Folge waren plötzlich unabhängige Einzelstaaten, die sich halten konnten, bis die Spanier der amerikanischen Unabhängigkeit ein gründliches Ende bereiteten. Die völlige Unterwerfung ließ allerdings nach dem ersten Kontakt der Maya mit den Spaniern – als im Sommer 1502, bei Kolumbus' vierter Amerikafahrt, vor der Küste Yucatáns ein Handelskanu mit den riesigen Schiffen der Spanier Bekanntschaft machte – noch fast zwei Jahrhunderte auf sich warten. Erste Missionsposten der Spanier zogen jedoch schon sehr bald erste Epidemien nach sich, da die Maya gegen europäische Krankheiten wie die Pocken nicht immun waren. Die Eroberung Yucatáns zog sich trotzdem lange hin, denn die unwegsame Gegend erschwerte den Spaniern das Geschäft, viele Maya-Städte leisteten erbitterten Widerstand, und die dezentrale Organisation der Maya in Yucatán schloss einen wirkungsvollen Schlag gegen ein Machtzentrum wie das der Azteken aus. Vergleichsweise spät unterwarfen die Spanier Yucatán, nämlich 1544, nicht zuletzt deshalb, weil die Kunde ihrer Grausamkeit den dortigen Itza-Maya vorausging und selbst den wenig zimperlichen Spaniern Angst einjagte. Auch die K'iche'-Maya im Hochland von Guatemala und in anderen Regionen Mittelamerikas ließen sich nur mit Mühe unterwerfen – 1527 kam es gar zum kollektiven Selbstmord von ungefähr 2000 Tzotzil-Maya in Chiapas, die sich hoch oben über dem Fluss Grijalva, der einmal eine Lebensader der Hochland-Maya gewesen war, von einem Felsen hinabstürzten, um sich den Spaniern nicht lebend ergeben zu müssen. Die Maya sind bis zum heutigen Tag stolz darauf, dass das letzte ihrer Königreiche erst 1697 unterworfen werden konnte, als die Itza-Maya den letzten Widerstand auf der Insel Noj Petén (Tayasal) im Petén-Itzá-See gegen die Übermacht der Spanier aufgaben.

Man könnte mutmaßen, ob nicht im kollektiven Gedächtnis und jenseits der politischen Propaganda der jeweiligen Herrschaft der Maisgott eine Schlüsselrolle einnahm, wenn Maya zusammensaßen und das Auf und Ab ihrer Geschichte erörterten – soweit es ihnen geläufig war. Denn so wie Hun Nal Yeh mit seiner Fruchtbarkeit für Nahrung, Wachstum und Blüte gesorgt hatte, hatte er den Maya seine Gunst auch immer wieder entzogen und Platz gemacht für den kriegerischen Einfluss der Venus, des blutrünstigen Kriegsgottes.

# BAUER BEN, DIE HEILIGEN KÖNIGE UND DER ZEIGER DER VENUS

## Der Kalender der Maya und ihr Umgang mit der Zeit

Stellen wir uns einen Maya-Maisbauern vor, der vor gut zweitausend Jahren unweit der Stadt Cerros im heutigen Belize mit seiner Familie lebt und arbeitet. Er könnte Ben heißen – nicht um ihn mit einem uns geläufigen Namen zu versehen, sondern weil er nach dem Namen seines Geburtstags im Ritualkalender der Maya benannt wurde. Einen ähnlichen Brauch kannte auch das Christentum jahrhundertelang, wenn Neugeborene den Namen des jeweiligen Tagesheiligen zum Zeitpunkt ihrer Geburt erhielten, auf dass der Heilige als persönlicher Schutzpatron das Erdenkind sicher durchs Leben begleiten möge. Heute stehen Taufnamen meist unter individualistischerer Programmatik.

Unser Maisbauer könnte am Tag 12 *Ben* 11 *Yaxk'in* nach Datierung des Maya-Kalenders geboren worden sein. Diese Datumsangabe bezieht sich auf die Stellung des Tages in den beiden maßgeblichen Einheiten des Kalenders, *Tzolk'in* und *Haab*. Der Ritualkalender *Tzolk'in*, mitunter auch Heilige Runde genannt, umfasst 260 Tage, bevor er wieder von vorne beginnt. Seine Tagesbezeichnungen bestehen aus der Kombination einer Zahl von eins bis dreizehn mit einem von zwanzig Tagesnamen. Und da unser Maisbauer an einem Tag namens *Ben* geboren wurde, nannten ihn seine Eltern auch so – passenderweise wurde diesem Tag des Ritualkalenders gelegentlich der Maisgott zugeordnet.

Ähnlich wie im heutigen Weltkalender à la Julius Caesar und Papst Gregor jeder Monat mit einem beliebigen Wochentag beginnen kann, weil die Tageszahl der Monate nur beim Februar einer vollen Anzahl Wochen entspricht – sofern es sich um kein Schaltjahr handelt –, sind innerhalb eines *Tzolk'in*-Umlaufs alle Kombinationen von Zahl und Tagesname möglich. Auf den Geburtstag des kleinen Ben am Tag 12 *Ben* folgte der Tag 13 *Hix* und danach die Tage 1 *Men*, 2 *Kib* und so weiter. In fortlaufender Ordnung lauten die zwanzig Tagesnamen des *Tzolk'in*: *Imix, Ik', Ak'bal, K'an, Chikchan, Kimi, Manik', Lamat, Muluk, Ok, Chuwen, Eb, Ben, Hix, Men, Kib, Kaban, Etz'nab, Kawak, Ajaw*. Eine *Tzolk'in*-Runde beginnt also mit dem Tag 1 *Imix* und endet am Tag 13 *Ajaw*, um dann wieder von Neuem zu beginnen. Wie die alten Maya ihren Ritualkalender nannten, ist allerdings nicht überliefert – der Begriff *Tzolk'in* bedeutet soviel wie »Ordnung der Tage«, ist aber nicht zeitgenössisch. Seine Tagesnamen wurden in der Schrift der Maya wie rechts abgebildet geschrieben.

Der zweite Teil des Geburtsdatums unseres Maisbauern bezieht sich auf die Rechnung des *Haab*, der in etwa unserem Sonnenjahr entspricht. Nach diesem Kalender fällt Bens Geburtstag in den *Yaxk'in*, den siebten der achtzehn beziehungsweise neunzehn Monate des *Haab*. Die achtzehn Vollmonate namens *winal*, dessen Zeichen gleichzeitig Mond bedeutet, haben je 20 Tage, die allerdings verwirrenderweise anders nummeriert werden, als man es erwarten möchte: Jeder Monat beginnt zwar mit dem Tag 1, sein letzter wird dagegen (nach neuzeitlicher Konvention) mit der Ziffer 0 und dem Namen des folgenden Monats bezeichnet, weil der sich nach dem Verständnis der Maya am Monatsausklang bereits vorbereitete oder platzierte. Daher kommt die Zahl 20 im *Haab* nicht vor, weil der zwanzigste Tag beispielsweise des Monats *Muwan* nicht 20 *Muwan* heißt, sondern 0 *Pax*. Die achtzehn Vollmonate des *Haab* heißen *Pop, Wo, Sip, Sotz', Sek, Xul, Yaxk'in, Mol, Ch'en, Yax, Zak, Kej, Mak, K'ank'in, Muwan, Pax, K'ayab* und *Kumk'u*. Daraus ergeben sich 360 Tage, an die zur Angleichung an das Sonnenjahr ein Restmonat von fünf Tagen angeschlossen wird, wie wir es be-

Die Tage des Ritualkalenders *Tzolk'in*

reits vom ägyptischen Kalender kennen. Dieser Kurzmonat heißt *Wayeb*, seine fünf *Way*-Tage wurden als unheilvoll angesehen. Wer konnte, verließ zu dieser Zeit nicht sein Haus, um dem Unglück so aus dem Weg zu gehen. Am letzten Tag des *Haab*, 0 *Pop*, dürfte man also mit Ungeduld den Beginn des neuen *Haab*-Jahres erwartet haben: den folgenden Neujahrstag 1 *Pop*, der schon deshalb ein willkommener Anlass zum Feiern war. Diego de Landa, der nach der spanischen Eroberung drei Jahrzehnte in Yucatán verbrachte, berichtet von umfangreichen Neujahrsbräuchen, um die Götter (oder Götzen, in den Augen des Franziskaners und Bischofs, der in der Neuen Welt das Christentum durchsetzen wollte) für das neue Jahr geneigt zu stimmen und drohendes Unheil abzuwenden:

> Um es noch feierlicher zu begehen, erneuerten sie an diesem Tag ihren ganzen Hausrat, wie etwa Teller, Gefäße, Schemel, Schilfmatten, die alte Kleidung und die Umhänge, in die sie ihre Götzenbilder eingewickelt hatten. Sie fegten ihre Häuser aus, den Kehricht und die alten Hausgeräte warfen sie außerhalb des Ortes auf den Abfallhaufen, und niemand, auch wenn er ihrer bedurfte, rührte sie an.

Die frühesten Nachweise für den *Haab* stammen aus der Zeit um 100 v. Chr., ein gutes halbes Jahrtausend nachdem der *Tzolk'in* erste Spuren hinterlassen hat. Natürlich schlugen sich die Kalenderspezialisten der Maya ebenfalls mit der Tatsache herum, dass die Messpunkte am Sternenhimmel sich wenig darum scherten, ihren Rhythmus in vollen Tagen zu absolvieren – so wie das den Babyloniern oder Ägyptern, Julius Caesar oder Papst Gregor XIII. ein ständiges Ärgernis war. Da die Maya keine Bruchrechnung kannten, mussten sie die Zyklen unterschiedlicher Himmelskörper so lange gegeneinander abgleichen, bis sich bei jedem von ihnen der Kreis mit einem ganzen Tag schloss. Arithmetisch ist dafür die Suche nach dem kleinsten gemeinsamen Nenner nötig – mit der wachsenden Schwierigkeit, einen solchen Nenner zu finden, je mehr Zyklen aufeinander abgestimmt werden sollen. Aber der Ehrgeiz der Mathematiker und Astronomen wuchs mit ihren Aufgaben, bis sie mit beachtlichen Zeitmengen umzugehen wussten; zudem verfeinerten generationenlange Beobachtungen die Erkennt-

1 Die Stadt Tikal – im Mächteringen der Maya-Tieflandstädte einer der wichtigsten Akteure. Die großen Maya-Städte der Klassik versuchten, die Vorherrschaft im Tiefland zu erlangen. Foto: Justin Kerr

2 Tempel 5C-2 in Cerros – die einstige Pracht erschließt sich nur noch mit Mühe. Der Bau an der Küste ist arg mitgenommen, ebenso die Stuckmasken, zwischen denen der Gottkönig einstmals seine Zeremonie vollzog. Hier abgebildet die Maske der aufgehenden Sonne am östlichen Rand der Tempelfront. Foto: David Freidel

3. Tonnenschwerer Kalksteindeckel auf dem Grab des berühmten Königs Pakal von Palenque. Abgebildet ist des Königs Himmelfahrt, nachdem er den Klauen der Unterwelt entkommen ist. Unsinnig ist die Deutung, es handele sich um einen Astronauten auf seinem Gefährt – dafür muss man das Bild zur Seite kippen. Foto: Merle Greene Robertson – Used with permission

4 (oben) Das Caracol von Chichén Itzá – ein rätselhafter, unproportionierter Bau. Erst wenn Kalender und Astronomie ins Spiel kommen, gibt das Gebäude sein Geheimnis preis. Foto: Justin Kerr

5 (unten) Fast 1300 Jahre dauerte es, bis Anfang der 1950er Jahre im Tempel der Inschriften von Palenque König Pakals Grab gefunden wurde. 80 ruhmvolle Jahre regierte der Gottkönig seinen Stadtstaat im 7. Jahrhundert unserer Zeitrechnung. Foto: Justin Kerr

6 Büste des Maisgottes – positivster Vertreter der Maya-Götterwelt, in dessen Gestalt die Gottkönige gerne schlüpften. Selbst Mel Gibson castete für seinen Maya-Film mit dem hübschen Jüngling im Hinterkopf. Foto: Justin Kerr

7 Der erste König überreicht dem letzten das Zepter. Altar Q aus Copán sollte den Nachkömmling einer alten Dynastie legitimieren, aber den Untergang der stolzen Stadt konnte das nicht aufhalten. Foto: Justin Kerr

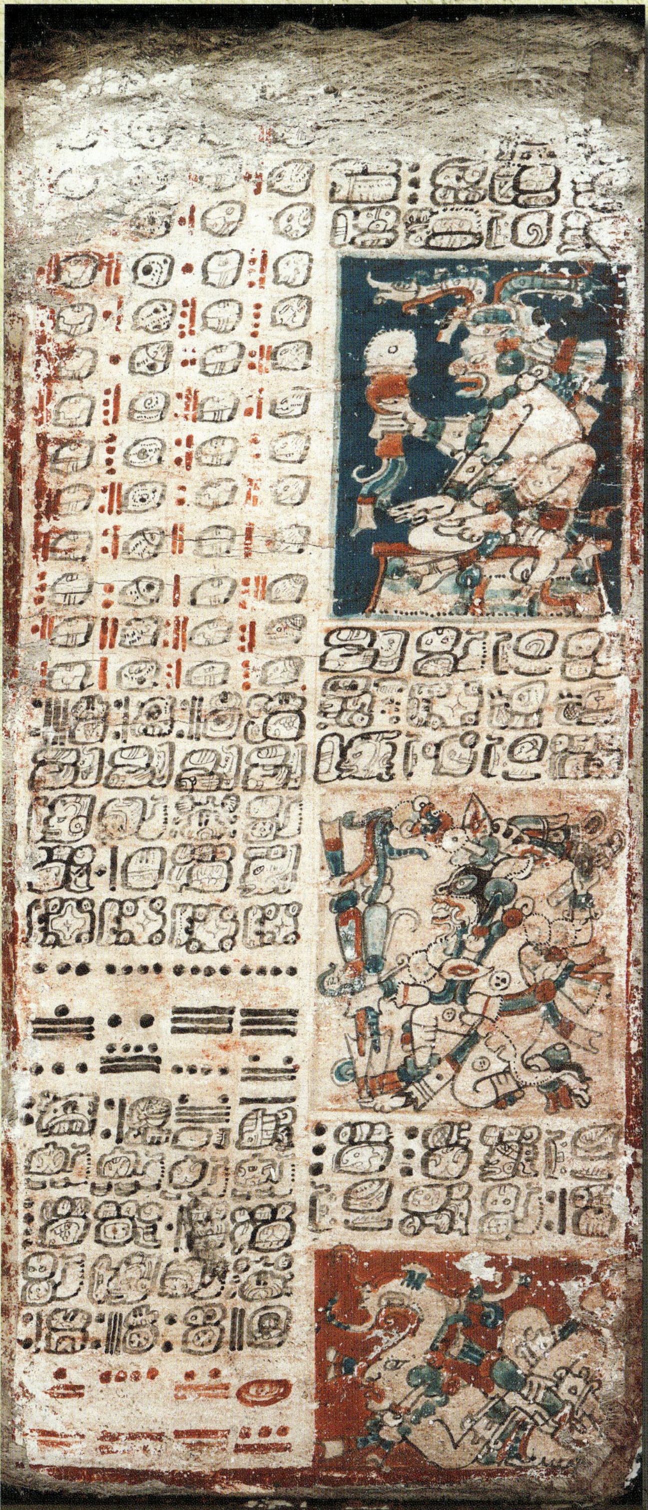

8 Der Dresdner Codex ist die schönste der wenigen erhaltenen Maya-Handschriften. Mit den hier abgebildeten Venustabellen konnten Astronome das Erscheinen des gefürchteten Planeten über Jahrhunderte exakt vorausberechnen – dank eingebauter Korrekturfunktion auf einen Tag in 500 Jahren genau! Foto: SLUB Dresden\Deutsche Fotothek\Henrik Ahlers

9 (oben) Die Kreuzgruppe von Palenque gehört zu den berühmtesten und wichtigsten Gebäudeensembles der Maya-Klassik und besteht aus drei Tempeln. Im Kreuztempel befindet sich das Relief, mit dem sich Pakals Sohn Kan Balam II. als Kalenderakrobatiker betätigt, um seine Legitimität als Herrscher zu rechtfertigen. Foto: Justin Kerr

10 In ihrer Kalenderbesessenheit legten die Maya größten Wert auf sorgfältige Datierungen mit reichhaltigen Bezügen. Stele E aus Quirigua beispielsweise nennt neben dem eigentlichen Datum 9.17.0.0.0 13 Ajaw 18 Kumk'u (in der Alten Welt schrieb man den 18. Januar 771 n. Chr.) auch die Zählung der Herren der Nacht sowie verschiedene Informationen zum Mondstand. Foto: The Trustees of the British Museum

11 Stele 29 aus Tikal trägt in Maya-Schriftzeichen das Datum 8.12.14.8.15 – in unserer Zeitrechnung ein Tag im Jahr 292 n. Chr. Die zerstörten Datierungen aus Tzolk'in und Haab ganz unten lassen sich rekonstruieren: 13 Men 3 Zip. Foto: Justin Kerr

12 Aus der Erde in Form einer Schildkröte, die auf dem Urmeer schwimmt, wächst der Maisgott empor. Anwesend auch die Fantastischen Zwei: die mythischen Zwillinge, die mit List und Witz die Götter der Unterwelt bezwingen und so das menschliche Leben auf Erden erst ermöglichen. Foto: Museum of Fine Arts, Boston

nisse über die Zyklen, sodass mit immer kleinerer Fehlerquote in immer größeren Zeiträumen zurück- und vorausgerechnet werden konnte.

Dagegen kümmerte die Maya wenig, dass durch den guten Vierteltag, der dem kalendarischen *Haab*-Jahr zum exakten Sonnenjahr fehlt, der Neujahrstag 1 *Pop* das ganze Sonnenjahr durchlief und

Die Monate des Sonnenkalenders *Haab*

Die Funktionsweise der beiden Kalenderzählungen *Tzolk'in* und *Haab*

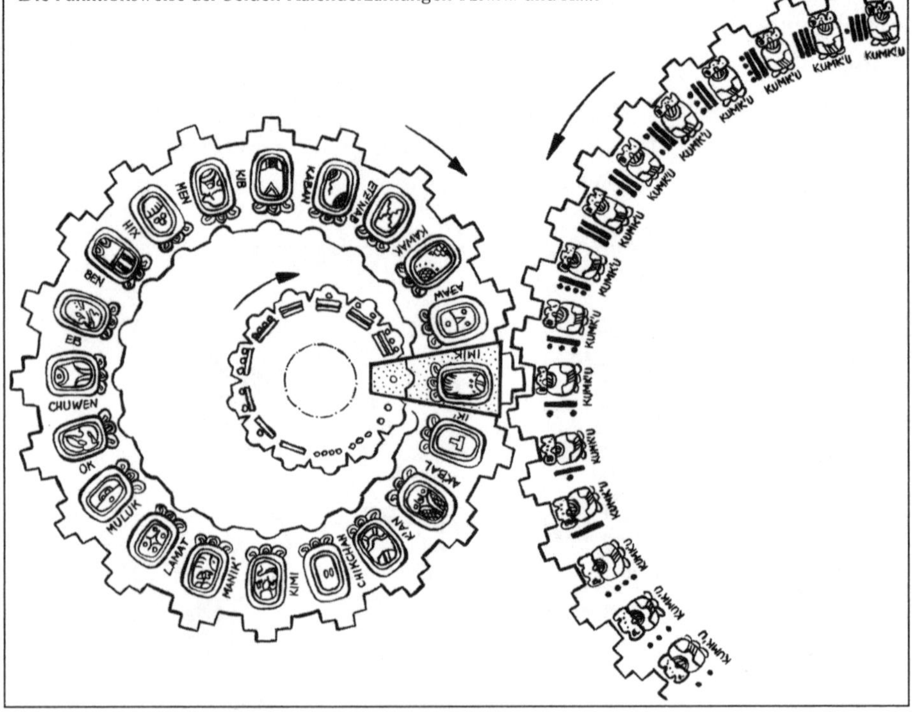


sie daher wie die Ägypter ein Wandeljahr besaßen, das erst nach 1508 *Haab* den Neujahrstag wieder an dieselbe Stelle des Sonnenlaufs rücken ließ. Und trotzdem verfolgten die Kalenderspezialisten der Maya neben dem *Haab* auch das tatsächliche Sonnenjahr, obwohl es für ihre Datierung nebensächlich war. Berechnungen zeigen, dass die Maya (auch ohne Bruchrechnung) die Länge des Sonnenjahres genauer errechneten, als es der damals in Europa verwendete julianische Kalender vermochte, nämlich annähernd so exakt wie unser heutiger gregorianischer Kalender – der aber erst ein Jahrtausend später eingeführt wurde. Dabei half ihnen die generationenlange genaue Bobachtung der Mondphasen und deren Verhältnis zum Sonnenjahr.

Schriftzeichen der Jahresträger

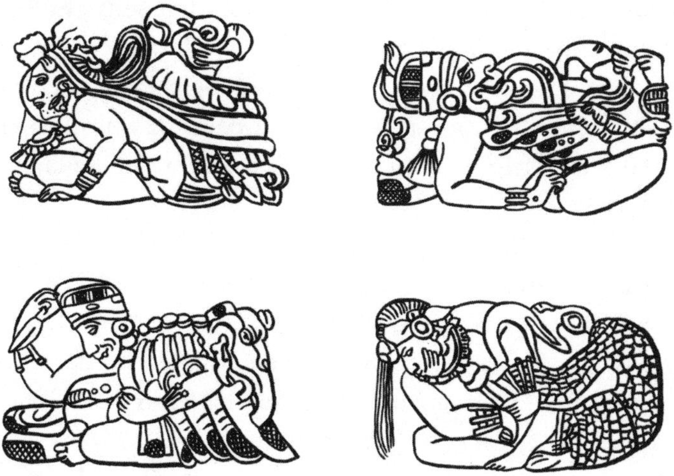

Der für einen einfachen Bauern wie Ben maßgebliche längere Zeitabschnitt, um sich auf Ereignisse zu beziehen, die länger als einen *Tzolk'in*- oder *Haab*-Umlauf zurückliegen, war die sogenannte Kalenderrunde. Alle 18 980 Tage oder 52 *Haab* oder 73 *Tzolk'in* kehrt Bens Geburtstag mit derselben Namenskombination wieder. Das heißt, er würde am 19. Dezember 19 v. Chr. – oder im 734. Jahr seit der Gründung Roms, wie man zu jener Zeit im Römischen Reich zu rechnen pflegte – die erste Wiederkehr der Namensbezeichnung seines Geburtstages 12 *Ben* 11 *Yaxk'in* feiern können. Mathematisch betrachtet ist die Kalenderrunde das kleinste gemeinsame Vielfache der Zahlen 260 (für den *Tzolk'in*) und 365 (für den *Haab*), nämlich 260 mal 365 geteilt durch 5, da beide Zahlenmengen durch diesen Faktor teilbar sind. Das ergibt 18 980 Tage oder 52 Jahre. Diese Teilbarkeit durch die Zahl Fünf auch der Tageszahl eines *winal* führt außerdem zu der mathematisch begründeten Besonderheit, dass der Neujahrstag 1 *Pop* nur auf vier Tage des *Tzolk'in* fallen kann, denen als sogenannte Jahresträger göttliche Kräfte zugeschrieben wurden. Sie beeinflussen das Schicksal des neuen Jahres und sind außerdem einer Himmelsrichtung und der dazugehörigen Farbe zugeordnet. Der Wechsel von einem Jahresträger zum nächsten wurde feierlich begangen; und dass sie als Lastenträger der Zeit angesehen wurden, die erst nach einem Jahr den Staffelstab weitergeben können, veranschaulichen ihre Hieroglyphen.

Das ausgesprochen hohe mathematische Niveau der Maya im Verbund mit ihrer kalendarischen Besessenheit hat die Forschung veranlasst, unzählige Berechnungen anzustellen darüber, woher bestimmte Zyklen kommen könnten, welche astronomischen Bezüge dabei Pate gestanden haben könnten und so weiter. In der Tat spielen mathematische Aspekte eine überragende Rolle in der Kalenderwirtschaft der Maya – was aber nicht heißen muss, dass für alle Kalendereigenschaften eine arithmetische Übung die beste Erklärung bietet.

Wie auch immer, jedenfalls wurde das Ende einer Kalenderrunde, also ein besonderes Neujahr, das nur alle 52 Jahre vorkam, ganz besonders gefeiert. Aber es war auch ein Anlass zum besonders ausgiebigen Großreinemachen, größer noch, als es zu jedem neuen *Haab* zelebriert wurde.

Im Unterschied zu anderen frühen Hochkulturen operierten die Maya kalendarisch zweigleisig: ein Kalender für Rituelles, einer für Ziviles oder Landwirtschaftliches. Das aber änderte nichts an der Wahrnehmung der einen, gottgegebenen, heiligen Zeit. In gewisser Weise lässt sich dieses Nebeneinander mit den beiden Kalenderrechnungen der islamischen Welt vergleichen, die überwiegend den westlichen Sonnenkalender angenommen hat, ihre religiösen Geschäfte aber weiterhin streng nach dem traditionellen islamischen Mondkalender regelt. Allerdings befasste sich bei den Maya eine Heerschar Kalenderkundiger damit, die beiden Kalender sowie die

Zyklen, die sie des Nachts am Himmel beobachteten, in Übereinstimmung zu bringen. Und dafür entwickelten sie staunenswerte astronomische und mathematische Fähigkeiten – und zwar ohne Fernrohr oder Computer. Angesichts des heiligen Charakters der Zeit war der Job des Sternenguckers eine edle Aufgabe, und durch das Instrument Mathematik wurde Zahlenmystik mindestens zu einer gottgefälligen Spielerei – wenn mitunter nicht einer bigotten Besessenheit.

Natürlich war der Umgang der Menschen mit Zeit und Kalender je nach Stand sehr verschieden. Die intellektuelle Elite der Kalenderpriester und Astronomen war mit allen Feinheiten der verschiedenen Kalender bestens vertraut, während den einfachen Menschen Grundkenntnisse ausreichten und sie die komplizierte Lange Zählung links liegen ließen. Ob Bauer Ben oder seine Kollegen im Zweistromland, im alten China oder dem mittelalterlichen Europa – sie alle vertrauten auf den religiösen Sachverstand ihrer Priester, auch wenn es um Zeit und Kalender ging. Denn diese Fachleute gaben an, wann man dem einen Gott oder den vielen Göttern huldigen sollte, ob durch Glockengeläut oder bestimmte Festtage, an denen Gott oder Heilige anzurufen waren, und wie man das zu tun hatte, sei es durch Gebet, Fasten oder Blutopfer.

Die Kalenderpriester begleiteten aber auch die Arbeit der Menschen: Wann säen, wann wässern, wann dem Maisgott opfern, damit die Ernte glückt? Diese Verschränkung von weltlichen und religiösen Aspekten der Zeitrechnung entsprach ganz der Lebenswahrnehmung der Maya.

Gleichzeitig spiegelt sich im Kalender und dem Umgang damit bereits das Gefälle zwischen städtischer Elite und ländlichen Versorgern – und ihre gegenseitige Abhängigkeit: Mit steigenden Erträgen dank immer besserer Anbaumethoden gewährleisteten die Bauern bis ins 9. Jahrhundert das Bevölkerungswachstum, versorgten die dicht besiedelten Städte mit Lebensmitteln und trugen so zum Machterhalt der städtischen Eliten bei. Angesichts schwieriger Wetterbedingungen war die Landwirtschaft umgekehrt angewiesen auf das Know-how der dortigen Fachleute, die ihr technische Verbesserungen wie Bewässerungssysteme oder auch Saisonarbeiter zur Verfügung stellte. Teil dieses Know-hows war das Können der Astronomen und Kalenderkundigen, die nach Gesetzmäßigkeiten der Himmelskörper forschten, um Rückschlüsse auf Wetterbedingungen zu treffen und der Landwirtschaft Anweisungen zu erteilen, wann Aussaat, Bewässerung und Ernte zu erfolgen hatten. Eine solche Arbeitsteilung setzte allerdings voraus, dass die Gesellschaft eine Stufe der Entwicklung erreicht hatte, in der all dies möglich war – also bezüglich Bevölkerungsgröße, Spezialisierung bestimmter Gruppen und Hierarchisierung von Entscheidungsstrukturen. Mit der ursprünglichen Sozialstruktur egalitärer Verbände hätte sich das nicht mehr vertragen, und auch die nächsthöhere Stufe der Häuptlingstümer wäre damit überfordert gewesen.

### *Morgengrauen vor der Lehmhütte*

Nehmen wir an, unser Bauer namens Ben steht im Morgengrauen des Tages, der nach seinem Kalender 4 *K'an* 17 *Yaxk'in* heißt, vor seiner bescheidenen Lehmhütte und schaut gen Osten zum Sonnenaufgang. In der Langzeitchronologie der Maya, die mit unserer Jahreszählung vergleichbar ist und als Lange Zählung bezeichnet wird, wäre es der Tag 7.15.13.1.4, aber diese Art der Datierung dürfte dem guten Mann kaum geläufig gewesen sein. Seinen Bedürfnissen genügten die Zyklen von *Tzolk'in* und *Haab* sowie die Kalenderrunde. Noch viel weniger konnte Ben wissen, dass dieser Tag nach westlicher Chronologie dem 1. Januar 45 v. Chr. entspricht – und damit nicht nur Neujahr, sondern auch dem ersten

Geltungstag der julianischen Kalenderreform. Das Neujahrsfest des Maya-Kalenders hingegen hat Ben längst hinter sich, denn der Tag 1 *Pop* liegt bereits 136 Tage zurück.

Kurz nach seiner Geburt am Tag 12 *Ben* 11 *Yaxk'in* fünfundzwanzig Jahre zuvor tropfte Bens Vater aus Dankbarkeit für die glücklich verlaufene Geburt und das Geschenk eines gesunden Jungen und Erben Blut aus der abgetrennten Nabelschnur auf eigens beiseitegelegte Maiskörner, um dem Maisgott zu huldigen. Später säte er die Körner in den vier Ecken seiner *milpa* aus, um von den heranwachsenden Maispflanzen seinen Erstgeborenen zu ernähren, wie es der Brauch war – so lange, bis dieser selbst ein Maisfeld bestellen würde. Ben tut inzwischen dasselbe bei seinen Kindern, und die werden es bei ihren Nachkommen ebenso halten – bis auf den heutigen Tag haben zahlreiche Kalenderbräuche bei den Maya überlebt, auch wenn vieles von der jetzigen Religion des Christentums ersetzt, überlagert oder anverwandelt wurde. So gelten bis heute der Geburtstag und seine Deutung nach dem Ritualkalender als schicksalbestimmend, vergleichbar unserer Vorstellung von Astrologie. Ben wäre da übrigens gut weggekommen, denn sein Geburtstag galt als ein glücklicher Tag.

Wenn dieser frühe Morgen des 4 *K'an* 17 *Yaxk'in* für Ben etwas Besonderes ist, dann also nicht wegen seines Geburtstages, des Neujahrsfestes oder wegen einer neuen Kalenderepoche, die Tausende Kilometer weiter ein mächtiger Mann für einen anderen Kulturkreis verfügt hat. Nicht nach Julius Caesar werden die Kinder benannt, die an diesem Tag überall in den Maya-Landen geboren werden, sondern vermutlich ruft man sie später Kan, ein weiterer mit dem Maisgott als Patron versehener Tagesname im Ritualkalender.

Wir wollen uns vielmehr vorstellen, dass dieser Morgen für Bauer Ben deshalb kein alltäglicher ist, weil er sich in die nahe liegende Stadt Cerros aufmachen wird und deswegen ein klein bisschen aufgeregt ist. Denn dort wird er nicht nur den Markt besuchen, sondern auch einem großen Opferspektakel beiwohnen, das vor dem neuen Tempel stattfindet – auch deswegen an einem Markttag, damit das Publikum möglichst zahlreich ist. Die Kalenderpriester des Königs haben den Charakter des Tages eingehend untersucht und das Spektakel gutgeheißen. Cerros wird gerade zu einer stolzen Stadt ausgebaut, und Ben freut sich auf die Zeremonie nicht nur, weil sie erhebend und bestärkend ist, sondern auch, weil der Event unterhaltsam zu werden verspricht. Außerdem kennt er die neuen, prächtigen Gebäude der Stadt noch nicht, hat aber schon davon gehört.

Ben muss damit rechnen, bald selbst zu Arbeiten in der Stadt dienstverpflichtet zu werden, wie es anderen in seinem Dorf bereits ergangen ist. Der Bau des prächtigen Zentrums ist eine große logistische Herausforderung und benötigt eine stattliche Schar von Arbeitern, schon weil jeder Stein mittels Menschenkraft herbeigeschafft werden muss, da die Maya weder das Rad benutzen noch geeignete Lasttiere besitzen. An der Entstehung eines bleibenden Bauwerkes mitzuwirken, das nicht nur die Stadt prägt, sondern auch der launischen Götterwelt huldigt, wird ihm allemal angenehmer sein, als in einen Krieg zu ziehen und sein Leben aufs Spiel zu setzen.

Wie jeden Morgen nimmt sich Ben ein paar Minuten (eine Zeiteinheit, die die Maya allerdings nicht kannten), um vor seiner Haustür, die traditionell der aufgehenden Sonne zugewandt ist, stille Einkehr zu halten. Zu allen Zeiten und in allen Kulturen erleben die Menschen den Sonnenaufgang als etwas Schönes, Erhebendes, Tröstliches. Licht und Wärme sind willkommen nach einer dunklen, vielleicht kühlen Nacht. Das gilt noch heute; aber während wir den Beginn des Tages vornehmlich danach beurteilen, was wir uns vom neuen Tag erhoffen, ob das Wetter zum Sonnenbaden taugen könnte oder eher zum Shoppen, vollzog sich für die Maya allmorgendlich etwas Grundsätzliches: Mit jedem Sonnenaufgang wurde die Sonne neu geboren und wiederholte damit die Schöpfung, und man darf annehmen, dass daher der neue Tag mit einem Moment sowohl der Freude als auch der demütigen Dankbarkeit begrüßt wurde. Gleichzeitig war klar, dass die Sonne am Abend wieder sterben, im Urmeer versinken und für eine weitere Nacht zum Gefangenen der Unterwelt werden würde. Wie nach einer kargen Trockenzeit, wenn die Natur sich wieder auf ihre Eigenschaft des Wachstums besinnt, bedeutete für die Maya jeder neue Morgen eine Erleichterung, weil die Sonne sich aus den Fängen der Unterwelt befreit hatte. Ein neuer Zyklus beginnt, die Zeit schreitet voran – und wiederholt sich.

Auch wenn für Ben wie für die meisten anderen Menschen zu seiner und anderen Zeiten instinktiv der Anbruch eines Tages als dessen Beginn gilt – wann nach der genauen Rechnung der Kalenderpriester der Tag sozusagen amtlich begann, ist unter Fachleuten umstritten. Im Alltagsleben ist das unerheblich, nicht aber bei der aufwändigen Umrechnung von Datumsangaben des Maya-Kalenders in unseren heutigen gregorianischen Kalender, um die Geschichte nachzuzeichnen oder nachzuvollziehen, wie exakt die Maya-Astronomen die Planetenbahnen zu verfolgen in der Lage waren. Die Vermutungen decken alle möglichen Tageszeiten ab – von Sonnenaufgang über Mittagszenit und Sonnenuntergang, gar bis Mitternacht, deren Bestimmung am kompliziertesten gewesen wäre. Anderes lässt vermuten, dass die Maya innerhalb eines Tages vornehmlich zwischen Licht und Dunkel unterschieden – nicht nur im Lauf der Sonne augenfällig, sondern auch der religiösen Auffassung entsprechend. Dann aber wären allein Auf- und Untergang der Sonne wahrscheinliche Zeitpunkte, um den Beginn eines neuen Tages zu markieren. Um die Verwirrung komplett zu machen, halten manche Forscher es für denkbar, dass in den unterschiedlichen Kalendern auch der Tagesbeginn unterschiedlich veranschlagt wurde. Das jedenfalls könnte die eine oder andere kalendarische Unstimmigkeit erklären, die sich aus einigen in moderne Chronologie umgerechneten Datierungen der alten Maya ergeben hat.

Wie auch immer – eine andere Unterteilung des Tages als in Licht und Dunkelheit, also in Tages- oder Nachtabschnitte wie unsere Stunden, die festgelegt sind und irgendwie bezeichnet werden, ist aus der Geschichte der Maya nicht bekannt. Mag sein, dass wie anderswo mit Schatten und ihren Längen hantiert wurde, zumal in dieser Weltgegend zwischen den Wendekreisen die Sonne zu bestimmten Zeiten im Zenit steht und dann ein senkrecht im Boden steckender (kerzengerader) Stock keinerlei Schatten wirft. Zu vermuten ist auch, dass einfache Absprachen etwa so präzisiert wurden: »Wir treffen uns morgen, wenn die Sonne (vom Dorf aus gesehen) zwischen dem großen Kapokbaum neben meiner *milpa* und dem Gipfel des Berges Jaguarkopf steht.« In den Schriftquellen fehlen solche Hinweise auf genauere Tagesangaben; auch sind keine Apparaturen bekannt, etwa Wasseruhren, wie sie Ägypter oder Chinesen verwandten. Zeitliche Präzision innerhalb eines Tages war für die Maya wohl keine Tugend, wie wir sie kennen. Sie sahen offenbar keine Notwendigkeit, Einheiten zur Messung von Pünktlichkeit und Schnelligkeit festzulegen, jedenfalls ist davon nichts überliefert. Zeit war den Maya nicht die Unterteilung in immer kleinere Einheiten, sondern die Suche nach immer größeren. Alles unterhalb eines Tages war zu vernachlässigen, es kam auf die Tagesbündel und ihre Vielfachen an.

Grundeinheit dieses Zeitverständnisses war der Tag, und der Sonnengott *K'inich ajaw* eine der höchsten Gottheiten, weshalb und nicht von ungefähr das Wort *k'in* nicht nur Tag, sondern auch Sonne und ganz allgemein Zeit bedeutet.

Schriftzeichen für das Wort *k'in*

In seinen verschiedenen Ausformungen verweist das Schriftzeichen auf die universelle Bedeutung der Sonne. Sie gibt nicht nur den Zeittakt, sondern auch die vier Himmelsrichtungen vor, die das Wort für Sonne oder Tag im Namen tragen: Der Westen heißt *chik'in*, »wo die Sonne verschlungen wird«, mit der Farbe Schwarz für die Nacht, die hereinbricht, sobald die Sonne im Weltenmeer versunken ist und sich in der Unterwelt aufhält. Der Osten heißt *lik'in*, »wo die Sonne aufgeht«, mit Rot für den Tagesanbruch. Norden und Süden werden »rechts« bzw. »links der Sonne« genannt und sind noch anderen wichtigen Himmelskörpern zugeordnet: Der Norden mit der Farbe Weiß steht für den Mond, der gelbe Süden für die Venus. Auch andere Völker Mesoamerikas drückten in Schriftzeichen und Kalenderdarstellungen die Einheit von Zeit und Raum und den zyklischen Charakter der Zeit aus.

Der sich alltäglich wiederholende Gang der Sonne war maßgeblich, und als Abbild des Lebens mit morgendlicher Geburt und abendlichem Tod gab es für die zugehörige Gottheit *K'inich ajaw* zwei Erscheinungsformen: alt und jung, als Tages- und als Nachtvariante.

Auf diesen unveränderlichen Zyklus von Geburt, Leben, Tod und Wiedergeburt kam es am Himmel maßgeblich an – ganz so wie auf der Erde im menschlichen Leben, im Wachstum der Maispflanze oder in Wiederkehr und Vergehen von Regen- und Trockenzeit, von Aussaat und Ernte. Diese Ordnung, eindrücklich nachvollziehbar am Fortgang der Zeit und ihren zyklischen Wiederholungen, war die heiligste und wichtigste im Weltbild der Maya.

Für Ben wie für jeden anderen Maya – für alle Menschen Mesoamerikas und überhaupt alle frühen Zivilisationen – war die Umwelt kein nüchterner Ort, den man rational oder naturwissenschaftlich begreift, wie wir es uns heute zugutehalten. Für ihn war sie ein beseeltes Ganzes, in dem alles, sowohl auf der Erde als auch am Himmel, seinen festen Platz, seine Aufgabe und seine Bestimmung hat – und eine religiöse Dimension. Zeitrechnung und Zeitwahrnehmung waren von dieser Sichtweise durchdrungen, und daher bestimmen religiöse Aspekte auch die Kalenderwirtschaft der Maya. Folglich galt die Zeit an sich als eine zutiefst heilige Angelegenheit und der Kalender als geheiligtes Instrument, dem man Respekt und Demut zollte.

Nach ihrem Weltverständnis lebten (und leben) die Maya nicht in der ersten Schöpfung: Den vorangegangenen Welten hatten die Götter mithilfe von Sintfluten ein Ende gemacht. Die Schöpfung der gegenwärtigen Welt dient als Nullpunkt der Langzeitchronologie des Kalenders, nach gängiger Umrechnung im Jahr 3114 v. Chr. Die Maya rechneten aber durchaus noch weiter zurück, wenn es ihnen notwendig erschien – beispielsweise um die Geburtstage derjenigen Götter zu ermitteln, die die gegenwärtige Schöpfung auf den Weg gebracht haben. Gleichwohl stand im Mittelpunkt der Maya-Kosmologie die Erschaffung der gegenwärtigen Welt, die sich deutlich weniger rasant vollzog, als es die hebräische Bibel für die jüdisch-christliche Tradition berichtet. Statt der biblischen Woche brauchte es in der Überlieferung der Maya drei *bak'tun*, das sind rund 1200 Jahre, bis im Kosmos alles an seinem Platz war. Vollbracht war die Schöpfung noch lange nicht, nachdem der Maisgott als »Herr des erhobenen Himmels«, wie ein Ritualgefäß aus Tikal im 4. Jahrhundert n. Chr. zu berichten weiß, den Himmel aufstemmte. Zunächst existierten nämlich weder Tag noch Nacht. Jahrhunderte später erst wurde das Universum belebt, indem der Erste Vater den Himmel in Bewegung versetzte.

In dieser Kosmologie gibt es drei Weltebenen: die Himmelswelt, in der die Sternengötter unerschütterlich ihre Bahnen ziehen, die unsichtbare Unterwelt namens *Xibalba*, »Ort der Angst«, sowie dazwischen und unentrinnbar eingeklemmt die sichtbare Menschenwelt, Mittelerde sozusagen. Mitunter wird diese gar nicht erst als eigenständige Zone betrachtet, sondern als eine Art Schnittmenge zwischen Unterwelt und Himmelreich. Diese Menschenwelt stellte man sich wie ein großes, rechteckiges Maisfeld vor – solche landwirtschaftlichen Motive durchziehen die Maya-Mythen.

Die Erde schwimmt auf dem Urmeer, und an ihren vier Ecken, entsprechend den vier Himmelsrichtungen, ragt je ein Berg empor, an dessen Fuß ein Baum den Eingang zu einer Höhle markiert. Das Meer bildet die Grenze zwischen Erde und Unterwelt, und diese vier Höhlen sind die Zugänge nach unten, wo die Verstorbenen leben. Der wichtigste Baum aber steht im Zentrum der Erde: der Weltenbaum. Wie in anderen alten Religionen Afrikas, Asiens und des Vorderen Orients ist er Symbol der kraftvollen, heiligen Schöpfung mit ihrer zyklischen Eigenschaft der beständigen Wiederkehr, der Abfolge von Keimen, Treiben, Blühen, Früchtetragen, Vergehen und Tod, in dem sich wiederum ein neuer Zyklus vorbereitet.

Der Weltenbaum verbindet die drei Weltebenen: Seine Wurzeln reichen tief nach *Xibalba* hinein, sein Wipfel reckt sich in den

Himmel. In den künstlerischen Darstellungen ist es meist ein Kapokbaum, der imposante, den Maya heilige Wollbaum mit riesigen Brettwurzeln und stachelbewehrter Rinde – oder auch eine Maispflanze. Im Wipfel des Baumes, den die Maya *yaxche* oder »ersten Baum« nannten, hockt der Himmelsvogel Itzam Ye, der dem höchsten Gott der Maya entspricht: Itzamnaaj. Auch der Himmel wird in vier Teile unterschieden, und es sind vier Götter, die das Firmament tragen, damit es nicht auf die Erde fällt. Gleichzeitig ist die Himmelswelt in dreizehn Schichten unterteilt. Die vier Himmelsrichtungen bestimmten die räumlichen Vorstellungen – vom Maisfeld zum Hausbau, von der Anlage von Totenkammern bis zum Grundriss der Städte, die den Kosmos abbildeten. Als Tageslauf des Lebensspenders Sonne war die Ost-West-Achse von besonderer Bedeutung.

Wenn Bauer Ben ein neues Maisfeld anlegt, macht er das nach einem kosmischen Prinzip, denn die *milpa* ist ein getreues Abbild der Weltordnung, wie sie die Maya verstanden. Man darf vermuten, dass Ben einigermaßen stolz darauf ist, Maisanbau zu betreiben, wo doch dieses Getreide eine so wichtige Rolle in der Schöpfung spielt. In Mesoamerika insgesamt diente die Maispflanze den Menschen als beliebtes Sinnbild für Leben und Schöpfung, was sich natürlich aus der überragenden Stellung der Ackerpflanze auf dem Speiseplan erklärt. Das religiöse Weltbild der Maya vermochte nicht nur zu erklären, was die Menschen tagtäglich sahen und was ihren Alltag prägte. Gleichzeitig waren die Erklärungen und lebensnahen Bezüge, etwa zwischen Welt und Maisfeld, dazu angetan, jeden Menschen in ein direktes Verhältnis zur Schöpfung zu setzen – und einem jeden seinen Platz zuzuweisen.

Eine ebenso eindringliche und spannende wie grundlegende Deutung des Kosmos stammt aus dem *Popol Vuh*, eine Version der Maya-Schöpfungsmythologie aus der frühen Kolonialzeit, die aber auf die klassischen Maya zurückgeht, wie zahlreiche Motive daraus auf Vasen dieser Zeit belegen: Es ist die Geschichte der sogenannten Heldenhaften Zwillinge, Söhne des Maisgottes. Das *Popol Vuh* ist unter den umfassenden Schöpfungsgeschichten der Neuen Welt die älteste.

Der Zwillingsepisode voraus geht der Teil über die Erschaffung der Welt, die aus dem Urmeer emporsteigt. Ähnlich dem biblischen Postulat, am Anfang sei das Wort gewesen, erhebt sich im Schöpfungsmythos der Maya die Welt auf das Zwiegespräch zweier Schöpfungsgötter hin aus dem Wasser: Gukumatz (Gefiederte Schlange) und Huracan, Sturm- und Feuergott und vermutlich der Namensgeber unserer Begriffe Orkan und Hurrikan. Die beiden bevölkern ihr gemeinschaftliches Werk alsbald mit Tieren, die sich jedoch nicht wie erhofft zur Anbetung ihrer Schöpfer eignen, weil sie des Sprechens nicht mächtig sind – hier finden wir abermals die Bedeutung der Sprache betont. Daher machen sich die Götter wieder ans Basteln und stellen die ersten Menschen her, allerdings aus dem allzu brüchigen Material Lehm. Die Lehmmenschen können zwar immerhin sprechen, sind aber nicht nur schwächlich, sondern auch debil, denn ihr Gerede ergibt keinerlei Sinn. Also zerstören die Götter ihr Werk und machen sich ein weiteres Mal an die Arbeit. Der nächsten Garnitur, nach einem Ratschlag der Wahrsager unter Zuhilfenahme der Wahrsageutensilien heiliger Kalender, Maiskörner und Bohnen aus Holz gefertigt – die Frauen aus Schilfgras –, fehlen der nötige Respekt und die Demut den Göttern gegenüber, weshalb ihnen mit einer Sintflut der Garaus gemacht wird. So abscheulich waren diese

Kreaturen, dass gar ihre Hunde und selbst das Küchengerät den Aufstand probten. Von ihnen bleiben nur die Affen als Nachfahren und stumme Mahnung dümmlicher Überheblichkeit zurück. Aber noch etwas geht dieser zweiten Schöpfung ab: Die Holzmenschen sind nicht in der Lage oder willens, die Abfolge der Tage, den Kalender zu achten. Zum Respekt vor der Schöpfung aber gehören unverzichtbar Achtung und Pflege der Zeit, befinden die Mythenschöpfer der Maya.

Der dritten und gegenwärtigen Schöpfung, in der die Götter – nach all den misslungenen Modellen – mit den Maismenschen endlich Wesen erschufen, die für ihr Wohlergehen sorgten, gingen wichtige Aufräumarbeiten voran, um die künftige Maismenschenwelt von Dämonen zu befreien. Diese Aufgabe erledigten die Heldenhaften Zwillinge – übrigens die Enkel des Wahrsagerpärchens, das die Pleite mit den Holzmenschen zu verantworten hatte.

Die Zwillinge sind äußerst geschickt mit ihren Blasrohren und wie ihr Vater Hun Hunahpu und dessen Zwillingsbruder Vukub Hunahpu leidenschaftliche Ballspieler. Allerdings erzürnten schon Vater und Onkel die Götter der Unterwelt mit ihrem lautstarken Spiel, was sie mit dem Leben büßen mussten. Der Maisgott Hun Hunahpu (hier mit etwas anderem Namen als dem älteren aus Kapitel 3) war aber wundersamerweise in der Lage, noch als Totenschädel und in einen Flaschenkürbisbaum gehängt, wo er zwischen den großen Früchten vermutlich gar nicht weiter auffiel, in die Hand der Tochter eines Totengottes zu spucken und sie damit zu schwängern – so wurden bei den alten Maya Helden gezeugt. Die somit nur im sexuellen Sinn unbefleckt Geschwängerte fand Zuflucht vor dem Zorn ihres unterirdischen Vaters bei ihrer »biologischen« Schwiegermutter, der Großmutter der Heldenhaften Zwillinge. Dort bringt sie die beiden Jungen zur Welt, die Vater und Onkel prompt im Ballspiel nacheifern, was die dunklen Mächte abermals verärgert. Vor ihrer eigentlichen Bewährung wehren sie sich noch gegen ihre älteren Stiefbrüder, ebenfalls Zwillinge, die sie mit List und Tücke in Affen verwandeln (und die trotzdem noch als Götter von Tanz, Musik und Kunst Karriere machen dürfen). Anschließend bringen sie mit ihren Blasrohren den großmäuligen, gleichwohl schrecklichen Riesenvogel Vukub Kaquix in seinem mit Früchten beladenen Baum zur Strecke.

Die eigentlichen Heldentaten aber vollbringen die Zwillinge in der Unterwelt – vordergründig kurzweilige Feuerproben, die die Götter der Unterwelt ihnen auferlegen und die sie allesamt mit Bravour bestehen. Dem mythologischen Gehalt nach aber schaffen sie es, den Tod zu besiegen und damit überhaupt erst das Menschenleben auf der Erde zu ermöglichen. Während also Vater Maisgott den Erdenkindern das ertragreiche Getreide an die Hand gibt, um sie zu nähren und zu vermehren, liefern seine Zwillingssöhne eine weitere Voraussetzung für die Geschicke der Menschheit. Nicht das *Popol Vuh*, wohl aber zahlreiche Abbildungen der klassischen Zeit betonen außerdem die Rolle der Zwillinge, den Maisgott wiederauferstehen zu lassen – in jedem Fall zieht der Sieg über die Unterwelt die Erschaffung der Maismenschen unmittelbar nach sich.

Wie Vater und Onkel werden die Zwillinge wegen Ruhestörung in die Unterwelt zitiert, stellen sich aber schon auf dem Weg dorthin, über widerliche Flüsse voller Blut und Eiter, schlauer an als ihre Vorgänger, zumal ihnen eine Stechmücke als Vorhut Aufklärungsdienste bei den Fürsten der Unterwelt leistet. Die Aufgaben der Unterweltgötter erscheinen unlösbar, aber die Zwillinge gehen sie gleichwohl mutig und voller List an: In der ersten Nacht sollen sie im Haus der Finsternis Zigarren und Fackeln gleichzeitig am Brennen und unversehrt halten, was ihnen mithilfe eines Glühwürmchens gelingt. Die zweite Nacht nach einem absichtlich verlorenen Ballspiel gegen die missgünstigen Herren der Unterwelt müssen die Zwillinge im Haus lebendiger Messer verbringen, denen es beständig nach Nahrung verlangt. Mit Engelszungen können sie die gierigen Messer auf andere Nahrung vertrösten. Außerdem überstehen sie eisige Kälte und eine Meute ausgehungerter Jaguare, das Haus des Feuers und das voller blutgieriger Fledermäuse. Immer wieder springen den Brüdern bei ihrer Mission hilfsbereite Tiere zur Seite, mal Ameisen, mal ein Kaninchen.

Der Erfolg der frechen Zwillinge versetzt die finsteren Götter der Unterwelt nur noch mehr in Rage, sodass sie den Feuertod der Unerschrockenen beschließen. Die Brüder fügen sich scheinbar, bereiten aber unverdrossen ihre Wiedergeburt vor: Aus ihren zermahlenen, über einem Fluss verstreuten Überresten werden Fische, die sich wiederum in die Heldenhaften Zwillinge verwandeln, nunmehr als Akrobaten durch die Gegend ziehen und wegen ihrer erstaunlichen Kunststücke zu den Unterweltgöttern geladen werden. Dort vollführt der eine das Kunststück der Zerstückelung und Wiederbelebung an seinem Bruder, was die Herren der Unterwelt verständlicherweise sehr beeindruckt – doch sie wollen es auch, entschieden leichtsinnig, an sich selbst vollführt sehen. Und natürlich kommen die Zwillinge dem Begehr bereitwillig, jedoch nur unvollständig nach, denn sie setzen die zerstückelten Todesgötter nicht wieder zusammen und besiegen so das dunkle Reich *Xibalba* und damit den Tod an sich. Alsdenn vollziehen die Götter den dritten, diesmal erfolgreichen Schöpfungsakt mit Menschen aus Maismehl (gemahlen von der Großmutter der Heldenzwillinge), und bald bricht der erste Tag an: Die Zeit der gegenwärtigen Schöpfung nimmt ihren Anfang. Die Zwillinge aber fahren gen Himmel und werden als Sonne und Mond nicht nur die hellsten und dem Menschen vertrautesten Himmelskörper, sondern auch Taktgeber der Erdenzeit.

Damit haben die Heldenhaften Zwillinge zwar die Unterwelt besiegt, die Herrscher von *Xibalba* verloren deshalb ihren Zugriff auf die Bewohner der Erdoberfläche aber nicht völlig. Ihr bleibender Einfluss hat sich im Kalender niedergeschlagen, denn den

»Herren der Nacht«, den Göttern der Unterwelt, wurde ein eigener Zyklus zugeordnet, der neun Tage umfasst und auf den Stelen der klassischen Periode mit dem Langzeitdatum angegeben wird. Jede Nacht wird von einem der neun Herren von *Xibalba* beherrscht; sie sind weiterhin fester Bestandteil der Zeit. Aber der Kalender dient ja nicht zuletzt dazu, Unheil und Ungemach vorherzusehen, um es mit Opferritualen abzuwenden oder wenigstens abzumildern.

Die Entstehung von Schöpfungsmythen kann man sich als fantasievolle, auf uns naiv wirkende Deutung der Welt erklären – auf ein menschliches Grundbedürfnis hin, das die Fähigkeit zu denken mit sich bringt. Heute erfüllen an erster Stelle die Wissenschaften diese Funktion, vor Jahrtausenden stellten an geselligen Abenden die Schamanen unterhaltsame Überlegungen an, wie es sich mit dem Leben, den Sternen und der Zeit verhalten könnte. Schamanen waren die besonders befähigten und geachteten Mitglieder einer größeren, sich allmählich spezialisierenden Gemeinschaft, die einige ihrer Mitglieder für besondere Beschäftigungen freistellen konnte. Schamanen befanden sich vermutlich bereits unter den Vorfahren der Maya und ihrer Nachbarvölker, als sie von Asien über die damalige Landverbindung nach Alaska kamen und den amerikanischen Doppelkontinent in Besitz nahmen. Mit ihrem Spezialwissen über wiederkehrende Naturzyklen leisteten sie später, im Zuge der Sesshaftwerdung, wertvolle Dienste. Um praktische Ratschläge geben zu können und Zeitpunkte für rituelle Handlungen zu bestimmen, benötigten die Schamanen eine Zeitordnung, die über die beständige Wiederkehr von Tag und Nacht hinausging. Auf sie gehen daher möglicherweise die Anfänge des Kalenders der Maya zurück, des *Tzolk'in* genannten Ritualkalenders.

Ein solcher Schamane durfte sich einiger Aufmerksamkeit sicher sein, wenn er die Abenteuer der fantastischen Zwei zum Besten gab – und außer den Details der Geschichte auch die Erzählkunst beherrschte. Für die Zuhörer war es wohl ein ähnlicher Trost angesichts des eigenen unausweichlichen Todes wie die christliche Botschaft von Tod und Auferstehung Jesu. Marx bezeichnete Religion als »Seufzer der bedrängten Kreatur« und »Opium des Volkes«; aus heutiger Sicht würde eine Marketingfachfrau die tröstlichen Erklärungen über das Rätsel der Welt vermutlich »ein klassisches Feel-good-Produkt« nennen.

Das Pantheon der Maya ist reich bevölkert, und die Vielfalt und Lebendigkeit ihres Götterhimmels erinnert an die Götterwelt der alten Griechen. Allerdings bestehen hinsichtlich der Ausformung erhebliche Unterschiede sowohl zwischen den verschiedenen Maya-Völkern als auch im Laufe ihrer Geschichte – so haben die Gottheiten unterschiedliche Namen und Erscheinungsformen, sind manche Götter einer Region anderswo nicht nachweisbar, andere verschwinden durch die Jahrhunderte oder verändern ihren Charakter oder ihre Bedeutung. Hinzu kommen äußere Einflüsse, die sich auf religiöse Aspekte auswirkten, sei es durch die beherrschende Macht Teotihuacáns oder den späteren Einfluss der Azteken Zentralmexikos. In der Spätphase der Maya-Geschichte in den letzten Jahrhunderten vor der spanischen Eroberung beispielsweise erlangte der Gott Kukulkan bzw. Gukumatz bei den Maya einige Bedeutung – es handelt sich um den berühmten Aztekengott Quetzalcoatl, der in der Maya-Klassik noch gar keine Rolle spielte. Von einer klar definierbaren Götterwelt der Maya kann insgesamt also nicht die Rede sein, schon gar nicht in der westlichen Vorstellung wohlgeordneter religiöser Verhältnisse. Sich durch die Jahrhunderte im Maya-Pantheon zurechtzufinden, ist daher keine leichte Aufgabe. Trotzdem gilt: In der Vielfalt der Maya-Welt in Hochland und Tiefland und durch die Jahrhunderte gibt es einen Korpus kultureller Gemeinsamkeiten, der auch in den religiösen Vorstellungen nachzuvollziehen ist. Ein gutes Götterdutzend hat sich über die Zeit einigermaßen halten können.

Viele Gottheiten vertreten Aspekte der Natur, allen voran der besonders wichtige Regengott Chaak, von dessen Gnade abhing, ob die Felder sprossen und reiche Ernte brachten oder eine Dürre die Furcht vor Hunger nährte. Andere sind in ihrem Aufgabenbereich eher den katholischen Schutzpatronen zuzuordnen, so der Gott der Schreiber oder der der Kaufleute. Große Bedeutung kommt vor allem den Astralgottheiten zu, seien es der mächtige, oft als Jaguar dargestellte Sonnengott *K'inich ajaw*, die Mondgöttin oder der Kriegsgott Venus. Sonne und Venus waren männlich, die Mondgöttin war, wie in anderen Kulturen auch, eine der wenigen weiblichen Gottheiten.

Im Weltbild der Maya war alles beseelt – jeder Stein, jede Pflanze, jeder Stern am Himmel. Was immer sich auf Erden zutrug, verdankte sich göttlichen Zutuns. Dessen konkrete Ausformung aber hing ab vom richtigen Verhalten der Menschen, insbesondere von ihrer Demut den göttlichen Dingen gegenüber und ihrer Bereitschaft, den Göttern Opfer darzubringen. Denn wenn die Menschen ihrem Gehorsam den Göttern gegenüber nicht nachkamen, folgte unerbittlich die Strafe: Ausbleibender Regen oder Unwetter, Krankheiten oder Niederlagen im Krieg schickten die erzürnten Götter dann, um die Menschen für ihre Nachlässigkeit oder ihre Aufsässigkeit zu bestrafen.

Abhängigkeit und enge Bindung an die Natur haben ein mythisches Denken zyklischer Ausprägung hervorgebracht, wie es in anderen frühen Kulturen auch der Fall war. Der Kreislauf von Werden und Vergehen in der natürlichen Umgebung spiegelt sich in Leben und Tod der fern am Nachthimmel stehenden Götter wider. Sie verkörpern die Zeit, deren Lauf mit Riten und Opfern in Gang gehalten werden muss. Dieser Opferauftrag bezieht sich aber nicht nur auf das Wohlergehen der Götter und ihren Segen fürs Irdische: Ganz grundsätzlich sicherten die Rituale den Fortgang der Zeit. Vor allem geht es bei den Opfern um Blut – was aber nicht heißt, dass Menschenopfer jederzeit zum Alltag gehört hätten. Wohl nicht von ungefähr werden Mais und Blut als die Lebensspender schlechthin immer wieder zueinander in Beziehung gesetzt und sind als Elemente der Schriftzeichen häufig gar nicht auseinanderzuhalten.

Blut als Lebenssaft war die bevorzugte Nahrung der Götter und wurde zeremoniell und reichlich abgezapft. Opfer gehörten zum Alltag der Menschen, und ihre Ausführung wurde vom Kalender bestimmt. Mit einigem Abscheu, aber auch erkennbarem Interesse, schreibt Diego de Landa dazu:

> Sie opferten von ihrem eigenen Blut, indem sie sich manchmal runde Stücke aus den Ohren schnitten, und diese verunstalteten Ohren blieben ihnen als Zeichen zurück. Bei anderen Gelegenheiten durchbohrten sie sich die Wangen und dann wieder die Unterlippen; manchmal machten sie sich Einschnitte in bestimmte Körperteile; manchmal durchlöcherten sie sich die Zunge mit schrägen seitlichen Stichen, und unter schlimmsten Schmerzen zogen sie Strohhalme durch die Löcher; dann wieder rissen sie sich die überflüssige Haut des Schamgliedes ab, sodass dieses wie die Ohren aussah, und hierdurch ließ sich der Verfasser der Allgemeinen Geschichte der Indias täuschen, als er sagte, bei ihnen wäre die Beschneidung üblich.
>
> Manchmal vollzogen sie auch ein schmutziges und schmerzhaftes Opfer, bei dem diejenigen, die es ausführten, sich im Tempel zusammenfanden, und nachdem sie sich in einer Linie ausgerichtet hatten, bohrte sich jeder ein schräges seitliches Loch in das männliche Glied; sobald sie dies getan hatten, zogen sie die größtmögliche Menge Schnur durch die Löcher, sodass sie nun alle miteinander verbunden und aneinandergereiht waren; sie bestrichen auch den Teufel mit dem Blut von all diesen Schamgliedern, und wer das am meisten tat, wurde für den Tapfersten

gehalten, und ihre Söhne begannen schon im frühesten Alter, sich dem hinzugeben, und es ist entsetzlich, mit welchem Eifer sie daran hingen. (...)

Und der Teufel, der sie hierin wie bei den übrigen Dingen täuschte, bezeichnete ihnen die Zeremonien und Opfer, die sie für ihn leisten müssten, um den Nöten zu entgehen. Und wenn sie nicht von ihnen heimgesucht wurden, sagten sie daher, dies geschehe wegen der Zeremonien, mit denen sie ihn ehrten; wurden sie dennoch von ihnen heimgesucht, so gaben die Priester dem Volk zu verstehen und machten ihm weis, dies geschehe durch irgendeine Schuld oder Verfehlung bei den Zeremonien oder derjenigen, die sie ausführten.

Der Franziskaner de Landa muss sich trotz aller Andersartigkeit an die Volksfrömmigkeit der europäischen Christenheit seiner Zeit erinnert gefühlt haben.

Götter und Menschen befinden sich also in einer gegenseitigen Abhängigkeit: Das bedeutsame Bindeglied zwischen Mensch und Gott ist in der großen Zeit der Maya-Klassik der König, der gottgleich über seinem Volk steht. Seine Opferrituale, die er stellvertretend für sein Volk vollzieht und die ihn in Trance versetzen, sind so exklusiv wie extravagant, weil sie ihn in Verbindung zur Götterwelt treten oder verstorbene Vorfahren wiedererstehen lassen.

Auch deshalb ist auf dem Sarkophagdeckel des Königs Pakal von Palenque der Weltenbaum abgebildet: Nicht nur kann sich an ihm die Seele des Toten auf ihrem Weg in die Unterwelt und anschließend himmelwärts orientieren, er steht gleichzeitig für die kosmische Rolle des Herrschers. In der Kosmologie der Maya war der König selbst die lebendige Verkörperung des Weltenbaums, denn er diente als Verbindung zu den Mächten des Himmels und der Unterwelt, zu denen er in den Blutopferritualen stellvertretend für alle in Verbindung trat. Aus religiöser oder ideologischer Sicht war das die eigentliche und vornehmste Aufgabe des Königs: mit den kosmischen Kräften mittels Selbstkasteiung, Trance und Tanz in Verbindung zu treten. Nüchterner ausgedrückt war es für den König das mit Schmerzen verbundene Schauspiel, das ihm Macht und Status sicherte. Das Sarkophagrelief verweist außerdem auf die Sonne als weiteres Symbol der Königsmacht, die ebenfalls im Untergang die Reise nach *Xibalba* antritt, um wie der König wiederzuerstehen und ihren Platz im Himmel einzunehmen.

### *Das Rätsel der 260 Tage*

Aber zurück zu Bauer Ben, seinen beschaulichen Momenten vor der Tür seiner Hütte und zum Kalendertag, an dem sie stattgefunden haben könnten. Übertragen auf die christliche Zeitrechnung entspricht die Angabe des Maya-Kalenders in etwa der doppelten Tagesbezeichnung bei der Kombination von gregorianischem mit dem Heiligenkalender der Römischen Kirche, beispielsweise wenn der 1. Januar noch mit dem Zusatz »Hochfest der Gottesmutter Maria« versehen wird. Zu Zeiten, in denen im Abendland die Religion noch einen ähnlich großen Stellenwert besaß wie bei den alten Maya, war auch dem einfachen Christenmenschen der Heiligenkalender stets geläufig.

Die Wurzeln des Ritualkalenders *Tzolk'in* mit seinen 260 Tagen reichen tief – wie tief aber, lässt sich nicht mehr zweifelsfrei nachvollziehen. Sicher ist jedoch, dass die Maya, deren ambitionierte Zeitrechnung als herausragendes Verdienst und geradezu charakteristisches Merkmal der am weitesten entwickelten Zivilisation der Region bezeichnet wurde, diesen ersten, grundlegenden Kalender nicht erfunden haben, denn er wurde schon vor ihrer Zeit benutzt.

Manche Forscher mutmaßen, die Kalenderwirtschaft der Maya reiche zurück bis zu ihren Vorfahren in Sibirien, also in die ferne

Vergangenheit, als die ersten Menschen aus Asien über Alaska kommend nach und nach den amerikanischen Kontinent bevölkerten. Aufgrund fehlender Zeugnisse lässt sich das nicht beweisen, wohl aber vermuten. Jedenfalls dann, wenn wir steinzeitliche Kerbhölzer und -knochen (wie im ersten Kapitel beschrieben) als Frühformen des Kalenders ansehen und mit einiger Berechtigung diese Praxis auch anderen Menschengruppen des Paläolithikums zuschreiben, von denen entsprechende Gerätschaften aus klimatischen Gründen nicht erhalten sind. Andere Forscher wollen nicht über das Beweisbare hinausgehen und betrachten die Region Mesoamerika als Entstehungsort des *Tzolk'in*.

Aber kann der Ritualkalender nicht doch viel älter sein? Welche intellektuellen Fähigkeiten können wir unseren Vorfahren zutrauen, bevor sie die Schrift erfanden und schriftliche Spuren hinterließen? Mögen wir auch verinnerlicht haben, vor Abertausenden Jahren hätten die Menschen mehr vegetiert als gelebt und in Höhlen gehaust, ohne sich neben der Keule nennenswerte Errungenschaften zugutehalten zu können: Solche Einschätzungen entstammen unserer modern-überheblichen Sichtweise und gelten wissenschaftlich längst als überholt. Wir befinden uns also im Einklang mit der Forschungsmeinung, wenn wir vermuten, dass überall auf der Welt schon sehr früh vermeintlich dumpfe Höhlenmenschen in lauer, sternklarer Nacht vor ihrem Höhleneingang saßen, neugierig das Funkeln am Himmel beobachteten und sich ihren Reim darauf machten – zumal wenig andere Zerstreuungen zur Verfügung standen.

Für unsere Region Mesoamerika, die sich den *Tzolk'in* teilt, gibt es daher folgende, nicht zweifelsfrei mit Hinterlassenschaften zu belegende Theorie zur Entstehung des Ritualkalenders:

(Einfache) Himmelsbeobachtungen aus Neugier und Ehrfurcht und das (simple) Wissen um gewisse Regelmäßigkeiten in den Bewegungen der Gestirne könnten die Einwanderer aus Asien bereits im mentalen Gepäck gehabt haben, als sie über die ehemalige Landbrücke von Asien nach Amerika einwanderten und die Neue Welt von Norden her in Besitz nahmen. Neben der zeitlichen Grundeinheit Tag dienten als markanteste Entsprechung am Himmel die Phasen des Mondes dazu, etwas längere Zeitabschnitte zu messen. Nicht nur ist der Trabant vom Planeten Erde aus betrachtet der zweithellste Himmelskörper – sein Werden und Vergehen eignet sich überdies hervorragend, um etwas längere Zeitabschnitte zu verfolgen. Daraus ergibt sich die Zuordnung von weiblichem Zyklus und Schwangerschaft zu den Mondphasen. Wie wir bereits erfahren haben, beziehen sich die frühesten Kalenderaufzeichnungen – so sie nicht etwas gänzlich anderes waren – auf den Mond und seine zyklisch wiederkehrenden Entwicklungsstufen.

Fortschritt war den Menschen auch vor Jahrtausenden nicht fremd, und vielleicht stellten sie in einer weiteren Stufe ihrer Himmelsneugier fest, dass das Firmament in die eine Richtung zieht, während sich bestimmte Himmelskörper meist entgegengesetzt bewegen: die Wandersterne oder Planeten, von denen einige mit bloßem Auge gut zu beobachten sind. Oder sie zogen Verbindungen zwischen Konstellationen am Sternenhimmel und einem jagdeinträglichen Wildauflauf an einer bestimmten Stelle zu einem bestimmten Zeitpunkt. Oder verstanden ein besonders helles Sternbild, zum Beispiel die Plejaden, an einem Tag im Herbst als Aufforderung, in eine Region aufzubrechen, in der genau zur Zeit ihrer Ankunft wohlschmeckende (und vitaminreiche) Früchte reif sein würden – womit sie nicht minder hungrigen Tieren zuvorkommen und für den Winter vorsorgen konnten. Aus Darwin'scher Sicht ein klarer Selektionsvorteil in der Konkurrenz zwischen Mensch und Tier um Nahrung.

Wie gesagt, diese Annahmen sind zwar schlüssig, aber nicht beweisbar, weshalb die Frage nach Ursprung und Alter mesoamerikanischer Zeitrechnung umstritten ist. Denn natürlich ist es eine Sache, den Nachthimmel im Auge zu behalten und gewisse Zeichen in Form von Konstellationen irdischen Entsprechungen zuzuordnen und dahingehend zu nutzen. Eine andere ist es aber, diese Erkenntnisse in ein mathematisch und astronomisch schlüssiges System zu überführen, das langfristig anwendbar ist – und sich außerdem gemeinschaftlich auf eine kalendarische Zeiteinteilung verbindlich zu verständigen. Ersteres setzt sowohl längerfristige Beobachtungen und Aufzeichnungen als auch mathematische Fähigkeiten voraus, denkbarer Anlass für Letzteres wären Zusammenkünfte, wie sie in Mittelamerika alljährlich Anfang August stattfanden – wenn zu Jäger-und-Sammler-Zeiten größere Menschengruppen zusammenkamen, feierten und sich austauschten. Die ersten Nachweise für den *Tzolk'in* stammen aus dem 7. Jahrhundert v. Chr., aber mit gewisser Berechtigung gehen einige Forscher inzwischen davon aus, dass die Anfänge des Kalenders mindestens bis auf den Beginn der Sesshaftwerdung um 2000 v. Chr. zurückgehen oder gar bedeutend älter sind. Berechtigt ist diese Annahme deshalb, weil mit der Sesshaftwerdung wichtige Entwicklungen in Gang kommen, die ein gewisses Zeitmanagement befördern: Landwirtschaft mit der Notwendigkeit, Aussaat und Ernte zeitlich festzulegen; die Herausbildung größerer und komplexer Gesellschaften mit der Vorbedingung, genauere Zeitabsprachen treffen zu können; kollektive Rituale, die ihren zeitlichen Platz erhalten, und so weiter. Die Entwicklung von strukturierten Gemeinschaften mit zunehmender Spezialisierung verschaffte irgendwann den Schamanen die Lebensstellung als Spezialisten für alles Zeitliche. Das brachte durchaus erheblichen Statusgewinn mit sich, weil in der universell religiösen Gemeinschaft, die Zeit als eine heilige Sache ansah, der Sternen- und Zeitkundige Respekt, Prestige und Macht genoss. Für manche Forscher liegen genau hier die Ursprünge des politischen Systems der alten Maya.

Nicht minder umstritten und spannend ist die Frage, wieso der älteste Kalender *Tzolk'in* ausgerechnet 260 Tage umfasst. Denn dieser Zeitabschnitt kann auf die Zyklen weder des Mondes noch der Sonne zurückgehen und mutet uns moderne Zeitgenossen daher geradezu willkürlich an. Zumal keine andere Region außerhalb Mesoamerikas bekannt ist, die einen solchen Zyklus zur Zeitrechnung benutzt hätte. Rechnet man ein wenig, ergeben sich aber durchaus mögliche Gründe für die Präferenz der Zahl 260: Angesichts der Bedeutung von Zahlen und ihrem heiligen, magischen Charakter bei den Maya könnte die Länge des *Tzolk'in* darauf beruhen, dass die Dreizehn und die Zwanzig heilige Zahlen waren und daher ihr Produkt 260 als Zeitmaßstab herangezogen wurde. Allerdings könnte die Bedeutung der beiden Zahlen umgekehrt gerade darauf zurückgehen, dass sie im allgegenwärtigen Ritualkalender verankert sind. Dies erscheint dann als wahrscheinlicher, wenn man das Bedürfnis nach verbindlicher Zeiteinteilung als früher entstanden ansetzt als die Fortentwicklung mathematischer Fähigkeiten.

Des Weiteren entsprechen 260 Tage ungefähr der Dauer einer Schwangerschaft, die im Durchschnitt allerdings 267 Tage lang ist. Man hätte also die ungefähre Tageszahl auf die nächste durch zwanzig teilbare Zahl abgerundet. Diese These wurde von Forschern lange abgelehnt, sei es wegen dieser Ungenauigkeit oder – in allzu männlich-prüder Sicht – mit der Erklärung, Schwangerschaft als Grundlage für einen Ritualkalender sei schon wegen Trivialität auszuschließen. Dabei ist eher das gegenteilige Argument stichhaltig, dass es sich nämlich um ein sehr frühes Grundbedürfnis menschlicher Gemeinschaften handelt, den Geburtstermin einigermaßen vorauszuberechnen. Im zyklischen Verständnis des Lebens waren Geburt und Tod zweifellos auch religiös von herausragender Bedeutung. Ganz abgesehen von der leicht nachvollziehbaren Tatsache, dass den frühen Zivilisationen statistische

Werte nicht zur Verfügung standen – und ohnehin nicht einmal 5 Prozent aller Schwangerschaften den statistischen Wert von 267 Tagen Dauer treffen. Außerdem ist noch heute – und umso mehr vermutlich auch schon vor Jahrtausenden – nicht die biologische Dauer der Schwangerschaft, also von Zeugung bis Geburt, die maßgebliche Zeiteinheit, sondern die Frist zwischen der ersten ausbleibenden Menstruation und der Niederkunft. Darin machten die mesoamerikanischen Völker keine Ausnahme. Man zählte die Mondphasen ab der ausbleibenden Menstruation, wofür die sichtbare Mondphase herangezogen wurde, also jene gut 29 Tage, die zwischen zwei gleichen Mondansichten liegen. Eigentlich sind es rund 29,5 Tage, da aber die Maya weder Bruchzahlen noch Stunden kannten, dürften sie mit 29 gerechnet haben, woraus sich eine Schwangerschaftsdauer von 261 Tagen ergibt.

Weitere wertvolle Anhaltspunkte liefern die Maya der Gegenwart, die noch heute den Ritualkalender benutzen und ihn ausdrücklich der Schwangerschaft zuordnen. Wie andere Kulturen zu allen Zeiten bringen sie den überwiegend als weiblich angesehenen Mond, Menstruation und Schwangerschaft klar miteinander in Verbindung; der Mond war nicht nur die Gemahlin der Sonne, sondern auch Wachstumsgöttin und Schutzpatronin der Schwangerschaft. Als schlimmstes Omen für eine bevorstehende Geburt galt eine Mondfinsternis, denn das sorgte für Missbildungen beim Kind, gegen die man sich dann entsprechend rituell schützen musste. Die guatemaltekischen K'iche'-Maya bezeichnen noch heute das Menstruationsblut als das »Blut des Mondes« oder als »Zeichen des Mondes«. Der Mond regelt die Menstruation und sorgt, so der Volksglaube, über neun Mondphasen der Schwangerschaft für ihr Ausbleiben. Insofern ist auch schlüssig, dass nicht die Empfängnis den Beginn der Schwangerschaft markiert – zumal bekanntlich nicht jeder Geschlechtsakt eine Schwangerschaft nach sich zieht –, sondern vielmehr das Zeichen des Mondes, der die Monatsblutung ausbleiben lässt. Im Falle der Mutter unseres Maisbauern Ben war es außerdem mit einiger Wahrscheinlichkeit so, dass eben jener Tag ihrer erstmals ausbleibenden Regel bereits der *Tzolk'in*-Tag *Ben* gewesen sein könnte (wenn auch mit anderem *Haab*-Datum) und sie genau eine »Heilige Runde« später niedergekommen wäre.

Ein weiteres Erklärungsmodell bringt abermals den Mais ins Spiel, und es ist ja auch nicht allzu weit hergeholt, die universelle Bedeutung des Mais für Mesoamerika insgesamt und die Maya im Besonderen in Beziehung zum Kalender zu setzen. Tatsächlich erstreckt sich die Vegetationsphase des Mais ungefähr über neun Monate, abhängig von den jeweiligen Anbaubedingungen. Ethnologen haben herausgefunden, dass heutige Maya dreizehn Wachstumsphasen unterscheiden, vom ersten Sprössling bis zur vertrockneten Maispflanze kurz vor der Ernte. Daraus lässt sich ein Bezug zu den dreizehn Monaten des *Tzolk'in* herstellen – aber könnte nicht auch hier die Unterscheidung in dreizehn Wachstumsphasen des Hauptgetreides vom älteren Ritualkalender angeregt worden sein?

Die Länge der *Tzolk'in*-Monate von 20 Tagen und die der anderen wichtigen Einheiten (13, 7, 9) wird gelegentlich ebenfalls mit den Mondphasen erklärt, weil auch das Wort *winal* oder *winik* sich vom Wort für Mond herleitet (*u*, *uj*). Denn zwanzig Tage ist der Mond am Himmel zu sehen, bevor er ungefähr neun Tage lang dahinsiecht und schließlich unsichtbar wird. Dreizehn Tage nimmt er zu, danach sieben Tage ab bis zum letzten Viertel. Also könnte die Zwanzig ebenso gut deswegen die Tageszahl eines *winal* sein, weil der Mond zwanzig Tage am Himmel sichtbar ist, bevor er sich zum Abstieg in die Unterwelt anschickt. Neun wäre dann aus ebendiesem Grund die Zahl der Unterwelten, darin läge gleichzeitig eine Erklärung für die Bedeutung der Zahl Dreizehn, die es möglicherweise deshalb zu Ehren im Kalender – wie mit der Zahl der Himmelsschichten in die Kosmologie – geschafft hat, weil der Mond nach seinem ersten Erscheinen dreizehn Tage des Wachstums braucht, bis er voll und ganz am Himmel erkennbar ist und (im Idealfall) die Nacht mit dem meisten Licht versorgt. Bei dieser Kalkulation könnte es sich aber gut und gerne um ein Beispiel überambitionierter Rechnung nachgeborener Forscher handeln.

Und schließlich machte in der Fachwelt ein weiterer Vorschlag Furore, wie der Ritualkalender der Maya zu verstehen sei. Basiert er vielleicht auf den Zyklen der Venus, immerhin einer der drei wichtigsten Sterne der Maya-Kosmologie? Die Venus erscheint entweder als Morgen- oder als Abendstern kurz vor Sonnenaufgang oder kurz nach ihrem Untergang. Ihr Zyklus von durchschnittlich insgesamt 584 Tagen (von der Erde aus gesehen) umfasst zwei kürzere Phasen, wenn der Stern dem menschlichen Auge verborgen bleibt, weil die Sonne ihn verdeckt oder überstrahlt, während er in den übrigen rund 260 Tagen morgens oder abends sichtbar ist. Dass Himmelsbeobachter schon sehr früh auf die Venus aufmerksam wurden, liegt auf der Hand: Sie ist nach Sonne und Mond der dritthellste Himmelskörper und der hellste der Planeten; hinzu kommt, dass dieser erdnächste Himmelskörper fast wie ein Trabant der Sonne wirkt, da er sich nie allzu weit von ihr entfernt. Die Maya nannten die Venus als Morgenstern passenderweise auch »Hund des Morgens«, der der aufgehenden Sonne und dem anbrechenden Tag schon mal ein Stückchen vorausläuft, ohne sich jedoch allzu weit von ihr wegzutrauen. Die zahlreichen Namen, die ihm die Maya gaben, beispielsweise großer Stern, roter Stern oder heller Stern, belegen seine Bedeutung. Heute wissen wir, dass der angebliche Schwesterplanet ein ziemlich unwirtlicher Flecken Weltall ist: 400 Grad heiß, mit Wolken aus Schwefelsäure und unfähig, den fürs Lebendige unverzichtbaren Wasserstoff an sich zu binden.

Es ließ sich bisher nicht nachweisen, was im Fall des *Tzolk'in* das Huhn und was das Ei war, und ähnliche Fragen tauchen in der Erforschung des Maya-Kalenders immer wieder auf: Betrieb die Intelligenzia der Maya ambitionierte Astronomie und Kalenderkunde, weil sie über die nötigen mathematischen Kenntnisse dafür verfügte? Oder trieb man die mathematischen Unternehmungen so weit, um sie für Himmelskunde und Zeitmanagement nutzbar zu machen? Nach allem, was wir bisher über die Geschichte von Zeitwahrnehmung und Zeiteinteilung erfahren haben, scheint die plausibelste Reihenfolge zu sein: Neugier und der Drang nach Erklärungen und Ordnung führten wie in anderen prähistorischen Gesellschaften vergleichsweise früh zu einer einfachen Zeiteinteilung, die nach und nach anspruchsvoller wurde, weil man die zunehmend verfeinerte Himmelsbeobachtung dafür einsetzte. Damit erhöhte sich aber auch der mathematische Anspruch, weshalb sich begleitend die mathematischen Anstrengungen verstärkten und sowohl der Zeiteinteilung mittels Kalender als auch der Astronomie zugutekamen. Die Kalenderwirtschaft der Maya ist in diesem Sinne also von ihrer Entwicklung her kein Sonderfall, gleichwohl aber kulturell (also auch religiös/ideologisch und politisch) geprägt, wie das für die anderen Kalendersysteme der Menschheitsgeschichte ebenfalls gilt.

Der lückenhafte Forschungsstand zum *Tzolk'in* lässt keine unanfechtbare Schlussfolgerung hinsichtlich seiner Herkunft zu. Wenn wir aber seinen Ursprung sehr früh ansetzen, wie erhaltene Kalenderhölzer von anderswo nahelegen, können wir mutmaßen, wie er sich entwickelt haben könnte: Falls lange vor der Sesshaftwerdung Vorformen von Kalenderaufzeichnungen erstellt wurden, ist wahrscheinlich, dass es sich um Dokumentationen von Mondphasen handelte – und gut möglich, dass man sich daran zur Schwangerschaftsbegleitung orientierte. Das würde auch erklären, wieso der 260-Tage-Zyklus unabhängig vom Sonnenjahr abläuft. Möglicherweise liegen hier auch die Grundlagen für die Mathematik der Maya, das heißt in der Unterteilung des Zyklus in Hand-und-Fuß-kompatible Zählportionen zu je 20 Tagen und der Bedeutung der Zahl Dreizehn als zweitem Faktor. Die Einheit von »Realwelt« und ihrer kosmologischen Deutung verschaffte diesem ersten Maya-Kalender eine religiöse Tiefe und rituelle Bedeutung, die in den folgenden Jahrhunderten eher zu- als abnahm.

Mit Sesshaftigkeit und beginnender Landwirtschaft kam aufgrund der Saisonabhängigkeit des Ackerbaus der Sonnenkalender *Haab* hinzu, während der *Tzolk'in* seine religiöse Stellung behauptete. Mit der erfolgreichen Kultivierung der Maispflanze und ihrer Wertschätzung für den raschen Aufstieg der Völker Mesoamerikas lag es nahe, ihre Wachstumsphase mit der längst als heilig angesehenen 260-Tage-Periode des *Tzolk'in* in Verbindung zu bringen. In einer solchen Entwicklung käme die astronomische Bedeutung allerdings erheblich später – bedingt durch die mystische Sicht von Kalendermathematik und Zeitzyklen, aus der ein Drang hervorging, Zyklen miteinander in Beziehung zu setzen sowie neue Zyklen zu finden und kalendarisch zu dokumentieren. Das ging einher mit der sozialen und politischen Entwicklung der Maya zu einer komplexen Gesellschaft mit dem Regierungssystem der Gottkönige, einer städtischen Elite und einer Kaste von Intellektuellen, die für Himmelsschau und Kalenderarithmetik abgestellt wurden. Ihre Arbeit wiederum diente den Herrschern als Machtinstrument, sowohl politisch als auch religiös.

### *Mit Händen und Füßen rechnen für die Ewigkeit*

Bei der Angabe von Bens Geburtstag fehlt ein uns unverzichtbar erscheinender Aspekt, nämlich die Verortung des Tages in einer Langzeitchronologie, also eine Art Jahreszählung. Auch wenn eine solche Ben wohl kaum geläufig war, lässt sich sein Geburtstag auch chronologisch exakt positionieren und entsprechend mit einem Datum der christlichen Zeitrechnung wiedergeben – beziehungsweise umgekehrt, weil Ben eine fiktive Gestalt ist und wir seinen Geburtstag zugegebenermaßen nach den Zwecken dieses Buches ausgerichtet haben. In ihrer Akribie bei allem, was mit der Zeit und ihrer Ordnung zu tun hat, sorgten die Maya für eine kalendarische Genauigkeit, die einen Julius Caesar vielleicht noch mehr beeindruckt und für seine Kalenderreform inspiriert hätte als die ägyptische, hätte der römische Feldherr die Gelegenheit gehabt, Mittelamerika zu besuchen. Allerdings werden wir noch feststellen können, dass diese Genauigkeit keineswegs unbestechlich war.

Die Langzeitchronologie der Maya war zur Lebenszeit von Bauer Ben vermutlich eine noch junge Errungenschaft. Sie bezieht sich, wie andere auch, auf die Erschaffung der Welt, im Falle der Maya die Erschaffung der gegenwärtigen, die nach gängiger Umrechnung auf den 13. August des Jahres 3114 v. Chr. fällt. Dieser Tag hieß in der Datierung von *Tzolk'in* und *Haab* 4 *Ajaw* 8 *Kumk'u*. Der jüdische Kalender mit seinem Schöpfungsdatum 7. Oktober 3761 v. Chr. ist davon nur ein gutes halbes Jahrtausend entfernt.

Das genaue Datum, anhand dessen sich Bens Geburtstag in unseren Kalender umrechnen lässt, wäre nach dieser Rechnung 7.14.7.12.13 – der 1. Januar 70 v. Chr. nach dem julianischen Kalender, der zu jener Zeit in Rom aber noch gar nicht eingeführt war. Um der Langen Zählung auf die Schliche zu kommen, müssen wir allerdings einen kleinen Ausflug in die Rechenkunst der Maya wagen.

Im Unterschied zu unserem heutigen Dezimalsystem rechneten die Maya nicht nur mit den zehn Fingern ihrer beiden Hände, sondern nahmen sprichwörtlich die Füße hinzu. Daher beruht ihre Mathematik auf dem Vigesimalsystem (viginti = lat. zwanzig). Und so wie wir bei der Schreibung von größeren Zahlen die Zif-

Bens Geburtstag in Maya-Schrift

fern von null bis neun in mehreren Stellen einfach nebeneinandersetzen, weil unser Zahlensystem von rechts nach links in Zehnerschritten aufsteigt, gingen auch die Maya vor. Sie schrieben vom Prinzip her ähnlich, nur dass nicht Zehner-, sondern Zwanzigerschritte überwunden werden. Maya-Zahlen werden daher mit Punkten zwischen den einzelnen Stellen wiedergegeben, wenn sie in arabischen Zahlen dargestellt werden, da andernfalls das Ergebnis durcheinandergeriete, weil wir nahezu unheilbar auf Dezimalzahlen geeicht sind. Beispielsweise hatte die südkoreanische Hauptstadt Seoul im Jahr 2007 nach behördlicher Zählung und im Dezimalsystem ausgedrückt 10 421 782 Einwohner. Geschrieben nach dem Vigesimalsystem der Maya, das im Übrigen nicht nur in Mesoamerika, sondern auch in anderen Weltgegenden angewandt wurde, hatte Seoul im Jahr 2007 3.5.2.14.9.2 Einwohner:

| Einheit | Wert | | Vielfaches | | Dezimalwert |
|---|---|---|---|---|---|
| $20^5$ | 3 200 000 | × | 3 | = | 9 600 000 |
| $20^4$ | 160 000 | × | 5 | = | 800 000 |
| $20^3$ | 8000 | × | 2 | = | 16 000 |
| $20^2$ | 400 | × | 14 | = | 5 600 |
| $20^1$ | 20 | × | 9 | = | 180 |
| $20^0$ | 1 | × | 2 | = | 2 |
| | | | **3.5.2.14.9.2** | **=** | **10 421 782** |

Die Eckzahlen des Vigesimalsystems, also die Zahl 20 und ihre Potenzen 400, 8000, 160 000, 3 200 000, 64 000 000 und so weiter hatten eigene Namen, von denen viele einen direkten Bezug zu Handel und Wirtschaft aufweisen. Kein Wunder also, dass sich die wichtige Zahl 20 außer als Grundheinheit des Zählsystems der Maya auch in ihrem Kalender wiederfindet und das Wort *winal* (oder *winik*) nicht nur »zwanzig« bedeutet, sondern auch »Mensch«, der erst mit zehn Fingern *und* zehn Zehen komplett ist.

Allerdings schrieben die Maya ihre Zahlen ganz anders, da sie natürlich die arabischen Ziffern nicht kannten – die zur Zeit des Bauern Ben die Römer ihrerseits ebenso wenig benutzten. Die Maya wandten ein sehr einfaches Prinzip an: Von eins bis vier wurden die Zahlen mit der entsprechenden Anzahl Punkte ausgedrückt, die Fünf hingegen mit einem Strich. Die Striche wurden entweder nebeneinander oder untereinander gesetzt, die Punkte links daneben oder darüber – je nachdem als Punktreihe oder Punktsäule. Größere Zahlen standen paarweise übereinander, bildeten also zwei Spalten, und zwar von oben nach unten in absteigender Wertigkeit. Und da der höchste Nennwert einer Position 20 war, kamen in einer »Ziffer« niemals mehr als vier Punkte oder Balken vor. Die oben bemühte Einwohnerzahl von Seoul lautet in Maya-Zahlen geschrieben daher wie folgt:

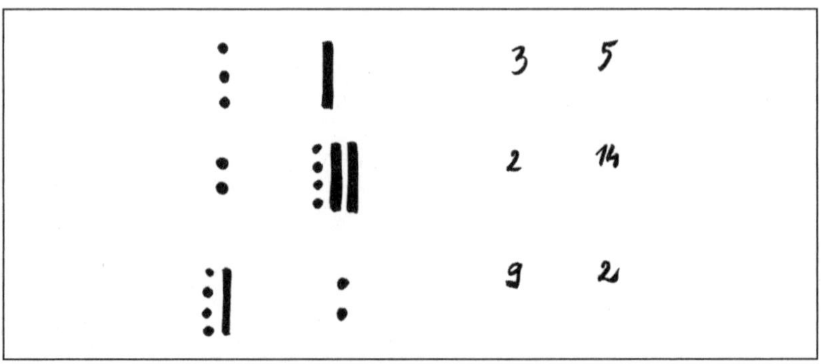

Zahlen ließen sich aber auch als sogenannte Kopfglyphen schreiben, die zum Beispiel so aussehen konnten:

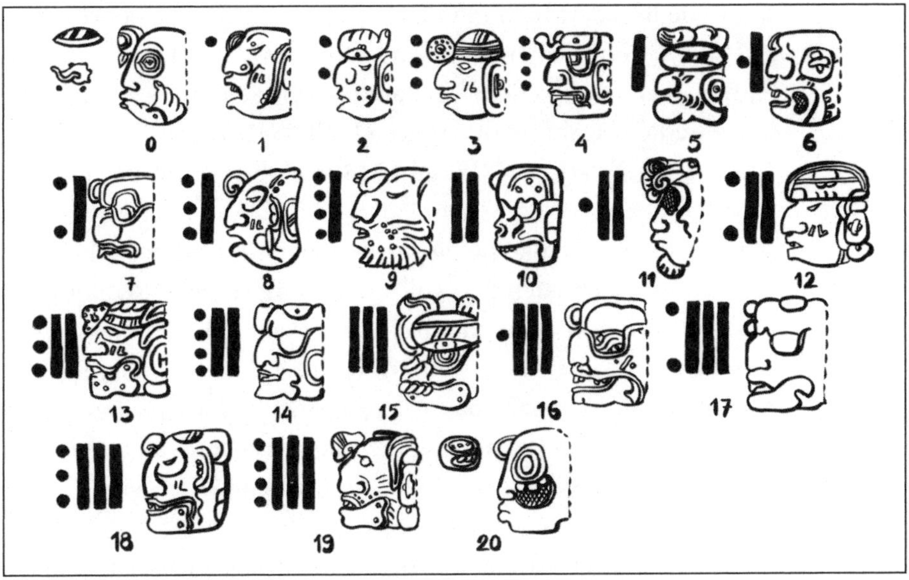


Da größere Zahlen in der beschriebenen Form des Positionssystems ausgedrückt wurden, reichten die beiden Zeichen völlig aus, um selbst mit extrem großen Zahlen umzugehen und komplizierte Rechnungen vorzunehmen und abzubilden – theoretisch konnte die Rechnung bis ins Unendliche gehen. Dieses Stellenwert- oder Positionssystem, wie es die Mathematiker nennen und wie es uns im Dezimalsystem in Fleisch und Blut übergegangen ist, erleichtert das Rechnen enorm – die Römer und Griechen verwendeten dagegen das Additivsystem, was den Umgang und das Rechnen umso schwieriger macht, je größer die Zahlen sind. Zur selben Zeit, zu der man in Rom also noch große Mühen im Rechnen mit großen Zahlen hatte, nutzten die Maya bereits das viel bequemere und praktischere Positionssystem.

Beim Additivsystem berechnet sich der Wert einer Zahl durch die Summe ihrer Ziffern: Während also die Jahreszahl der Gründung Roms 753 (v. Chr.) im dezimalen Stellenwertsystem in Worten siebenhundertdreiundfünfzig lautet, ergäben die *nebeneinandergestellten* Ziffern Sieben, Fünf und Drei (VII, V, III in römischen Ziffern) nach römischem Verständnis Fünfzehn (7 + 5 + 3). Die korrekte Jahreszahl heißt dagegen DCCLIII: D (500) + CC (2 × 100) + L (50) + III (3 × 1) ergibt 753 in arabischen Ziffern.

Abgesehen von der behäbigen Art der Zahlendarstellung kannten die Römer auch keine Null – im Gegensatz zu den Maya, deren fleißiger Gebrauch der Null – unabdingbar beim Rechnen mit einem Positionssystem – der früheste bekannte in der Geschichte überhaupt ist. Die Maya stellten sie unter anderem als stilisierte Muschel oder Schnecke dar. Allerdings ist in der Forschung heiß umstritten, welche Vorstellung die Maya von der Null hatten und ob sie sie nicht womöglich in einem etwas anderen Sinn verstanden, als er uns heute so geläufig ist.

Ebenfalls im Unterschied zu den Römern kannten die Maya keine Brüche und darüber hinaus auch keine negativen Zahlen. Dass Brüche unbekannt waren, erklärt die Entstehung enorm großer Zeiteinheiten, um verschiedene Zyklen übereinzubekommen – indem man das kleinste gemeinsame Vielfache suchte. Unklar ist allerdings, ob die Maya tatsächlich multiplizierten (3 × 15 = 45) oder ob sie eine Multiplikation als Addition vornahmen (15 + 15 + 15 = 45), denn für die Rechenpraxis fehlt die Überlieferung, da das wenige Erhaltene nur die Ergebnisse abbildet.

Die Lange Zählung des Maya-Kalenders beruhte als arithmetische Übung auf demselben Prinzip der Vigesimalrechnung. Die unendliche Anzahl von Tagen, ob vor oder nach der letzten Schöpfung, wurde in handliche Päckchen unterteilt, die mit einer Ausnahme auf der Grundzahl 20 beruhen und wie im beschriebenen Positionssystem notiert wurden. Die nächsthöhere Einheit nach dem Tag *k'in* haben wir bereits genannt, den unserem Monat vergleichbaren *winal* von 20 *k'in*. Auf der dritten Stelle jedoch durchbricht das Kalendersystem die 20er-Regel, weil nur 18 *winal* zu einem *tun* zusammengefasst werden – also einem Bündel von 360 Tagen. Hier wurde die 20er-Stufe vermutlich deshalb missachtet, weil 360 Tage näher am tatsächlichen Sonnenjahr sind als 400. Das führte zu mathematischen Unstimmigkeiten im Vergleich zu Zahlenangaben des reinen Vigesimalsystems. (Andere jedoch rechnen ambitionierter: Danach hängt dieser Sonderfall mit der Kalenderrunde zusammen, die damit in Beziehung gesetzt werden konnte zu den Umlaufzeiten der fünf sichtbaren Planeten.) Verwirrend ist außerdem, dass ein *tun* eben nicht dem angenäherten Sonnenjahr *Haab* entspricht, sondern den Zusatzmonat *wayeb* am Jahresende übergeht.

Dafür folgen die nächsten Stellen der Langen Zählung jeweils wieder im 20er-Rhythmus: 20 *tun* sind 1 *k'atun*, 20 *k'atun* ein *bak'tun*, 20 *bak'tun* ein *piktun*, 20 *piktun* ein *kalabtun*, 20 *kalabtun* ein *kinchiltun* und 20 *kinchiltun* ein *alawtun*. Die Bezeichnungen für größere Zeiteinheiten gehen auf Zahlworte des Yucatán der Kolonialzeit zurück; für die klassische Zeit der Maya sind bisher nur die Begriffe *k'in*, *winal* und *tun* nachweisbar. Einen *k'atun* nannten die Maya vermutlich *winik-haab*, also zwanzig *haab*, so neuere Vermutungen.

Bei einem *alawtun* wären wir bei genau 23 Milliarden und 40 Millionen Tagen angekommen, nach Dezimalnotation: 23 040 000 000 Tage, im Vigesimalsystem der Maya geschrieben wären das 18.0.0.0.0.0.0.0 oder $18 \times 20^7$ Tage. In die uns vertraute Zeiteinheit umgerechnet ergibt sich immer noch ein ganz hübsches Sümmchen Zeit: knapp 63 123 288 Jahre. Die größte chronologische Rechnung, die bei den Maya nachweisbar ist, beläuft sich gar auf $20^{21}$ *tun*, also mehr als zwei Quadrilliarden *tun* (eine Quadrilliarde ist im Dezimalsystem eine 10 mit 27 Nullen: $10^{27}$) Solche Zahlen sind uns heute allenfalls aus Onkel Dagoberts Geldspeicher bekannt.

Von oben nach unten paarweise: *bak'tun, k'atun, tun, winal, k'in*

Gleichwohl bewegen sich die Datierungen der alten Maya im Allgemeinen in vergleichsweise überschaubaren Zeiträumen, die nur selten auf die Zeit vor der derzeitigen Schöpfung im Jahr 3114 v. Chr. zurückgehen, dem Tag 0(13).0.0.0.0 4 *Ajaw* 8 *Kumk'u*; die mit dem Kalender befassten Mayanisten müssen also nicht dauerhaft verzweifeln. Trotzdem ergibt sich aus den Zutaten der Langen Zählung mit fünf Positionen und der Platzierung in *Haab* und *Tzolk'in*, dass ein Datum dieser Angabe sich erst nach rund 375 000 Jahren wiederholen kann. Das Datum von Bens Stadtbesuch am 1. Januar 45 v. Chr. gemäß julianischem Kalender lautet in der Rechnung der Langen Zählung des Maya-Kalenders 7.15.13.1.4 4 *K'an* 17 *Yaxk'in*. Das bedeutet, dass bis zu diesem Tag 7 *bak'tun*, 15 *k'atun*, 13 *tun*, 1 *winal* und 4 *k'in* seit der letzten Schöpfung verstrichen sind und dass dieser Tag im *Tzolk'in* 4 *K'an* sowie im *Haab* 17 *Yaxk'in* heißt. Anders ausgedrückt, sind seit der großen Null über 3113 *tun* oder 1 120 704 Tage oder 7.0.1.15.4 *k'in* ins Land gegangen.

Vom Anbeginn der Kalenderwirtschaft zur besseren Schwangerschaftsbegleitung haben die Maya einen langen Weg zurückgelegt, der neben *Tzolk'in*, *Haab* und Langer Zählung viele weitere Zyklen hervorgebracht hat. Zu den wichtigsten davon gehört neben der Kalenderrunde der Zyklus der 819 Tage. In diesem Zyklus wurden beispielsweise Ämterwechsel vollzogen. Seine Herkunft ist noch ungeklärt, zumal er auf keinen augenfällig nachvollziehbaren astronomischen Rhythmus zurückgeht. Allenfalls mit viel Fleiß lassen sich arithmetische Beziehungen zu den Umlaufzeiten der Planeten Saturn und Jupiter herstellen. Mathematisch kann die Zahl eher hergeleitet werden, denn 819 ist das Produkt der bei den Maya wichtigen Zahlen Neun, Sieben und Dreizehn: Neun Herren der Unterwelt, dreizehn Herren des Himmels beziehungsweise Himmelszonen – wichtige Sterne beanspruchten eine solche ganz für sich allein – sowie möglicherweise sieben Herren der Erde zählt die Maya-Kosmologie. In diesem Zyklus hätte man somit alle Schichten der drei Welten zusammengebracht. Viermal wiederholt, also auf 3276 Tage oder 8.3.16 *k'in* erweitert, wurden außerdem die vier Himmelsrichtungen einbezogen, die in der Maya-Kosmologie eine wichtige Rolle spielen. Zuständig für diesen Zyklus als Ganzes war der Gott *Kawiil*, der dafür in vier farblich passenden Erscheinungen auftrat. Man könnte sich vorstellen, dass zum Zweck eines Zeitabschnitts bestimmter Länge die Kalenderpriester eine Rechnung auftaten, die kosmologisch stubenrein ist und dem gewünschten Zeitabschnitt die passende arithmetisch-religiöse Weihe verleiht – nach dem berühmten Designprinzip »form follows function«. Das würde auch erklären, warum die Maya in solchen beziehungsreichen, numerologisch vieldeutigen Zyklen regelrecht schwelgten.

Weitere Zyklen gab das System der Langen Zählung mit seinen Zeitbündeln vor, deren Ende oder besser gesagt: Vollendung gefeiert wurde. Insbesondere der *k'atun* eignete sich vortrefflich: Alle knapp zwanzig Jahre begangen war der Zyklus lange genug, um dem Zeitpunkt seiner Vollendung freudig entgegenzusehen, andererseits waren zwei Jahrzehnte gerade so lang, dass jeder erwarten durfte, wenigstens zwei dieser Feste mitzuerleben. Es gab also auch praktische Gründe, warum die *k'atun*-Enden zu den wichtigsten Kalenderfeiern überhaupt wurden. Für die Herrscher waren die *k'atun*-Feste eine willkommene Gelegenheit, ihre Verdienste feiern und in Inschriften verewigen zu lassen, neue Tempel einzuweihen und dabei besonders spektakuläre Opferriten abzuhalten. Einer Theorie zufolge stammt der Brauch ursprünglich aus Teotihuacán und wurde wie vieles andere aus Zentralmexiko »mayanisiert«.

Ein erheblich längerer Zeitabschnitt war das Bündel von 13 *k'atun* oder 260 *tun*, *may* genannt, dessen Vollendung als besonders geheiligter Zeitabschnitt würdig begangen wurde. Möglich, dass er auch politisch große Bedeutung hatte und von *may* zu *may* im

Rotationsprinzip eine Art regionaler Oberherrschaft von Stadt zu Stadt weitergegeben wurde.

Weitere Zyklen waren der neuntägige Zyklus der »Herren der Nacht« und die seltenere Sieben-Tage-Zählung, über deren Herkunft spekuliert wird. Vielleicht ist sie nichts weiter als eine gefällige Untereinheit des in Faktoren zerlegten 819-Tage-Zyklus. Daneben konnte jeder beliebige Tag entsprechend seines Mondstatus, dessen Struktur aber noch nicht befriedigend entschlüsselt werden konnte, der Position der Venus sowie anderer Planeten verortet werden. So entstand ein komplexes Zeitgewebe, das zu durchdringen und kundig zu deuten die nicht geringe Aufgabe der Kalenderpriester war.

Über unseren Ausführungen haben wir Ben fast vergessen, der seiner besinnlichen Morgenminute längst überdrüssig geworden ist und sich aufgemacht hat in die Stadt, um auf dem Markt den Ernteüberschuss gegen Dinge einzutauschen, die er nicht selbst produziert – vielleicht Baumwolle, die in der Region angebaut wird. Hoffen wir, dass er auch ein paar Kakaobohnen einpacken kann, denn sie dienen in der gesamten Region als Zahlungsmittel, das sich gegen alles eintauschen lässt, was man benötigt. Mithilfe seiner Frau, die besser rechnen kann, hat Ben am Abend ein paar Kakaobohnen abgezweigt und dabei darauf geachtet, dass kein »Falschgeld« darunter ist, da ihm ein reisender Händler beim letzten Geschäft unter vorgetäuschter Eile falsche Kakaobohnen aus Lehm angedreht hat.

Mit der Stadt Cerros wird Bauer Ben einen Mikrokosmos betreten, das Abbild des Universums in Stadtanlage und Architektur und damit sichtbarer Ausdruck des Bemühens, in Harmonie mit dem Kosmos und der Götterwelt zu leben. Das Zentrum der neu errichteten Stadt ist wie die Erde von Wasser umgeben – im Norden von der Bucht von Chetumal, im Süden von einem künstlich angelegten Kanal. Wenn Ben sich nach dem Weg zu dem großen Platz erkundigt, um dort das spektakuläre Ritual verfolgen zu können, wird er ein Wort benutzen, das außer Platz auch Meer oder See bedeutet. Die großen Pyramiden im Zeremonialbezirk versinnbildlichen die heiligen Berge, in denen die Toten wohnen und die den Zugang zur Unterwelt darstellen.

Schwer zu sagen, wie weit die Bauarbeiten der riesigen Gebäude am Tag von Bens Stadtbesuch bereits gediehen sind, aber wir wollen annehmen, dass der erste Tempel bereits fertiggestellt ist und die Anlage der schnurgeraden Straße, die von dort nach Süden verläuft, zumindest erkennbar. Auf Besucher wie Bewohner der Stadt wird nicht sonderlich befremdlich wirken, dass vor ein paar Jahren das wenige, das dort gestanden hat, restlos niedergerissen wurde, um auf den Trümmern ganz neu zu bauen. Denn auch dies entspricht der zyklischen Wahrnehmung der Maya und ihrer Vorstellung von einer Abfolge von Schöpfungen, die jeweils aus der Zerstörung der vorangegangenen erwuchsen. Ganz ähnlich wurden bestehende Pyramiden und Tempel über die Jahrhunderte immer wieder überbaut.

Voller Ehrfurcht wird Ben den neuen Tempel bestaunen, dessen Bau gerade abgeschlossen wurde – wie anderthalb Jahrtausende später ein böhmischer Gerstenbauer anlässlich einer Reise nach Prag den prächtigen Veitsdom bewundert haben dürfte –, und sich erinnern, dass dort noch vor wenigen Jahren einfache Fischerhütten standen. Das Ritualspektakel, das sich vor den Augen der Menschen auf der Tempelplattform abspielt, ist im Kern nichts anderes als die bescheidenen Opfer, die Ben an bestimmten Tagen vollzieht, um für das Wohlergehen seiner Familie und eine einträgliche Ernte zu sorgen.

Natürlich ist das königliche Opferritual ungleich prächtiger, zumal ihm für alle Menschen im Machtbereich des Herrschers Bedeutung zukommt. Denn stellvertretend für Ben und andere tritt der Gottkönig mit seinen Vorfahren und den Göttern in Verbindung, und dieser direkte Draht steht Leuten wie Ben eben nicht zur Verfügung. Während die Rolle des Familienvaters als desjenigen, der seine Sippe ins Übernatürliche absichert, weit zurückgeht, noch bevor in Mittelamerika feste Siedlungen gegründet wurden, ist der König als oberster Zeremonienmeister vermutlich eine vergleichsweise neue Erfindung und eine Weiterentwicklung der uralten Einrichtung des Schamanen.

Aus der Sicht der Herrschenden in der Welt der alten Maya haben wir dem Bauern Ben entschieden zu viel Platz eingeräumt. Sie würden berechtigterweise einwenden, allzu viel habe Ben von der anspruchsvollen Kalenderwirtschaft seiner Kultur ohnehin nicht verstanden und nicht einmal vernünftig lesen können. Das trifft zweifellos zu: Als Mitglied des »gemeinen Volkes« war Ben nicht in der Lage, Hieroglyphen wirklich lesen zu können. Und für die Feinheiten des Kalenders brauchte er die Hilfe eines Fachmanns, eines Eingeweihten, eines Schamanen oder Kalenderpriesters, der mit nichts anderem beschäftigt war, als die Geheimnisse des Kalenders auszuloten, Berechnungen anzustellen und Menschen wie Ben – für die ein oder andere Kakaobohne Bezahlung, versteht sich – Tipps zu geben, was an welchem Tag zu tun oder zu lassen sei. Auf diese Weise verdienen sich noch heute Kalenderkundige in traditionellen Maya-Siedlungen ein Zubrot.

Das einfache Volk kommt in den überlieferten Texten und Darstellungen der alten Maya nicht vor, denn die historischen Aufzeichnungen ihrer Chronisten künden von den Heldentaten der Mächtigen und den Launen der Götter. Zwar bemühen sich die Forscher nach Kräften, aus archäologischen Funden, allerlei chemischen oder archäobotanischen Untersuchungen und Analogieschlüssen mit vergleichbaren Kulturen zu Aussagen über die Lebensbedingungen des einfachen Volkes zu gelangen, aber dieses mühselige Geschäft wäre bedeutend ergiebiger, wenn es durch

Erkenntnisse aus zeitgenössischen Schriftquellen ergänzt werden könnte.

Die Gottkönige aber hielten die Macht in Händen, legitimiert durch ihre göttliche Abstammung, ihre Auserwähltheit – und insbesondere durch den Umgang mit der Zeit und der Aufsicht über den Kalender. Die Maya stellen zwar strukturell keinen kalendarischen Sonderfall dar, weil ihr Umgang mit Zeitmessung und Zeitverwaltung wie in anderen Kulturen religiös und politisch geprägt war und der Kalender damit ein Instrument politischer Machtausübung und religiöser Gepflogenheiten. Besonders ist bei ihnen aber, wie ausgeprägt dieser Hauptaspekt zutage tritt – bedingt durch die immense Bedeutung, die der Zeit beigemessen wurde.

### *Königliches Rendezvous mit Sonne und Venus*

Der für uns bedauerlicherweise namenlose Herrscher, der zur Zeit des Stadtausflugs von Bauer Ben über Cerros und ein nicht mehr genau zu bestimmendes Einzugsgebiet regierte, war zuständig für die Kontaktaufnahme mit seinen Vorfahren, die nach Auffassung der Maya nach ihrem Tod göttlichen Status erlangt hatten, und den anderen großen und kleinen Göttern des Maya-Pantheons. Stellen wir uns vor, dass Ben in der erwartungsvollen Menge, die auf den Beginn der Zeremonie wartet, einen günstigen Platz ergattern konnte. Er steht nah genug, um den König, seine Familie und seine Priester auf der Tempelplattform erkennen zu können, aber auch weit genug entfernt, um den bunten Fassadenschmuck der eindrucksvollen Freitreppe auf sich wirken zu lassen und das Wasser der Bucht direkt dahinter glitzern zu sehen. Fast wie die Erde auf dem Urmeer schwimmt vor seinen gläubigen Augen der Tempel auf dem Wasser. Dieser erste Tempelbau von Cerros ist beileibe nicht der erste Tempel Mittelamerikas, denn solche Bauten errichteten schon die Olmeken. Neu ist dagegen das künstlerische Konzept, das die Tempelstufen ziert und das Selbstverständnis des Herrschers ausdrückt, der sich, noch vor den Augen der ungeduldigen Zuschauer verborgen, in einer diskreten Kammer auf das Ritual vorbereitet. Vier große, jeweils sechs Meter breite und über zwei Meter hohe Stuckmasken prangen neben den Stufen zur Plattform, und vielleicht weiß Ben, dass es sich um Darstellungen von Sonne und Venus handelt. Vielleicht steht auch zufällig ein Neunmalkluger neben ihm, der ihn darüber aufklärt – Städter zeigten Landeiern vermutlich auch früher schon, dass sie ihre Stadt in- und auswendig kennen. Da die Rückseite des rechteckigen Gebäudes nach Norden ausgerichtet ist, passt die Darstellung der rechten untersten Stuckmaske zur östlichen Position – der Fries an der Freitreppe zeigt die aufgehende Sonne, für Ben durchaus erkennbar an dem Sonnenzeichen, das häufig zu sehen ist und wie das Wort *k'in* gleichzeitig den Lichtspender und den Tag meint, der sich ihm verdankt. Die korrespondierende Stuckmaske links oder westlich der Stufe zeigt ebenfalls die Sonne, aber auf dem abendlichen Weg zu ihrer nächtlichen Reise durch die Unterwelt *Xibalba*. Über diesen zwei Darstellungen von Sonnenauf- und -untergang sind hinter einer Zwischenplattform zwei weitere zu sehen, diesmal Abbildungen der Venus – links, über der untergehenden Sonne, als Abendstern, auf der gegenüberliegenden Seite als Morgenstern.

In dieser Kulisse, auf den Stufen der gewaltigen Freitreppe, wird das öffentliche Ritual stattfinden, das der König als politischer und geistlicher Führer seines kleinen Stadtstaates vor aller Augen vollzieht. Verschiedene Anlässe dafür wären denkbar, eine Geburt oder ein Todesfall im Königshaus, ein Sieg über einen Kriegsgegner, eine Krönung oder die Initiation eines herangewachsenen Prinzen – in jedem Fall für einen Tag anberaumt, den die Kalenderpriester für günstig befunden haben. Was auch immer der Anlass gewesen sein könnte: Ein *k'atun*-Ende kommt nicht infrage, weil wir uns mitten in einem Zyklus befinden. Das nächste steht erst in 2496 oder 6.4.16 Tagen an, lässt also noch fast sieben Jahre auf sich warten. Für die meisten Anwesenden dürfte trotzdem feststehen, dass sie spätestens an diesem Tag wieder hier stehen werden, sofern es ihnen möglich ist.

Im heutigen Belize kann man diesen Tempel noch immer bewundern – ramponiert zwar, aber gleichwohl nicht zuletzt aufgrund der Lage unmittelbar am Meer und der ein wenig disproportionierten riesigen Freitreppe noch immer höchst eindrucksvoll. Die Maya-Forscher Linda Schele und David Freidel haben akribisch rekonstruiert, was sich dort abgespielt haben muss: Während die Menge vor dem Tempel auf den Beginn des Spektakels wartet, bereitet sich der König im Inneren auf seinen Auftritt vor. Von dort nimmt er denselben Weg wie die Sonne, entgegen dem Uhrzeigersinn in einem großen Bogen von Ost nach West, bevor er im Tempeleingang auftaucht. Zuvor hat er in seinem verschwiegenen Gemach das Blutritual vollzogen, indem er sich mit einem Rochenstachel Blut abzapfte, vermutlich auf besonders schmerzhafte Weise das besonders kostbare vom eigenen Penis. Vielleicht halfen vorangegangene Fastentage sowie Substanzen, den infolge des Blutverlustes eintretenden Trancezustand noch zu verstärken; sicherlich trugen eine religiöse Hochstimmung und der verinnerlichte Status der Auserwähltheit dazu bei. Beseelt und entrückt, mutmaßlich gestützt von seinen Priestern, weil Verzückung und Schmerz gar zu groß waren, zeigt sich der König dann seinem Volk, inmitten der Kräfte des Kosmos in Gestalt von Sonne und Venus. Das wähnt sich in dem Bewusstsein, ihr oberster irdischer Vertreter habe Kontakt zur Götterwelt aufgenommen, komme also seiner vornehmsten Aufgabe nach.

Das blaublütige Ritual erfüllte einen doppelten Zweck: Es nährte die Götter und ließ gleichzeitig den König per Trance mit ihnen in Verbindung treten. Das erst berechtigte den Herrscher, so erhaben über allem Irdischen zu thronen und von der schweißtreibenden Arbeit seines Volkes zu leben: Kommunikator zu sein zwischen Götter- und Menschenwelt, mithin das Medium, das das Wohlergehen der Menschen sichert, weil es die Götter befriedet, die ihrerseits Regen schicken und Stürme umleiten, die Gesundheit senden und Unbill verhindern. Kein wichtiges Kalenderdatum verstrich ohne die Ausführung des passenden Blutrituals, und vermutlich wurde es ganz besonders inbrünstig ausgeführt, wenn damit drohendes Unheil abgewendet werden sollte, weil der Kalender und seine Hüter Gefahr anzeigten. Dann galt es, das kalendarisch vorbestimmte Unheil durch Ritual und Opfer abzumildern, so weit es in den Kräften der Zuständigen und der Gnade der Götter lag.

Für das vermeintlich friedliebende Volk der Maya galt lange Zeit als ausgemacht, dass ihr Umgang mit der Zeit ausschließlich religiös geprägt war und der Kalender darin mehr oder weniger reiner Selbstzweck und religiös aufgeladen. Demnach wäre das meiste von dem, was wir bereits aus der Geschichte der Zeitrechnung anderer Völker lernen konnten, nicht anwendbar gewesen auf die verschlungenen Kalenderzyklen des mittelamerikanischen Volkes mit seiner manischen Kalenderarithmetik.

Aber die Entzifferung der Maya-Schrift hat an den Tag gebracht, dass die Maya eitle, sich an die Macht klammernde Könige ebenso besaßen wie sie untereinander Kriege führten. Wie die Fürsten anderswo ließen sie ihre Heldentaten aufzeichnen, gelegentlich prahlerisch und häufig das Negative auslassend, und versetzten sie in Stimmigkeit mit der heiligen Zeit, indem sie Bezüge zu anderen Ereignissen und ihren Kalenderdaten herstellten. Dazu diente ihnen ihr komplexes Kalenderwesen.

Verbunden mit einem Paradigmenwandel – nämlich die Hochkultur der Maya nicht mehr als kalenderfrommes Priestervolk anzusehen, sondern als Staatengebilde der historischen Frühzeit wie andere auch und ausgestattet mit Besonderheiten ebenso wie mit übergreifenden, auch in anderen frühen Kulturen nachweisbaren Eigenschaften – erfahren die Erkenntnisse über die Bedeutung des Kalenders eine Überprüfung. Dieser Prozess ist ebenso wenig abgeschlossen wie die Erforschung der Maya-Geschichte insgesamt; diese ist noch in vollem Gang, denn die Quellenbasis kann durch Neufunde und weitere Entzifferungen stetig verbreitert werden.

Darüber, dass die Gottkönige der Maya sich auf die Religion beriefen, um ihre Macht zu legitimieren, herrscht bei den Mayanisten aller Forschungsrichtungen Einigkeit. Die US-amerikanische Anthropologin Prudence Rice geht aber noch weiter und befindet, die eigentliche Machtgrundlage der Herrscher sei der Zugriff auf die heilige Zeit mittels der Kontrolle über den Kalender und seine Anwendung und Interpretation gewesen. Im Kern habe ihre Vorrangstellung nicht auf wirtschaftlicher Stärke oder ihren militärischen Fähigkeiten basiert, auch nicht hauptsächlich auf ihrer beanspruchten Verwandtschaft mit den Göttern. Wenn das zutrifft, dann hätte die Maya-Forschung einen wichtigen Schritt nur unvollständig getan: Zwar steht gemeinhin außer Frage, dass die Maya zeit- und kalenderbesessen waren – die Überreste ihrer Hochkultur lassen gar keinen anderen Schluss zu –, doch die Kontrolle über die Zeit als Herzstück aller Herrschaft anzusehen, dem alles andere erst nachfolgte, so weit war man in der Einschätzung bislang nicht gegangen. Prudence Rice macht diesen Schritt und sagt, die Zeit, wie die Maya sie wahrnahmen, sei nicht nur ein Abbild der kosmischen Ordnung, sondern kosmische Grundlage für die menschliche Ordnung und die Rechtfertigung von politischer Macht gewesen: »Die Zeit selbst war der göttliche Herrscher; die Menschen jedoch nichts weiter als ihre sterblichen und weltlichen

Hüter.« Sie liest das *Popol Vuh* sogar als eine Allegorie über die Entwicklung von *Tzolk'in* und *Haab*.

In der Tat: Der Gottkönig als stolzer Abkömmling der Sonne brauchte und nutzte die religiösen Zeitvorstellungen und ihren Niederschlag in Form der stets präsenten Kalenderwirtschaft als Machtbasis. Dass Zeitrechnung und Kalender Herrschaftsinstrumente sind, haben wir bereits an vielen Beispielen bis ins 20. Jahrhundert hinein nachvollziehen können. Mancher Forscher bezeichnet den Kalender gar als eines der effektivsten Machtinstrumente überhaupt. Warum sollten die klassischen Maya hier eine Ausnahme bilden? Noch dazu, als die enorme religiöse Befrachtung alles Zeitlichen und Kalendarischen den Herrschern geradezu nahelegte, sich diesen mächtigen ideologischen Komplex zunutze zu machen.

Herrschaftliche Nutzbarmachung des Kalenders vollzieht sich am wirkungsvollsten mittels öffentlicher Rituale zu bestimmten Kalenderfesten, wenn die Mächtigen die Autorität der heiligen Zeit heranziehen, um ihre Stellung zu demonstrieren und zu legitimieren. Und solche bestätigenden Kalenderfeste feierten die Maya zuhauf, denn jedes Ende eines Zyklus wurde festlich begangen – und Zyklen kannten sie reichlich. Aber nicht nur Kalendereinheiten boten Anlass für Feste, auch landwirtschaftliche Termine wurden gefeiert, ebenso lokale Jubiläen, etwa der Stadtgründung, wichtige astronomische Konstellationen oder Familienereignisse der Herrscher.

Unter den Gottkönigen wurden landauf, landab wichtige Ereignisse nicht nur durch Rituale, sondern ebenso durch die Einweihung von Bauwerken und insbesondere durch die Aufstellung von Steinstelen gewürdigt – dieser auffällige Stelenkult inklusive seiner beflissenen Datierung gilt als eins der Hauptmerkmale der Maya-Klassik und war das neue Medium dieser neuen Herrschaftsform namens Gottkönigtum. Die Stelen und das Ritual ihrer Einweihung an kalendarisch bedeutsamen Terminen drückten Selbstverständnis und Machtanspruch der Herrscher aus, die so von ihrem Ruhm und ihren Verdiensten kündeten, sich in eine Reihe mit nicht minder ruhmreichen Vorfahren und den Göttern stellten und diese Propaganda in eigener Sache mit kalendarischen Bezügen kosmologisch aufwerteten. Diese Form der herrschaftlichen Selbstdarstellung besitzt also eine andere Dimension als die auf Tempelstufen vollzogenen Blutrituale, die natürlich weiterhin praktiziert wurden und ihr Publikum fanden. Der Stelenkult entspricht der zunehmenden Bedeutung des Kalenders als Herrschaftsinstrument, zumal eine Stele gleichzeitig eine lineare Beständigkeit wie auch die Bedeutung der Zeitzyklen bedient, was den Herrschenden ideal erschienen sein muss. Rituale sind vergänglich, eine datierte Stele hingegen bleibender Ausdruck des Machtanspruchs – wie die zyklische Neuweihe eines Tempels, um die Geltung des Bauherrn und Vorfahren in der eigenen Person und kalendarisch-kosmologisch abgesichert fortzuschreiben. Und ganz praktisch ließen sich Stelen häufiger aufstellen als Bauwerke, sowohl was die Kosten als auch was den Platz betrifft.

Die Stele mit dem ältesten erhaltenen Datum des Maya-Tieflands, deren Herkunft eindeutig ist, steht in Tikal, hat die archäologische Fundnummer 29 und trägt das Datum 8.12.14.8.15 (292 n. Chr.), wurde also lange nach der fiktiven Lebenszeit des Bauern Ben und über 1200 Jahre vor der spanischen Eroberung errichtet. Die beschädigte Stele zeigt auf der einen Seite den König von Tikal, Siyaj Chab K'awiil I., vermutlich anlässlich seines Herrschaftsantritts. Die Darstellung auf der Vorderseite gibt ihn als Abkömmling der Königsdynastie zu erkennen und betont gleichzeitig seinen Herrscherstatus und seine Fähigkeit, mittels Blutritualen mit Ahnen und Göttern in Kontakt zu treten. Das Datum, das auf der Rückseite verzeichnet wurde, ist unvollständig; aber da die Angaben der Langen Zählung komplett vorliegen, lässt sich auch die Datierung nach *Tzolk'in* und *Haab* rekonstruieren: 13 *Men* 3 *Zip*. Sehr viel mehr, als die Stele berichtet, lässt sich über diesen frühen König von Tikal allerdings nicht sagen.

Die Maya nannten die Stelen *lakam tun*, »großer Stein«, oder *te tun*, »Baumstein«. Beliebter Anlass für die Aufstellung dieser Stelen oder die Errichtung neuer Bauwerke waren die sogenannten *k'atun*-Feiern. Der Zyklus, in dem sich die alten Maya zeitlich verorteten, hat eine Länge von 13 *bak'tun*, von denen jeder 20 *k'atun* umfasst – jeweils wiederum aus 7200 Tagen bestehend –, und begann mit der Erschaffung der gegenwärtigen Welt 3114 v. Chr. Mehr als ein Jahrtausend lang feierten die Maya jedes *k'atun*-Ende also alle rund 20 Jahre, erst die spanische Eroberung setzte dem ein Ende. Manche Städte schoben Halb-*k'atun*-Feiern dazwischen, einige wenige begingen sogar jeden Viertel-*k'atun*. Auch diese Feste wurden von Ritualen begleitet, die den besonderen Tag ehrten und die Götter um ihre Gunst angingen.

Eines der großen Kalenderdaten der Maya-Klassik war die Vollendung des achten *bak'tun* (9.0.0.0.0) im Jahr 435 n. Chr. unserer Zeitrechnung. In Copán würdigte man dieses große Fest unter anderem mit der Aufstellung eines runden Steins, der unter der später gebauten Hieroglyphentreppe gefunden wurde. Darauf abgebildet ist der damalige Herrscher, der Gründer der Dynastie von Copán, Yax K'uk' Mo mit seinem Sohn und Nachfolger Popol Jol. Der verwies in weiteren Steininschriften später auf dieses große Ereignis, und die Botschaft der Monumente ist klar: Der Dynastiegründer regierte zwar nur rund ein Jahrzehnt, aber eben während des symbolträchtigen Datums 9.0.0.0.0, und sein Nachfolger verwies nicht nur auf die militärischen Verdienste des Eroberers aus Teotihuacán, sondern auch auf die Regierungszeit seines Vaters zu ebendiesem bedeutenden *bak'tun*-Ende. Indirekt ist darin der Anspruch der Dynastie ausgedrückt, diese Herrschaft einen ganzen *bak'tun* lang auszuüben, also 400 *tun*.

Stele 29, Tikal

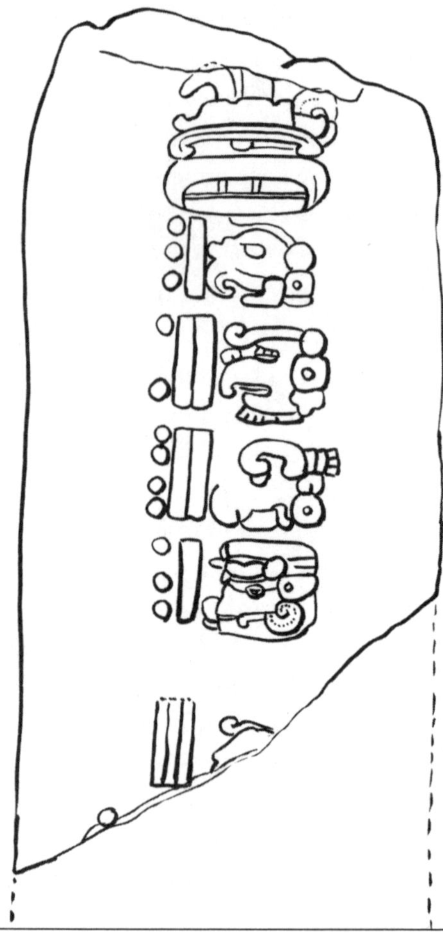

Auch anderswo beging man das bedeutsame *bak'tun*-Ende, so in Tikal. Daran erinnert eine redselige Stele, die zehn *tun* danach aufgestellt wurde und den König bei der Ritualbeschwörung seiner Ahnen zeigt. Der lange, leider nur unvollständig erhaltene Text auf der Rückseite der Stele beschreibt die Frühgeschichte von Tikals Dynastie bis zurück auf ihre Gründung viele *k'atun* zuvor –

mit zahlreichen Datumsangaben, Bezügen zu Zyklusenden und Verweisen auf erwähnenswerte Sternkonstellationen. So groß war die Bedeutung dieser Stele, dass sie im Zuge der Rückgewinnung von Tikals Glanz nach der Niederlage gegen Calakmul in einem Tempelneubau mit allen Ehren wieder aufgestellt wurde.

Gänzlich fremd ist uns ein solcher Brauch übrigens nicht, immerhin zieren moderne Großstädte auch heute Denkmäler und Erinnerungstafeln, die zu bestimmten Jubiläen aufgestellt werden. Wenn beispielsweise 2010 die Bundesrepublik sich selbst zum zwanzigsten Jahrestag der deutschen Einheit von 1990 ein Denkmal schenkt, das zudem am Standort eines früheren Nationaldenkmals für Reichsgründer Wilhelm I. steht, welches wiederum zu DDR-Zeiten aus politischen Gründen beseitigt wurde, lässt sich durchaus eine Parallele ziehen, wenngleich in weltlich-demokratischem Gewand.

Kalenderangaben auf Stelen und anderen Monumenten der Maya-Klassik sind durch die ungewohnte Schreibweise mit Hieroglyphen und der Punkt-Strich-Notation für Zahlen nicht leicht zu lesen, aber auch sonst eine umfängliche Angelegenheit. Die Autorität einer Datumsangabe stieg mit den Bezügen auf bestimmte Ereignisse, die daher mit Vorliebe ins Datum aufgenommen wurden.

Die Datierung der Langen Zählung in Inschriften besteht aus zwei Teilen: Der wichtigste ist die sogenannte Initialserie, die aus den drei Angaben der Langen Zählung, des *Haab* und des *Tzolk'in* besteht. Diesen drei Angaben vorangestellt ist die sogenannte Einführungsglyphe, bestehend aus dem Monatszeichen des betreffenden *winal* im *Haab* sowie des Zeichens für *tun*, das jedes Datum der Langen Zählung einleitet und damit den Blick des Kalenderkundigen sofort auf sich zieht.

In unserem Beispiel der Stele E (Ostseite) aus Quirigua ist ganz oben und hübsch eingerahmt der Monat *Kumk'u* als Kopfhiero-

Stele E, Quirigua

glyphe abgebildet, gleich darunter steht das *tun*-Zeichen. Danach folgen jeweils paarweise die Zeitbündel der Langen Zählung: 9 *bak'tun*, 17 *k'atun*, 0 *tun*, 0 *winal*, 0 *k'in*, direkt anschließend das Datum des *Tzolk'in*: 13 *Ajaw*. Die *Haab*-Angabe ist in unserem Beispiel die letzte Glyphe unten rechts: 18 *Kumk'u*. In der üblichen modernen Schreibweise lautet das Gesamtdatum also 9.17.0.0.0 13 *Ajaw* 18 *Kumk'u*, das entspricht dem 18. Januar 771 n. Chr. des julianischen Kalenders.

Zwischen der *Tzolk'in*- und der *Haab*-Angabe liegen in unserem Beispiel sieben Schriftzeichen-Positionen, die die sogenannte Ergänzungsserie bilden: die Angaben in anderen Zyklen der Maya-Kalenderwirtschaft. Diese Angaben unterschieden sich von Fall zu Fall. Im vorliegenden Beispiel folgt auf das *Tzolk'in*-Datum mit zwei Zeichen die Angabe zum Zyklus der Götter von *Xibalba* – die Gesichter schauen entsprechend grimmig drein. An diesem Tag ist der »Neunte Herr der Nacht« zuständig – die Zahl Neun ist allerdings nicht abgebildet, es handelt sich um eine Zählung der Maya-Forschung. Derselbe Unterweltgott zeichnete auch für das Schöpfungsdatum (0)13.0.0.0.0 verantwortlich und ist überhaupt häufig anzutreffen, weil er generell für *k'atun*-Enden zuständig ist. Danach folgt die Mondserie: An diesem Tag war Neumond, ab dem gewöhnlich das Alter des Mondes berechnet wird, weshalb Zahlen fehlen, die wie anderswo die verstrichenen Tage seit dem letzten Neumond angeben. Rechts daneben verweist die Hand im Schriftzeichen auf eine weitere Angabe zum Mond: Diese Glyphe bestimmt den Mond innerhalb eines Zyklus von sechs synodischen Mondmonaten, den die Maya-Astronomen mit 177 Tagen ziemlich exakt ansetzten. Die Zahl Zwei verweist auf den zweiten Mond in diesem Sechserpack. Die nachfolgende Glyphe bezieht sich auf die Stellung des Tages in einem längeren Mondzyklus von 18 synodischen Monden. Die Bedeutung der wiederum folgenden Glyphe, als Typ X bezeichnet, ist bisher nicht befriedigend erklärt worden; sie könnte die Sternenkonstellation bezeichnen, in der der Mond am Nachthimmel zu sehen ist. Das nächste Zeichen zeigt an, ob es sich bei der betreffenden Mondphase um eine von 29 oder 30 Tagen Dauer handelt. Da eine Mondphase rund 29,5 Tage umfasst, wechselten die Maya-Astronomen in Ermangelung der Bruchrechnung abwechselnd zwischen 29 und 30. Hier wird die Kopfglyphe der Zahl Neun abgebildet, der Mondmonat hat also 29 Tage. Die umfassende Berücksichtigung der Mondaspekte zeigt, welche Rolle der Mond bei der Datierung und der Himmelsbeobachtung spielte. Abschließend folgt das *Haab*-Datum 18 *Kumk'u*. Hier nicht vertreten ist die Einordnung des Tages in den 819-Tage-Zyklus und in die Sieben-Tage-Zählung. Andere mögliche kalendarische Angaben verweisen auf weitere astronomische Konstellationen, seien es Sonnenfinsternisse oder Venusphasen, die sich häufig mithilfe astronomischer Computerprogramme rückblickend bestätigen lassen.

Weniger Brimborium, weil als Datum schlechthin mit genügend Kalenderautorität ausgestattet, verlangte der Nullpunkt der Kalenderzählung, das Schöpfungsdatum (0)13.0.0.0.0 4 *Ajaw* 8 *Kumk'u*, rechts abgezeichnet von Stele C in Quirigua.

Die Angabe eines Datums in der Langzeitchronologie war also ein ungleich komplizierteres Geschäft, als wir es heute gewohnt sind. Daher erfanden die Maya eine weitere Datumsangabe, um sich das Leben zu erleichtern, wenn in einem Text zahlreiche Datierungen vorkamen – und das war oft der Fall, da zur ideologisch-politischen Aufladung eines Ereignisses kalendarische Bezüge so wichtig waren und möglichst reichhaltig dargeboten wurden. In diesem Fall nannte man ein Datum der Langen Zählung in voller Länge und setzte alle nachfolgenden Zeitangaben ins Verhältnis zu diesem Bezugsdatum. Mit diesen sogenannten Abstandszahlen führte man den zeitlichen Abstand zum Bezugsdatum in der Notation der

Stele C, Quirigua

Langen Zählung an, allerdings meist in aufsteigender Form, also beginnend mit der Grundeinheit *k'in* (im Unterschied zur oben beschriebenen Tagsangabe der Langen Zählung). Um abermals das Lebensalter des Bauern Ben zu bemühen, auch wenn ihm ganz sicher weder Stele noch Inschrift gewidmet worden wären: An seinem 25. Geburtstag unseres Verständnisses am 1. Januar 45 v. Chr. im julianischen Kalender (7.15.13.1.4 4 *K'an* 17 *Yaxk'in*) wären 9131 Tage verstrichen, seitdem er das Licht der Welt erblickte. Auf einer Stele, die an dieses Ereignis erinnerte, wäre als Bezugsdatum Bens Geburtstag 7.14.7.12.13 12 *Ben* 11 *Yaxk'in* vollständig genannt worden, der Anlass 25 Jahre später dagegen wäre mit einer Abstandszahl angegeben worden, die in (hier jedoch aufsteigender!) Maya-Kalender-Notation den 9131 Tagen entspricht: 11.6.5.1 – das sind ein *k'atun* (7200 Tage), 5 *tun* (je 360 Tage), 6 *winal* (je 20 Tage) und 11 *k'in* (Tage), ergibt zusammen 9131 Tage.

Tatsächlich aber dienten die Abstandszahlen nicht der Erinnerung an den Geburtstag eines einfachen Maisbauern, sondern dem symbolisch ungleich gehaltvolleren Bezug eines Datums zu wichtigen anderen. Auf ein Beispiel dieser Art kommen wir noch zurück, politisch bedeutsam zwar, aber nicht so weit ausholend wie andere, die schon einmal eine Abstandszahl von vielen Hundert Millionen Tagen wiedergeben.

Das Geschäft der Abstandszahlen wurde in der Spätklassik, also nach dem Untergang der großen Stadtstaaten im Tiefland, vereinfachend ersetzt, indem für die obligatorischen *k'atun*-Feiern das Datum eines *k'atun* nur noch mit drei Hieroglyphen angegeben wurde: Dafür reichten die Nummer des *k'atun* sowie die Tagesangaben in *Tzolk'in* und *Haab* völlig aus, weil die entsprechende Dreier-Kombination in knapp 19000 Jahren nur einmal vorkommen konnte. Noch simpler hielt man es in der Postklassik, also den letzten Jahrhunderten vor der spanischen *Conquista*, indem man das Ende eines *k'atun* auf den jeweiligen *Tzolk'in*-Tag eindampfte. Diese Datierungsweise ist heute als Kurze Zählung bekannt und lässt sich vergleichen mit unserer Angewohnheit, von '68 zu sprechen und vorauszusetzen, dass jedermann weiß, wir meinen das Revoltejahr des 20. Jahrhunderts. Oder wenn wir unser vierstelliges Geburtsjahr auf eine zweistellige Zahl verkürzen, weil niemand annehmen wird, wir seien deutlich älter als ein Jahrhundert. Das letzte *k'atun*-Ende, das vor der Abreise des Spaniers Cortés aus Kuba gefeiert wurde, fiel auf das Langzeitdatum 11.14.0.0.0 4 *Ajaw* 8 *Pax* (30. Mai 1500 nach dem damals in Europa noch gültigen julianischen Kalender). Nach der Sparversion der Kalenderangabe hat man sich auf dieses Jubiläum nur noch mit der Notierung *k'atun* 4 *Ajaw* bezogen, wofür man lediglich eine Zahl und ein Schriftzeichen benötigte. Ein solches Datum kam nur alle 260 *tun* oder 256 Jahre vor: Das vorangegangene *k'atun*-Ende dieses abgekürzten Datums war im Jahr 1244 begangen worden; das nächste hätte man 1756 feiern können, hätten die Europäer da nicht längst ihr Kolonialregime in der Neuen Welt durchgesetzt.

### *Kalendermanipulationen zum Machterhalt*

Viele kosmologisch fundierte Kalendersysteme bemühen sich, die Zeit auf Erden in harmonischen Einklang mit dem Lauf der Gestirne zu bringen – und damit dem Schicksalhaften zu begegnen, das sich hoch über den Köpfen der Erdenmenschen am Nachthimmel vollzieht. Die Maya kommen also keineswegs von einem anderen Stern; wir haben Ähnliches bei den Babyloniern, den Ägyptern oder den alten Chinesen bereits kennengelernt. So gestrig uns westlich-weltlich geprägten Menschen das auch vorkommen mag, es besaß zu seiner Zeit für die Menschen eine stimmige Eindrücklichkeit, die wohltuend und entlastend wirkte. Denn die Ordnung auf Erden schuf Beständigkeit und verminderte die Angst vor drohendem Unheil. Unter diesem Aspekt lässt sich durchaus eine Parallele zum europäischen Mittelalter ziehen, in dem die Menschen gleichermaßen an der »alten Ordnung« hingen, die Sicherheit versprach. Das bezog sich in Europa damals auf viele Aspekte – die Beständigkeit einer Dynastie, die Rechtmäßigkeit des Papstes oder die Rechtsprechung nach altem Brauch der Vorväter. Zeit und Kalender spielten in dieser Vorstellung bis in die Frühe Neuzeit hinein aber ebenso eine wichtige Rolle – nicht zuletzt ablesbar an der Furcht vieler Zeitgenossen angesichts der gregorianischen Kalenderreform und den damit »verlorenen Tagen«. Endzeitängste waren in allen vormodernen Gesellschaften verbreitet (und sind es heute wieder) und ließen sich durch die beruhigenden Erklärungen einer Weltsicht lindern. Und die Vorstellung von guten und schlechten Tagen sowie die daraus erwachsende Notwendigkeit, im Voraus sicherzustellen, dass man nicht das Richtige zum falschen Zeitpunkt tut und dadurch ins Falsche verkehrt, hat sich im Aberglauben erhalten. Selbst heute stehen höchste Entscheidungen mitunter noch unter kalendarischem Vorbehalt der Hohepriester. So musste noch 2008 im abgeschiedenen Bhutan die Krönung des jungen neuen Königs verschoben werden, weil der anvisierte Termin im Verständnis der buddhistischen Priester und Kalendersachkundigen dafür mindestens ungeeignet war.

Das Beispiel eines zweiten, diesmal nicht namenlosen Gottkönigs der Maya soll als anschauliches Beispiel dienen für die politische Dimension, die der Maya-Kalender ebenso besaß wie andere Kalender in politisch komplexeren Staatensystemen, von Ägypten und Mesopotamien bis zur Sowjetunion – nur eben mit einer spezifischen Ausrichtung gemäß den religiösen und politischen Vorstellungen der alten Maya. Was könnte sich in den Augen eines Maya-Königs und seiner eifrigen Berater besser für propagandistische Zwecke eignen, als ein Anliegen mit dem amtlichen Segen der höchsten irdischen Autorität namens Kalender zu versehen? Werfen wir also einen neugierigen Blick auf den erstgeborenen Sohn des berühmten Königs Pakal von Palenque, Kan Balam II. (Schlange Jaguar), der 684 n. Chr. seinem Vater auf dem Thron nachfolgte. Bereits zu Lebzeiten war Pakal offenbar um einen reibungslosen Machtübergang bemüht, besorgt wegen möglicherweise aufkommender Zweifel an seiner dynastischen Respektabilität. Deshalb betrieben Pakal und Kan Balam mit großem Aufwand Ahnenforschung.

Diesem Steckenpferd verdanken wir eine stattliche Anzahl aufschlussreicher Details aus der Vergangenheit dieses wichtigen Herrscherhauses, denn Vater und Sohn ließen die Verdienste ihrer Vorfahren ausgiebig in Schrift und Kunst darstellen, sodass dank ihres ausgeprägten Familiensinns über die Herrscherdynastie von Palenque besonders viel bekannt ist. Diese Überlieferung stand im Zentrum der Entzifferung der Maya-Hieroglyphen vor wenigen Jahrzehnten. Von ihnen wissen wir beispielsweise, dass das Königshaus 431 begründet wurde und dass es genealogisch einigermaßen geradlinig bis auf Pakal und Kan Balam II. zugeht – der Abgleich mit archäologischen Befunden, wo möglich, ist allerdings noch in vollem Gange.

Den reich verzierten Deckel von Pakals Sarkophag haben wir bereits kennengelernt, auf ihm ist aber nicht nur die Reise des verstorbenen Königs dargestellt, sondern auch die Erbfolge von Palenque mit den Todesdaten und Namen von Pakals Vorgängern, die auf den Seitenwänden des Sarkophags wie Bäume aus Erdspalten wachsen. Der »Tempel der Inschriften«, der über Pakals Grabkammer errichtet wurde, kann außerdem mit drei großen Hieroglyphentafeln aufwarten – dem längsten der intakt erhaltenen Maya-Texte –, die peinlich genau und lückenlos die Herrscherfolge bis auf Kan Balam II. aufzählen.

Die Beflissenheit, mit der die beiden Könige ihre tadellose Erbfolge zum Besten geben, lässt jede Historiker-Augenbraue nach oben schnellen: Zu viele Fälle gibt es von Herrschern aus aller Welt und durch alle Epochen, in denen eine nicht ganz lupenreine Erbfolge auf die eine oder andere Weise retuschiert oder legitimiert werden soll, indem sie offiziös und mit einigem Getöse postuliert wird, dabei Schwachstellen gekonnt umschiffend oder beschönigend. Die Geschichte kennt zwar nicht ausschließlich Könige, die durch Geburt an ihr Amt kamen, aber im weit verbreiteten Erbkönigtum kommt es nun einmal auf eine legitime Herkunft an; und wer seinen Nachkommen den Platz auf dem Thron sichern will, tut gut daran, ihre Sitzberechtigung frühzeitig niet- und nagelfest zu machen.

Und in der Tat: Im Falle der Herrscher von Palenque findet sich ein Schönheitsfleck, besser gesagt derer zwei, denn Pakals Königswürde und damit die seines Sohnes und dessen Nachfolger verdankte sich neben den diversen Herrschern bis ins 5. Jahrhundert zwei Frauen: Pakals Mutter Sak K'uk' und seiner Urgroßmutter Yohl Ik'nal, die nicht nur, wie es sich für Maya-Frauen königlichen Geblüts geziemte, den Platz an des Königs Seite ausfüllten und ihm Kinder schenkten, sondern selbst regierten – und zwar in den beiden Fällen auch nicht bloß als Regentin eines noch unmündigen Erben. In der strengen Sicht männlicher Erbfolge war damit die Dynastie unterbrochen, mochten die beiden Königinnen auch Königstöchter und ihre Nachfolger ihre Söhne gewesen sein. Gemäß herrschendem dynastischen Verständnis nämlich hatte dadurch mit Pakal eine neue Familie die Herrschaft übernommen, und eben das bereits zum zweiten Mal – die Dynastiefolge wies gleich zweimal eine fatale Unterbrechung auf. Dieser Makel bedurfte also der Kosmetik.

Die königliche Tünche ist allerdings entschieden durchsichtig, denn sie rückt die Herrscherabfolge nicht zurecht oder unterzieht die Königinnen einer posthumen Geschlechtsumwandlung, sondern tut einfach so, als sei alles mit rechten Dingen zugegangen und eine Abweichung von der männlichen Linie sei nicht weiter tragisch. Vermutlich war im historischen Bewusstsein durchaus noch präsent, dass einige Generationen zuvor Frauen am Ruder gewesen waren, weshalb Pakal nicht einfach den Stammbaum fälschen konnte. Oder seine Unverfrorenheit ging nicht weit genug, das können wir kaum beurteilen. Pakal ließ außerdem, und das verdeutlicht die familiären Nöte des betagten Königs ein weiteres Mal, seinen Sohn auf Relieftafeln des Tempels abbilden, wie er im Beisein seiner Vorfahren zum Thronerben gemacht wird.

Inzwischen König geworden, reichte Kan Balam II. jedoch ganz offensichtlich nicht, was sein Vater an genealogischer Vorarbeit geleistet hatte – vielleicht hatte er es mit einem Rivalen zu tun, der ihm den Thron streitig machte, doch auch das wissen wir nicht. Oder aber, durchaus denkbar, der Kalender drängte sich als wirksamstes Propagandainstrument geradezu auf, um das Legitimitätsproblem ein für alle Mal aus der Welt zu schaffen. Wie auch immer, als neuer König bemühte er noch stärker das kalendarische Zauberkästchen: Pakals Sohn schreibt diese Familiengeschichte nämlich noch erheblich weiter zurück, in mehreren Relieftafeln der sogenannten »Kreuzgruppe« von Palenque, die Kan Balam ein paar Hundert Meter östlich des väterlichen Grabmals auf der anderen Seite des schmalen Rio Otulum errichten ließ. Diese drei Tempel gehören zu den berühmtesten und hochwertigsten Gebäudeensembles der Maya-Klassik überhaupt.

Auf einer der Relieftafeln, deren Bildsprache ganz im Zeichen der Legitimität des neuen Königs steht, stellt Kan Balam im Allerheiligsten des Kreuztempels die mythische und die historische Zeit nebeneinander, denn sie gehören nach dem Herrschafts- und Zeitverständnis der Maya ebenso untrennbar zusammen wie Religion oder Mythos und Politik. Und diesen Zusammenhang nutzt der neue König, um seinen Machtanspruch zu untermauern – und greift dabei tief in die kalendarische Trickkiste.

Ein kundiger und des Lesens mächtiger Betrachter verfolgte zunächst auf der linken äußeren Seite neben der kleineren der beiden Figuren, die entweder König Pakal oder seinen Sohn als eben gekürten Kronprinzen darstellt, einen ermüdend langen, hier nicht

Kreuztempelrelief, Palenque

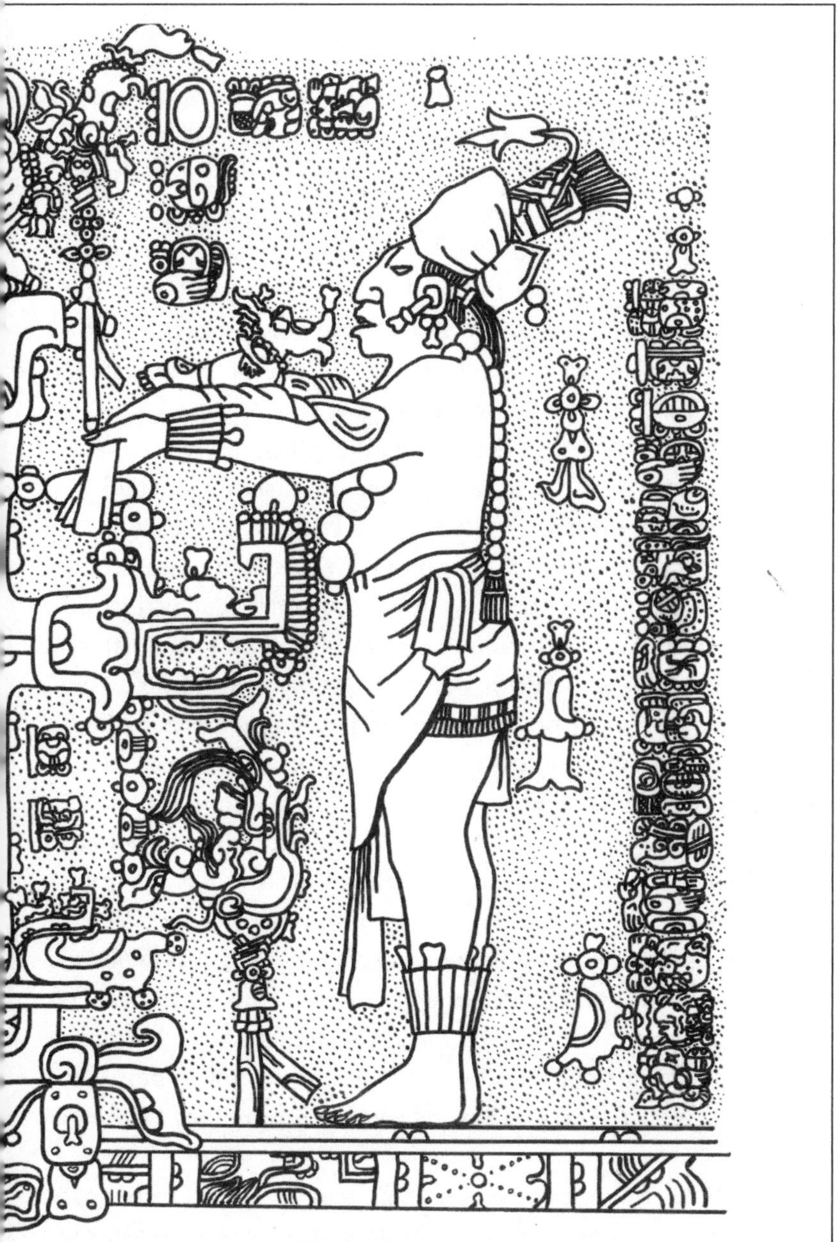

abgebildeten Text. Darin ist von Ereignissen lange vor Menschengedenken die Rede, als 754 Jahre nach dem Schöpfungsdatum 3114 v. Chr. innerhalb von 18 Tagen die Urgötter die sogenannte Göttertriade von Palenque hervorbrachten, die Kan Balam hier als Vorfahren reklamiert. Erwähnt sei, dass der Vater der Göttertriade derjenige Gott ist, der zu Beginn der gegenwärtigen Schöpfung Raum und Zeit erschuf, und ein weiterer Gott der palenquinischen Dreifaltigkeit als einer der Heldenhaften Zwillinge identifiziert werden kann. Ansonsten ist die Zuordnung der Göttertriade von Palenque noch immer umstritten, zumeist werden wenigstens Sonne und Venus klar zugeordnet.

Zum Zeitpunkt der Feierlichkeiten, die in den Texten dann beschrieben werden, gab es tatsächlich eine dreifache Planetenkonstellation am Nachthimmel, allerdings gebildet von Saturn, Mars und Jupiter im Sternbild des Skorpions. In einer Reihe waren die drei am Nachthimmel klar erkennbar, später in der Nacht gesellte sich der Mond dazu, noch nicht ganz voll: im Osten Saturn, im Westen Mars, als hellster der drei in der Mitte Jupiter, den Kan Balam zu seinem persönlichen Schutzheiligen erhob. Und schließlich versanken sie am Horizont über dem Tempel, der Pakals Grab verbarg – auch das ein wichtiger Aspekt mit politischer Wirkmacht, denn die drei Sterne standen für die Schutzgötter des Herrschertums von Palenque und adelten mit ihrer Reverenz vor dem großen Pakal ebenso dessen Sohn und Nachfolger. Gleichzeitig war es die Ankündigung von Pakals Himmelfahrt: Denn so wie die Sterne nach ihrem Untergang und dem Kurs durch *Xibalba* wieder am Nachthimmel ihren Platz einnahmen, besuchte auch der verstorbene König die Unterwelt nur, um dann in den Götterhimmel aufzusteigen und im Sternenzelt ein weiteres Lichtlein abzugeben.

Dass dieses Himmelsschauspiel von den drei Göttern höchstpersönlich anberaumt war, die sich dort zeigten, dürfte für alle

Anwesenden zweifelsfrei festgestanden haben. Hätten Kan Balam und seine astronomischen und politischen Berater die Gelegenheit verstreichen lassen, sich diese seltene Konjunktion zunutze zu machen – sie hätten ihr Geschäft nicht verstanden, weder politisch noch astronomisch noch religiös.

Kan Balam war zweifellos Zeuge dieses Himmelsschauspiels, das nach unserem Kalender Mitte Juli 690 stattfand. Wir können uns vorstellen, dass ein solches Ereignis zum großen Spektakel geriet. Und wir dürfen des Weiteren davon ausgehen, dass dem König von Palenque ganz besonders feierlich zumute war, weil ihn als Direktverbindung zum Himmel dieses seltene Schauspiel mehr als alle anderen Anwesenden betraf. Drei Tage dauerten die Festlichkeiten, die wohl kaum nur in einer kollektiven andächtigen Himmelsschau bestanden. Alles spricht dafür, dass zu diesem Event Rituale vollzogen wurden, Märkte abgehalten wurden – und dass von nah und fern die Menschen nach Palenque strömten und sich auch darin die Legitimität des Königs bestätigte.

Die kalendarische Machtrechtfertigung beginnt früh: einige Jahre vor der gegenwärtigen Schöpfung, also noch vor dem Jahr 3114 v. Chr., als die Urmutter geboren wurde, auf die sich die Herrscher von Palenque dynastisch berufen. (Nebenbei erweist sich hier auch die verbreitete Auffassung des absoluten Nullpunkts des Maya-Kalenders als unzutreffend. Das Schöpfungsdatum ist wie Christi Geburt in unserem Kalender ein Meilenstein und würdig als Ausgangspunkt für eine Chronologie, gleichwohl aber eingebettet in viel umfänglichere Zeitdimensionen.) Der Kunstgriff bestand darin, die wichtigen Daten so zu »frisieren« (oder besser gesagt, die kalendarisch passenden Daten zu erfinden), dass sie kalendarische Bezüge zueinander erhielten, die zum einen dynastische Beweiskraft aufwiesen, zum anderen mit arithmetisch-kalendarischen Rechnungen die Erwähltheit des Herrschers und seiner Familie belegen sollten. Hier tritt klar zutage, wie Religion und Macht in ihrem Zusammenspiel auf jenes Instrument verweisen, das sie ideologisch verbindet: die Kalenderrechnung. Je vielfältiger die Bezüge eines Tages oder, wie im vorliegenden Fall, die kalendarischen Bezüge zwischen zwei Daten, desto heiliger der sich darin offenbarende Zeitaspekt und damit die propagandistische, machterhaltende Ausbeute. Untermauert wird der Anspruch der rechtmäßigen Erbfolge vor allem durch den kalendarischen Winkelzug, demzufolge Pakals Geburtsdatum in direktem kalendarischem Bezug zum Geburtsdatum einer Göttin aus der Göttertriade von Palenque steht. Ähnlich vermessen führten sich europäische Herrscherhäuser im Mittelalter und in der Renaissance geradewegs auf mythische Ahnen zurück – König David oder Noah, das Herrscherhaus von Troja oder gar den Erstmenschen Adam. Die Maya strengten sich allerdings erheblich mehr an als ihre europäischen Kollegen, um ihre ehrgeizige Familiengeschichte plausibel zu machen, und sie taten es mittels des Kalenders und einer weit entwickelten Mathematik, die die Bezüge vorgeblich unanfechtbar darstellte.

Pakal und die Urmutter-Göttin trennt in ihrem (angeblichen) Geburtstag zwar die Kleinigkeit von fast 3725 Sonnenjahren. Trotzdem heißen beide Geburtstage 8 *Ajaw*, haben also dieselbe Tagesbezeichnung im *Tzolk'in* und darüber hinaus im Venus- und im Mondjahr dieselbe Position. Außerdem ist die Abstandszahl zwischen beiden Geburtstagen, jene fast 3725 Sonnenjahre oder 1 359 540 Tage, glatt durch verschiedene Zyklen teilbar. Wir können die enormen mathematischen Feinheiten hier nicht weiter verfolgen, sondern nur staunend konstatieren, welch gelehrter Aufwand getrieben wurde, um Geburtsdaten zu finden, die miteinander derart anspruchsvoll in kalendarischer Beziehung stehen. Denn mit jedem numerologisch sinnfälligen Bezug stieg das Gewicht der politischen Aussage.

Hinzu kommen architektonische und ikonografische Bezüge zu den Göttern, die Kan Balam als Ahnen reklamierte. Übrigens ist diese elaborierte propagandistische Fälschung nicht die einzige, die Pakals Sohn in Stein festhalten ließ. Auch für seine eigene Thronfolge hatte er eine schier erdrückende kalendarische Beweislast parat, für die er darüber hinaus noch Herrscher heranzog, die er eigens zu diesem Zweck erfinden musste, denn zu ihrer angeblichen Regierungszeit konnte vom Herrscherhaus von Palenque noch nicht die Rede sein: Es handelt sich um die Blütezeit der Olmeken zu Beginn des ersten Jahrtausends v. Chr. Darin ähnelt er in seiner Argumentation ebenfalls seinen europäischen Kollegen, die Vorfahren ins Spiel brachten, deren Existenz zwar unglaubwürdig, aber nicht widerlegbar war, weil der Zeitraum schon zu lange zurücklag, um eine sinnvolle Überprüfung zu gewährleisten. Und wie anderswo verfing die zweifelhafte Argumentation nicht zuletzt deshalb, weil sie ein Bedürfnis der Menschen befriedigte: Je länger die Ahnenreihe, desto größer die Kontinuität – das war bereits ein Wert an sich – und desto besser die Anbindung an die »alte Zeit«, in der alles seine Ordnung hatte, so die europäische Sicht der Dinge. Im Falle von Pakal und Kan Balam und nach der Weltsicht der Maya war entscheidend, dass die Ahnenreihe bis in die Zeit der Götter zurückreichte und damit das Gottkönigtum der beiden legitimiert war. Es war nichts weniger als der Anspruch, als direkter Nachkomme der Götter die heroischen Zeiten wiederzubringen. Zusätzliches Argument dabei war die höchst weltliche Tatsache, dass unter Pakal und Kan Balam Palenque zu seinem größten Ruhm aufstieg – und überaus selbstbewusst zogen die Gottkönige dabei abermals eine mythische Parallele: Sie stellten sich auf eine Stufe mit der Götterschar, die die gegenwärtige Schöpfung auf den Weg gebracht hatte.

Wenn der Betrachter der Relieftafel des Kreuztempels nach der Lektüre des ersten Textes links außen den Blick nach rechts wandern ließ, erkannte er die Darstellung der Inthronisation Kan Balams im Jahr 684, 132 Tage nach dem Tod des Vaters. Das Zentrum des Bildes ist gleichzeitig das Zentrum des Kosmos, zeigt es doch den Weltenbaum, auf dem der Himmelsvogel sitzt. Kan Balam, noch nicht im vollen Königsornat abgebildet, nimmt gerade die Herrschaftsinsignien entgegen. Rechts neben ihm befindet sich der zweite Text, der die Dynastie von Palenque zurückverfolgt und sowohl in der Darstellung als auch inhaltlich und kalendarisch in direkten Zusammenhang mit der Göttergeschichte setzt.

Die Abbildung selbst bekommt damit neben dem dokumentarischen Charakter der Thronbesteigung durch Kan Balam noch den propagandistischen im Rückgriff auf mythische Zeiten und ihre Figuren. Und die Sterne spielen das Spiel scheinbar mit, wie der Archäoastronom Anthony Aveni beschreibt, denn Kan Balams Schutzgott Jupiter setzt wie durch ein Wunder immer zum richtigen Zeitpunkt – ob Geburt, Thronbesteigung oder Trauerfeier – in seiner Bahn zur Schleife an. Dies ist ein weiterer der zahlreichen Fälle, in denen Kalenderdaten gefälscht wurden, um wichtige Ereignisse rückblickend auch astronomisch abzusichern.

Die Lange Zählung der Maya besaß also zwei maßgebliche Vorteile: Historiografisch ermöglichte die Bestimmung jedes gewünschten Datums in einer Chronologie eine Geschichtsschreibung, die königliche Heldentaten verewigte und so politische Legitimität beförderte. Ideologisch jedoch war die Ausbeute noch erheblich größer, denn die religiöse Dimension von Zeit nutzte den Gottkönigen, wenn sie sich als potenter Faktor im heiligen Zeitspiel der Kalender darstellten. Jede einzelne der vielfältigen Entsprechungen im Verhältnis der Geburtstage Pakals und der alten Göttin beispielsweise legitimierte seine Herrschaft und die seiner Nachfolger ein gewichtiges Stückchen mehr. Um solche Berechnungen an- und Analogien herzustellen, beschäftigten die Maya-Herrscher eine eigene Kaste von Kalenderpriestern und Astronomen, die tagaus, tagein mit nichts anderem befasst waren, als die Herrschaft und Handlungen ihres Herrn kalendarisch abzusichern.

Aufgabe der Gelehrten der Maya-Könige war es, die Dimensionen der Zeit, wie sie sich darbot und zu interpretieren war, zu erforschen. Zusammenhänge und Übereinstimmungen der vielen Himmelszyklen erfuhren besondere Beachtung, denn je vielfältiger die Merkmale eines bestimmten Tages, desto genauer ließ sich sein Charakter bestimmen. Und um solche Zuordnungen über längere Zeiträume hinweg zu treffen, bedurfte es genauer Langzeitbeobachtung der verschiedenen Zyklen. Dabei wurden der Aufwand immer größer, die angehäufte Datenmenge von Sternenbewegungen umfangreicher und dementsprechend die Kalenderberechnungen immer komplizierter. Das System funktionierte nicht anders als ein Computerprogramm, das auf Grundlage einer Datenbank arbeitet: Je umfangreicher die Datensammlung, desto präziser die Berechnungen und folglich die Prognosen – und desto weiter vor und zurück im Kosmos der Zeit konnte man tätig werden. Dieser Fortschrittsgedanke muss den Ehrgeiz der Kalenderpriester und Astronomen enorm befeuert haben, denn je mehr sie über das Zeitgewebe wussten, desto zielsicherer konnten sie sich im beständigen Strom der Zeit bewegen. Sie arbeiteten an nichts weniger als an der präzisen chronologischen Kartierung des Kosmos, so wie sie ihn verstanden.

Manchen Maya-König muss im Umgang mit seinen obersten Kalenderkundigen mitunter ein höchst ungutes Gefühl beschlichen haben: Der König war wenig oder nichts ohne seinen Stab an Zeitfachleuten, weil sie für das wichtigste Propagandamedium, den Kalender, zuständig waren. Darin ähnelten die Gottkönige der Maya modernen, auf ihre Berater angewiesenen Politikern – aber mussten diese elitären Fachleute nicht gelegentlich denken, sie seien eigentlich berufener für das Regierungsgeschäft? Vielleicht trug sich mancher König insgeheim mit dem Gedanken, sich eines besonders selbstgerechten und arroganten Vertreters seiner Zeitversteher zu entledigen – nur um im nächsten Moment ohnmächtig zu konstatieren, dass er viel mehr auf seine Kalendergelehrten und Astronomen angewiesen war als sie auf ihn. Der König mochte Krieg führen, Geschäfte machen und Opferrituale vollziehen – aber er tat dies stets unter sachkundiger und unerlässlicher Anleitung seiner Kalenderpriester. Sie verfügten über einen Stab an geschulten Mitarbeitern, die Nacht für Nacht das Firmament studierten und seine Bewegungen akribisch genau verzeichneten. Ihnen standen Fachbücher zur Verfügung, die endlose Tabellen enthielten, mit denen Planetenkonstellationen, vor allem aber Mond- und Sonnenfinsternisse berechnet werden konnten. In diesen Handschriften, von denen leider nur vier erhalten sind, erweist sich der elitäre Status der Kalenderpriester besonders eindrücklich, denn außer ihnen konnte damit wohl niemand etwas anfangen.

Wir dürfen also annehmen, dass ein hochrangiger Kalenderpriester in einem Maya-Stadtstaat um seinen Wert wusste und dem König keine übertriebene Ehrfurcht entgegenbrachte. Ganz wie eine ruhmreiche Dynastie ihre politischen Verdienste hatte seine Zunft einen ansehnlichen Korpus an Wissen und Daten angesammelt, der sicherstellte, dass der Stern der Dynastie nicht verblasste oder gar erlosch. Häufiger kam es auch dazu, dass zweitgeborene Königssöhne zu Kalenderkundigen ausgebildet wurden, was sich im Falle von Bruderzwisten, wie sie immer und überall vorkommen, konfliktverschärfend ausgewirkt haben dürfte. Die Schicksalsbindung von Herrscherglanz und Kalendergloria brachte allerdings mit sich, dass im Falle eines kalendarischen Missgriffs oder einer ganzen Strähne fataler Fehlurteile König wie Kalenderkundige damit rechnen mussten, dass das Volk ihnen die Gefolgschaft verweigerte. Genau so hatte es sich offenbar im berühmten Kollaps der klassischen Maya-Städte entwickelt, als den Herrschern und ihren Stäben die Fortüne abhandenkam und sie als direkte Folge Macht und Einfluss verloren – und auf längere Sicht das Modell des Gottkönigtums ausgedient hatte. Man ist regelrecht versucht, der langen Liste möglicher Faktoren, die den Untergang der Maya-Städte der Klassik zuwege brachten, den Faktor »kalendarischer Missgriff« hinzuzufügen.

*Ein Planet bestimmt über Krieg und Frieden*

Ein weiteres höchst aufschlussreiches Beispiel für die Bedeutung astronomischer Beobachtung, ihrer kalendarischen Verwertung und schließlich konkreten politischen Anwendung bei den alten Maya ist der Planet Venus.

Warum die besonders hell strahlende Venus ein naheliegendes Beobachtungsobjekt war, haben wir bereits gesehen. Beobachtungen über viele Generationen waren nötig, um herauszufinden, wie dieser sprunghafte »Sonnentrabant«, als der er in geozentristischer Sicht wirken muss, sich verhielt. Die Venus zieht ihre Bahnen von der Erde aus gesehen nicht vergleichsweise gemessen wie ihre Planetenkollegen, sondern tanzt auf dem Himmelsparkett mal länger, mal kürzer, um sich dann wieder unversehens für eine Verschnaufpause zu verstecken. Vielleicht hat ihr anderswo genau das den Titel der Liebesgöttin eingebracht, weil sie hell und strahlend glänzt und lockt und mal so, mal anders tanzt, um dann wieder gänzlich zu verschwinden. Vielleicht auch, weil sie zwar immer wieder funkelnd und lockend erscheint, aber nie auf Dauer verweilt. Andere sahen in ihr den (männlichen) Gott des Krieges, der nicht minder launisch und schwer beherrschbar ist, als für die Seelennöte eines Verliebten sich die Liebe darstellt.

Die Venus tanzt natürlich in einem festen, wenn auch nicht starren Rhythmus, einem Zyklus mittlerer Umlaufzeit von 584 Tagen, während dessen sie, im Durchschnitt, zweimal 263 Tage am Himmel zu sehen ist: 263 Tage kündigt sie als Morgenstern die Ankunft der Sonne im Osten an, verschwindet dann für 50 Tage, erscheint abermals 263 Tage als Abendstern im Westen, um dann erneut zu verschwinden, wenn auch nur für acht Tage – wiederum durchschnittlich, denn tatsächlich können es ein Tag bis drei Wochen sein. Dieses erdgebundene Venusjahr von 584 Tagen steht zum Sonnenjahr von 365 Tagen im Verhältnis fünf zu acht, weshalb nach acht Sonnenjahren die Venus fünf Zyklen durchlaufen hat. Das einfach zu beobachtende Verhältnis muss die Maya-Astronomen begeistert haben, zumal die Venus von ihren Beobachtungsposten aus gesehen in einer solchen Abfolge nacheinander fünf verschiedene Schlangenlinien zieht. (Wohl deshalb erkannten die Maya im Kurs der Venus den lebhaften Flug der Biene wieder.)

Uns wissenschaftsgewissen Neuzeitlingen ist natürlich bekannt, dass die Planeten ihre Bahnen um die Sonne ziehen, wie es die Erde auch tut. Fehlte diese Gewissheit, oder würden wir uns die Zeit statt mit anderem Tand mit ausgedehnter Himmelsbeobachtung vertreiben, könnten wir feststellen, dass die Planeten von Mutter Erde aus gesehen keineswegs als gleichmäßig dahinziehende Himmelskörper erscheinen, eben weil wir das Schauspiel nicht von der Sonne, sondern von der Erde aus beobachten. Wäre es uns möglich, unser Wissen um die Sonne als Dreh- und Angelpunkt unseres Sonnensystems zu unterdrücken, könnten wir vielleicht das ehrfürchtige Staunen der alten Babylonier, Ägypter, Chinesen und Maya beim ausdauernden Blick zum Firmament nachvollziehen. (Noch einfacher fiele uns das bei einer Reise in Äquatornähe, von wo aus der Sternenanblick die Wahrnehmung von der Erde als Mittelpunkt des Geschehens zusätzlich begünstigt.)

Im Falle der Venus kam für die Maya eine weitere vielsagende Beobachtung hinzu: In derselben Zeit von acht Sonnen- bzw. fünf

Venusjahren durchläuft der Mond 99 seiner Zyklen – nach Maya-Art angenähert, da sie ausschließlich mit ganzen Zahlen rechneten. Wem das Geschehen am Nachthimmel ein heiliges Rätsel ist, der entwickelt irgendwann die Neugier, wiederkehrende Regelmäßigkeiten, also Zyklen zu entdecken, die das Rätselhafte ein wenig vertrauter machen. Das ist natürlich ein ganz anderer Ansatz als unserer – wenn wir überhaupt dem Sternenraum Aufmerksamkeit widmen. Da wir auf dessen Hilfestellung fürs Alltägliche längst nicht mehr angewiesen sind, suchen wir nach dem Exotischen, Erstaunlichen, Außergewöhnlichen. Daher ist unser Verhältnis zu Sternzeit und Planetenbahnen heute eher von Science Fiction und bemannter Raumfahrt geprägt als von den scheinbar unspektakulären Planeten mit ihren Schleifen und Konjunktionen. In einer langen, sternklaren Nacht im Maya-Tiefland und mit banger Erwartung des Wetters der nächsten Erntesaison waren die Bedürfnisse ganz anders gelagert – und was sich dem bloßen Auge darbot, war spektakulär genug.

In ihrer doppelten Eigenschaft als Morgen- und Abendstern sahen beispielsweise die Babylonier in der Venus gegensätzliche Eigenschaften vereint. Die Maya verstanden die Venus als eng verbunden mit dem Regengott *Chaak*, weil ihre Himmelskundler Beziehungen herstellen konnten zwischen der Länge der Abwesenheit des Planeten vom Morgen- bzw. Abendhimmel und dem Zeipunkt von Regen- und Trockenzeiten – eine höchst praktische Erkenntnis für Maisbauern wie unseren Ben. Der Versuch war also naheliegend, schon früh durch intensive Beobachtung der Venus über lange Zeiträume (also viele Generationen) eine breitere Datengrundlage zu erhalten, um verlässliche Vorhersagen treffen zu können. Und natürlich brauchte es für die Zuordnung der Vorhersagen und für ihre Weitergabe zur praktischen Anwendung einen Kalender als Koordinatensystem, in dem diese nutzbar eingetragen werden konnten. Respektlos gesagt, handelte es sich bei der

Venusschau anfangs nur um eine Art fortgeschrittenen Bauernkalender.

Aber Maisanbau hin oder her: Vor allem eine der Venus zugeschriebenen Eigenschaften war für die Maya von besonderer Bedeutung: die als kriegswichtige Himmelsinstanz. Folglich waren die Astronomen ganz besonders gefragt, genaue Beobachtungen und Berechnungen über Sichtbarkeit und Unsichtbarkeit der Venus anzustellen, um daraus langfristige Prognosen über künftige Venusphasen machen zu können und damit militärische Aufklärungsdienste zu leisten.

Der Kriegsbezug der Venus geht aus unzähligen Inschriften und Abbildungen hervor, wenn auch die Forschung sich nicht vollends einig ist, wie sehr sich die Militärstrategen der Maya in Abhängigkeit von der Venus begaben. Beispielsweise ist umstritten, ob die Maya ihre Kriegszüge tatsächlich nach der Erscheinung der Venus ausrichteten. Vermutlich war es hier wie bei anderen bedeutsamen Ereignissen, zu denen der zuständige Himmelskörper seinen Segen spenden sollte: Was nicht passte, wurde passend gemacht, da hielten es die Politiker der Maya wohl kaum anders als ihre Berufskollegen anderer Völker zu allen Zeiten der Geschichte. So blind war der Glaube an die Schicksalsmacht der Sterne nämlich nicht, dass ein Feldherr eine günstige Gelegenheit für ein militärisches Unternehmen hätte ungenutzt verstreichen lassen, weil das Erscheinen der Venus auf sich warten ließ. Vielmehr verfuhr man gegebenenfalls pragmatisch und setzte sich über die Himmelskunde hinweg – oder man retuschierte die Bezugsdaten ein wenig, wie man für dynastische Beurkundungen in Stein oder Stuck ja ebenfalls verfuhr, wenn es nottat.

Das dramatischste Beispiel für die kriegerische Bedeutung der Venus liefert die Geschichte der Stadt Tikal, deren Auf und Ab im Mächteringen des Maya-Tieflandes wir bereits verfolgt haben.

Als die Archäologen feststellten, dass der sorgsam und regelmäßig unterhaltene Stelenkult zu wichtigen Kalenderfeiern Mitte des 6. Jahrhunderts für anderthalb Jahrhunderte abreißt, ohne dass zunächst Gründe dafür ersichtlich gewesen wären, begann ein weiteres Rätselraten im Zusammenhang mit der Geschichte der Maya-Klassik. Zwei Entdeckungen halfen bei der Lösung: Zum einen ließ sich nachweisen, dass die Stelen aus der Zeit vor der rätselhaften Lücke regelrecht geschleift worden waren – also absichtlich unleserlich gemacht. Das ließ vermuten, dass in Tikal plötzlich jemand das Sagen hatte, der mit dem Inhalt der Steleninschriften entschieden unzufrieden war oder die Stadt auch nur demütigen wollte, indem er ihre stolz in Stein verewigte Chronik ausradierte, die so entwerteten Stümpfe aber absichtsvoll stehen ließ. Solch rüdes Benehmen zeichnet Besatzer durch alle Zeiten aus. Zum anderen lieferten Ausgrabungen und Entzifferungen in der 1937 von einem Holzfäller im Süden von Belize entdeckten Maya-Stadt Caracol in den 1980er-Jahren Hinweise, mit denen die Lücke im steinernen Geschichtsbuch von Tikal gefüllt werden konnte.

In Caracol nämlich, Bündnispartner Calakmuls im Krieg gegen Tikal, rühmte ein Herrscher namens Kan II. auf einer Ballspielplatzmarkierung die Verdienste seines Vaters und Vorvorgängers Ajaw Te' K'inich II., der 556 am ersten Militärschlag gegen Tikal beteiligt war. Der zweite folgte sechs Jahre später und machte Tikals Unabhängigkeit vorerst zunichte. Caracols Herrscher lässt die Kunde vom Sieg mit dem Zeichen der Venus versehen, die zu diesem Zeitpunkt tatsächlich am Himmel zu einer Schleife ansetzte. Caracol hatte Tikal in der Rolle des Günstlings der Venus abgelöst, hieß das in der Auslegung der Himmelskundler.

Kan II. setzte im 7. Jahrhundert die militärischen Eroberungszüge seines Vaters fort und machte sich im Gespann mit Calakmul die Stadt Naranjo untertan. Und auch in diesem Fall wird der Stand der Venus vermerkt, die zum Zeitpunkt des erfolgreichen Angriffs 626 wie bereits 562 als Morgenstern ihre Rückwärtsschleife vollzog – eine besonders günstige Position, wie die Sterndeuter den Militärs versicherten. Das gleiche Spiel wiederholte sich dreieinhalb Jahre später: Wieder ging es gegen Naranjo, und wieder gab Kriegsgott Venus seinen Segen, diesmal allerdings durch sein Erscheinen als Abendstern. Und wer die Sache mit der Venusgläubigkeit der Krieger noch immer für einen kalendarischen Zufall hält: Auch der folgende Überfall 636 stand, zumindest für Caracol, unter dem guten Stern der Venus, die sich nun wieder als Morgenschöne präsentierte. Als Kan II. gut anderthalb Jahre später sein erstes *k'atun*-Jubiläum als König feierte, ließ er seinen Ruhm nicht etwa zu Hause prächtig in Stein gemeißelt verewigen, sondern auf der sogenannten Hieroglyphentreppe in der ohnehin zutiefst gedemütigten Stadt Naranjo. Dem entsprach die mutwillige Zerstörung der Stelen in Tikal – beides gleichzeitig weithin sichtbarer Ausdruck, wer Macht über den Kalender hatte bzw. wem die Gunst der Sterne galt, auf denen die Zeitrechnung ebenso beruhte wie die Ordnung als Ganzes.

Diese Art Krieg, von der Venus sanktioniert, tauften die Mayanisten alsbald »Krieg der Sterne«, zumal die Entdeckung in die Hochphase der *Star-Wars*-Euphorie fiel. (Tikal schaffte es sogar mehrmals auf die Kinoleinwand, sowohl in der Mutter aller *Star-Wars*-Filme *Episode 4* als auch in *Moonraker*, James Bonds elftem Streich.) Bei den Maya wurde die Orientierung an der Venus zu einem gern kopierten Erfolgsmodell, und auch bei späteren Kriegen zwischen den Maya-Städten der klassischen Zeit finden sich immer wieder Hinweise auf eine passende Venuskonstellation für ein militärisches Unternehmen. So berücksichtigte Naranjo die Informationen seiner Astronomen bezüglich der Venus für Kriegszüge, darunter auch gegen den einstigen Peiniger Caracol, und weitere wichtige Ereignisse wie Regierungsantritte wurden in den

Annalen der Stelen ebenfalls in Beziehung zum Stand der Venus gesetzt, vorzugsweise in Verbindung mit Konjunktionen anderer wichtiger Planeten. Die Sache mit der Venus wurde zu einer regelrechten Mode der Maya-Chronisten – oder auch zur fixen Idee, denn offenbar wurde auch hier kalendarisch nach Kräften gemogelt: um bestimmten Ereignissen durch ihren zeitlichen Bezug zu legitimierenden Himmelsstellungen die nötige propagandistische Wirkkraft zu verleihen. Sternengötterfürchtigen Kämpfern mag es in der Schlacht eine psychologische Stütze gewesen sein – oder auf der gegnerischen Seite zu wehrkraftzersetzender Furcht vor dem unerbittlichen Planeten geführt haben.

Die Beobachtung der Sterne, die einmal ausging vom Blick zum Mond am Nachthimmel und der Kerbe im Kalenderhölzchen, hat über die Jahrtausende also eine höchst beachtliche Professionalität erfahren und wurde politisch instrumentalisiert. Um den Geheimnissen der Astralgottheiten auf die Spur zu kommen, betrieben die Maya-Astronomen großen Aufwand über viele Generationen. Sie zeichneten akribisch auf, was sich am Himmel tat, und gaben Wissen und Beobachtungen, Kenntnisse und Erkenntnisse von Generation zu Generation weiter. Dieses Wissen fand Eingang in eine reiche Buchkultur, von der fast nichts übrig geblieben ist, weshalb das wenige Erhaltene heute umso umfassender untersucht und ausgewertet wird. Bei aller für uns schwer nachvollziehbaren Belebung und Beseelung der Sternenwelt: Die dazu nötigen astronomischen Anstrengungen waren durchaus wissenschaftlich. Der Antrieb dazu und die Schlüsse, die aus den Erkenntnissen gezogen wurden, mögen modernen wissenschaftlichen Ansprüchen nicht genügen – das tägliche Geschäft der Maya-Astronomen jedoch verlangt jedem Mathematiker und Astronomen unserer Tage hohen Respekt ab. Die Genauigkeit der Aufzeichnungen und der Berechnungen ist bewundernswert, mögen sie in ihrer Darbietung in den Tabellen der Handschriften für das moderne Auge auf den ersten Blick auch nicht gerade seriös daherkommen – und hinterher politischen Zwecken »angepasst« worden sein, wie wir gesehen haben. Aber Letzteres war bereits eine höhere Stufe der Verwertung, denn der ursprüngliche, vornehmere Zweck bestand ja darin, durch Aufzeichnung des Himmelsgeschehens und seiner zyklischen Wiederkehr Rückschlüsse zu ziehen auf das irdische Geschehen, und zwar bezüglich Naturerscheinungen ebenso wie mystischer Prognosen, was das Wesen bestimmter Tage betraf, an denen Opfer vollzogen, Kinder geboren, Handelsabschlüsse getätigt oder Kriege angezettelt werden sollten.

Auch wenn die Überbleibsel höchst spärlich sind – die Maya besaßen eine reichhaltige Buchkultur. Sie stellten ihre Bücher aus Feigenbast her, einem aus der mit Stärke behandelten Rinde eines Ficusbaumes gewonnenen Papier, das mit Limettensaft und Kalk bestrichen und mittels Pinsel und Feder in Schwarz und Rot beschrieben wurde. Der Einband bestand meist aus Holz, besonders wertvolle Handschriften wurden in Jaguarfell gebettet. Die Bücher der Maya waren allerdings nicht in Codexform gebunden wie unsere, sondern Leporellos, also lange Papierstreifen, deren Seiten wie eine Ziehharmonika gefaltet wurden. Zusammengelegt waren sie schmaler als unsere Taschenbücher, aber dafür länger. Wie viele Bücher die Maya einmal besaßen, kann allenfalls grob geschätzt werden, aber viele davon wurden in Bibliotheken aufbewahrt. Deren Inhalt lieferte das Material für Bücherverbrennungen, wie sie auch die Bücher der Azteken trafen, veranstaltet von den spanischen Eroberern, die in den Büchern übles Teufelswerk witterten. Darin hat sich der schon erwähnte Diego de Landa hervorgetan, der durch seine späteren, für die Forschung sehr wertvollen Aufzeichnungen über die Maya und wie sie die Welt sahen diese Untat wenigstens ein klein wenig abgemildert hat. Der gestrenge Christenmann befand:

> Diese Leute gebrauchten auch bestimmte Schriftzeichen oder Buchstaben, mit denen sie in ihren Büchern ihre alten Geschichten und ihre Wissenschaften aufschrieben, und durch sie, die Bilder und einige Zeichen an den Bildern verstanden sie ihre Angelegenheiten, machten sie anderen begreiflich und lehrten sie. Wir fanden bei ihnen eine große Zahl von Büchern mit diesen Buchstaben, und weil sie nichts enthielten, was von Aberglauben und den Täuschungen des Teufels frei wäre, verbrannten wir sie alle, was die Indios zutiefst bedauerten und beklagten.

Kaum anders als die vermeintlich Gottlosen hätte wohl der Bischof empfunden, wäre ein Stapel Betbücher dem Feuer übereignet worden.

Drei der vier erhaltenen Maya-Codices werden nach der jeweils besitzenden Bibliothek Pariser, Madrider und Dresdner Codex genannt; der vierte, der Codex Grolier, nach dem Ort seiner Präsentation 1971 in der gleichnamigen New Yorker Galerie. Er ist der jüngste und könnte aus der letzten der von den Spaniern eroberten Maya-Städte stammen, Tayasal.

In der Sächsischen Staatsbibliothek zu Dresden liegt der älteste dieser berühmten Maya-Codices, der eifrig analysierte Venustabellen enthält. Die Dresdner Handschrift gilt als schönstes der überlebenden Bücher, wurde zwischen dem 12. und 14. Jahrhundert verfasst und ist vermutlich eine Abschrift des älteren Originals, das nicht überliefert wurde. Schon wegen der klimatischen Bedingungen der Region wurden die Bücher immer wieder kopiert. Dass wenigstens diese wenigen Handschriften erhalten sind, verdanken wir vermutlich dem Geschäftssinn spanischer Konquistadoren oder Abenteurer, die die Fundstücke, die wohl eher zufällig dem Scheiterhaufen entgangen waren, in Europa an Leute verkauften, die sich für exotische Kuriositäten aus der Neuen Welt interessierten. Die Handschriften bestehen aus Almanachen und Tabellen, die alle möglichen Inhalte zusammenstellen: Nicht nur

Kalendarisches und Astronomisches werden vermerkt, sondern auch Hinweise über Heilmittel und für den Pflanzenanbau, das Wetter oder Handwerkliches. Den Bezugsrahmen liefert meist der *Tzolk'in* mit seinen 260 Tagen, der im Allgemeinen in fünf Abschnitte von je 52 Tagen unterteilt wird, manchmal auch in vier mit jeweils 65 Tagen.

Uns soll hier der Dresdner Codex beschäftigen, dessen Seiten überwiegend aus 43 Almanachen von je fünf Abschnitten sowie 14 mit je vier Abschnitten bestehen. Wie bei Handschriften des europäischen Mittelalters kann man auf den 39 beidseitig beschriebenen Seiten verschiedene Schreiber unterscheiden. Der Codex tauchte 1739 in Wien auf, wo ihn die Dresdner Staatsbibliothek kaufte, um ihn dann zunächst unbeachtet zur Seite zu legen, weil man nichts Rechtes damit anzufangen wusste.

Die Venustabellen auf sechs Codexseiten (24, 46–50) zeigen Zahlenreihen und Hieroglyphen, die die Venus in ihren verschiedenen Erscheinungsformen und Stadien darstellen, daneben Opferhandlungen bzw. gebeutelte Opfer der spitzen Pfeile der Venus. Dazu sind die Tagesnamen des *Tzolk'in* vermerkt, sodass die Angaben denen eines heutigen Taschenkalenders entsprechen, der außer dem Tagesdatum auch die jeweilige Mondphase vermerkt. Aber die Maya-Astronomen gehen über solche Petitessen weit hinaus. Der beschriebene Zyklus umfasst zwei Kalenderrunden, also 104 *Haab*. Dieser Zyklus heißt auch Große Runde, weil er mit 37960 Tagen dem kleinsten gemeinsamen Vielfachen der Zyklen von *Tzolk'in*, *Haab* und Venusumlauf entspricht: (146 × 260) = (104 × 365) = (65 × 584). Vermerkt wird außerdem, in welcher Himmelsrichtung die Venus sichtbar wurde, wie lange sie am Himmel stand und wo sie wieder verschwand. Und schließlich werden die Prognosen angefügt, etwa drohende Krankheiten oder eine schlechte Maisernte – bei der missgünstigen Venus sind die Vorhersagen deutlich weniger ausgewogen als bei anderen Himmelsgöttern.

Die Tabellen dienten als Handbuch für Astronomen, die damit die Erscheinungs- und Prognosedaten der Venus beeindruckend exakt nachvollziehen konnten: durch kundiges Blättern darin und dank eingebauter Korrekturfunktion für Tagesüberhänge aufgrund der kleinen Ungenauigkeiten der Kalendereinheiten über Jahrhunderte und der sich über die Monate ansammelnden leichten »Verspätung« des Mondes. Die Korrektur funktionierte vom System her so ähnlich wie unsere Schalttage, die ja auch nichts anderes tun, als angesammelte Lücken zwischen Kalender- und Sonnenjahr dann zu berücksichtigen, wenn ein ganzer Tag Rückstand zusammengekommen ist, also nach vier Jahren. Ganz ähnlich wurde der Nutzer des Venusalmanachs während seiner Berechnungen, die mit diesen Tabellen praktisch endlos in die Zukunft hinein hätten durchgeführt werden können, an bestimmten Stellen aufgefordert, ein paar Tage abzuziehen, um wieder genau auf Venuskurs zu liegen.

Die derart minimierte Fehlerquote lag bei den Maya erstaunlicherweise bei weniger als einem Tag in fünfhundert Jahren. Weitere Angaben kamen hinzu, so die Entsprechungen im *Haab* – und die Vorhersage von Mondfinsternissen, deren Abhängigkeit von der Venus die Maya-Astronomen prognostisch ausbeuteten, wobei sie in ihren Langzeitkalkulationen der Mondphasen vom modernen Kenntnisstand nur um sieben Minuten abwichen. Was Julius Caesar der jahreszeitlich korrekte Neujahrstermin und den Christen der vorschriftsmäßig begangene Ostertermin nach dem ersten Frühlingsvollmond war, das war den Verfassern solcher Venustabellen die exakte Bestimmung des ersten Auftauchens der Venus am Morgenhimmel. Allerdings: Wenn es um die Entsprechung im Ritualkalender *Tzolk'in* ging, nahmen es die Maya-Astronomen mit der Exaktheit plötzlich nicht mehr so genau, aber das führte nur zu kurzfristigen Abweichungen im laufenden 260-Tage-Zyklus und nicht bei Berechnungen über längere Zeiträume.

*Der Venuskönig von Copán*

Der Venuskönig von Copán, Yax Pasaj oder Aufgehende Sonne, dem wir bereits begegnet sind, hatte vielleicht ein vergleichbares Legitimitätsproblem wie sein Herrscherkollege Kan Balam von Palenque – mit dem er durch seine Mutter womöglich weitläufig verwandt war. Jedenfalls hatte Aufgehende Sonne eine Adelige aus Palenque zur Mutter, die oft genannt wird, während sein Vater verdächtigerweise nie ins Spiel kommt. Vermutlich also war er mit seinem Amtsvorgänger nicht oder nur indirekt verwandt, was ihn bewogen haben mag, in Komplizenschaft mit einem findigen Kalenderpriester die Sterne heranzuziehen, auf dass sie seinem Thronanspruch Unantastbarkeit verliehen – und sich dafür noch dazu eines Planeten zu bedienen, der den Herrschern von Copán schon häufiger als Propagandawaffe zu Diensten gewesen war.

Der unbekannte Zeitfachmann bewerkstelligte, dass der Dienstantritt des neuen Königs pünktlich mit dem Auftreten der Venus als Morgenstern nach ihrer turnusmäßigen Abwesenheit zusammenfiel, wie eine Inschrift zu berichten weiß. Gleiches konstatiert eine andere Inschrift, die sich rückblickend auf die venusbeschienene Thronbesteigung seines Vorvorgängers bezieht, womit Yax Pasaj sich sozusagen legitimierend ins selbe Venuslicht stellt wie den König, dessen biologischer Abkömmling er eben nicht ist. Für die Venus als Leitstern und genealogischen Kitt gibt es im reichen Schaffen (und Fälschen) von Aufgehende Sonne noch zahlreiche andere Beispiele.

Längst geht es in diesen Sterndingen erheblich professioneller zu, als wir das für die Zeit vermuten können, zu der Bauer Ben die Venuszeichen an der Tempelfassade in Cerros bewundert haben könnte. In den seither verstrichenen *bak'tun* und vielen *k'atun* wurden Erkenntnisse gewonnen, Beobachtungen verfeinert, sodass schon ein Jahrhundert vor Yax Pasaj einer seiner Vorgänger, der bereits erwähnte Achtzehn Kaninchen, in seinem Venustempel ein Fenster anbringen ließ, um von dort aus alle acht Jahre nach der Regenzeit den ersten Aufstieg der Venus am Abendhimmel verfolgen zu können, von deren Glanz vor allem der König profitierte. Astronomie und Kalenderwirtschaft wurden immer komplexer und komplizierter; was früher der ehrfurchtgebietende Auftritt des Königs zwischen den Hieroglyphenriesen von Morgen- und Abendstern war, wurde die ausgeklügelte Kalenderberechnung und exakte Ausrichtung eines Fensters zugunsten einer Venuserscheinung zur richtigen Zeit am richtigen Ort. Und beides diente der Verherrlichung der Königsmacht und ihrer Auserwähltheit durch die Gunst der Abstammung und der Sterne – jedenfalls so lange, wie das Volk das Prinzip des Gottkönigtums anerkannte und damit die Pracht der beschworenen Sterne gläubige Menschen beeindruckte.

Es muss uns daher nicht verwundern, dass Astronomie und Kalender ebenso für Architektur und Stadtanlage der Maya herangezogen wurden. Wieder einmal diente dabei Teotihuacán als Vorbild. Die mächtige Stadt in Zentralmexiko war nach dem späteren Verständnis der Azteken der Ort der letzten Schöpfung und damit der Platz, an dem die Zeit ihren Anfang nahm. Sie war nach einem strengen Plan errichtet worden, der erkennbar den natürlichen örtlichen Gegebenheiten zuwiderläuft – sogar ein Fluss wurde gebändigt, um die kosmische Stadtanlage nicht zu stören. Architektur und vor allem Stadtplanung sind durch die Menschheitsgeschichte hindurch immer wieder Ausdruck religiöser oder kosmologischer Überzeugungen. Damit bildet das irdische Schaffen die Perfektion des Himmels nach, den Göttern droben zum Gefallen und den Menschen hienieden zum Trost, weil die himmlische Ordnung Sicherheit bedeutet gegenüber der Unberechenbarkeit der irdischen Natur. Vergleichbare Vorstellungen des städtischen Mikrokosmos als Abbild der Schöpfung kennt das alte China, aber ebenso das europäische Mittelalter, das Jerusalem als Vorbild jeder christlichen

Stadt ansah. Auch die Stadtplanung des Barock bemühte sich entsprechend um einen himmlischen Plan: Sei es in Versailles, wo der Sonnenkönig Ludwig XIV. seine absolutistische Regierung architektonisch gefasst sehen wollte, sei es in Berlin, wo Preußenkönig Friedrich Wilhelm I., ein tiefgläubiger Protestant, wenn auch als »Soldatenkönig« ungleich bekannter, seine Residenz gottgefällig perfektionieren wollte.

Wieder einmal sind die Maya (oder vergleichbare mesoamerikanische Stadtanlagen, neben Teotihuacán möglicherweise die Aztekenkapitale Tenochtitlán) kein Sonderfall – dafür aber besonders faszinierend und bis heute ein höchst beeindruckendes Beispiel für astronomisches Können und die Bemühung, das Verständnis von Kosmos und Schöpfung im menschlichen Bauen verewigt zu sehen.

Im Falle von Teotihuacán lassen sich Verbindungen zum Ritualkalender *Tzolk'in* herstellen – sie drängen sich bei eingehender Untersuchung regelrecht auf, sind jedoch als Absicht nicht eindeutig nachweisbar. Im Falle der Maya-Städte sind die astronomischen Bezüge weniger augenfällig als bei den Metropolen Zentralmexikos, aber trotzdem vorhanden, wenn auch die Frage der genauen Erklärung die Fachleute spaltet. Eine kosmologische Ausrichtung am Reißbrett mesoamerikanischer Stadtplaner ist nicht nachweisbar: Eine konkrete Absicht scheint augenfällig, lässt sich aber schon aus Quellenmangel nicht mehr belegen. Gleichwohl kommen bestimmte Anordnungen immer wieder vor, die neben symbolischen auch konkreten astronomischen und kalendarischen Zwecken gedient haben könnten.

Als respekteinflößend müssen Besucher in Copán die Tempelanlage von Venuskönig Yax Pasaj aus dem 8. Jahrhundert empfunden haben, denn sie war ein getreues architektonisches Abbild des Maya-Kosmos: Sie stellt die drei Welten *Xibalba*, Menschenwelt und Götterhimmel dar, in der verbindenden mittleren hat der

König seinen Thron aufstellen lassen – Symbol für seine Mittlerfunktion zwischen Menschenwelt und den für Normalsterbliche unzugänglichen Sphären der Götter. Zahlreiche Datumsangaben verweisen auf die Venus, Dreh- und Angelpunkt der Selbstwahrnehmung des Königs, und ihre Aufstiege, die ins Verhältnis gesetzt werden zu bestimmten historischen Ereignissen im Wirken Yax Pasajs und in der Geschichte Copáns – mal zutreffend (und in Übereinstimmung mit dem Dresdner Codex), mal klar gefälscht. Aber nicht nur ideologisch wird der Planet benutzt, sondern auch zu entsprechenden Phasen als Zeiger für die Maisernte herangezogen. Daher wird die Venus gern im Verbund mit den dazugehörigen Gottheiten abgebildet, vor allem dem Regengott Chaak und dem Maisgott – in diesem Club begegnet uns Letzterer wieder einmal als imageförderndes Alter Ego der Gottkönige.

Vor allem im Maya-Tiefland, aber nicht nur dort, finden sich Dutzende Beispiele für den Typus der sogenannten E-Gruppe, so die ärchäologische Bezeichnung für ein bestimmtes Tempelensemble: in Tikal und Calakmul, aber auch in El Mirador, Uaxactun und Tayasal. Die E-Gruppe besteht aus einer meist freistehenden Pyramide an der Westseite eines Platzes, der östlich auf einer gemeinsamen Plattform drei weitere Tempel in Nord-Süd-Ausrichtung gegenübergestellt wurden. Vom westlichen Tempel oder dem Platz aus konnte man zu bestimmten Tagen die Sonnenwende an den äußeren Ecken des nördlichsten und des südlichsten Tempels beobachten oder über dem mittleren Tempel zur Tagundnachtgleiche die Sonne aufgehen sehen. Bislang konnte nicht zweifelsfrei geklärt werden, ob diese Anlagen astronomischen Zwecken dienten, denn dafür sind sie meist gar nicht ausreichend exakt ausgerichtet, auch wenn die Astronomie bereits weit entwickelt war. Der freistehende, von vier Seiten über Freitreppen zugängliche Tempel dürfte daneben als Sinnbild für die kalendarische Grundeinheit Tag oder für das Universum als Ganzes gedient haben, denn sein Grundriss widerspiegelt die vier Erscheinungsformen der Sonne beziehungsweise die vier Himmelsrichtungen, die den Maya so wichtig waren. Entsprechend lassen sich freistehende Tempel generell als Symbol des Tages ansehen, sozusagen als baulicher Ausdruck des viergeteilten Schriftzeichens *k'in*, und daran anknüpfend als Bühne oder Bühnenbild für Kalenderrituale. Vieles spricht dafür, dass auch die E-Gruppe insgesamt eher zeremoniellen Zwecken diente und dabei die Himmelsphänomene als Bühnenbeleuchtung nutzte – also mehr symbolisch als praktisch ausgerichtet war. Anthony Aveni nannte die E-Gruppe daher »eher Theater denn Labor, mehr ein Planetarium als ein Observatorium«.

Eine ähnliche Bauanlage aus der Region Tikal steht ebenfalls in Verbindung zu Zeit und Kalender: die sogenannten Zwillingspyramiden vor allem des späten 7. und des 8. Jahrhunderts. Sie wurden anlässlich der *k'atun*-Feiern errichtet und bestehen aus je einer Pyramide im Osten und im Westen einer gemeinsamen Plattform. Auch diese Pyramiden stehen frei und besitzen an allen vier Seiten Freitreppen mit je 91 Stufen – die oberste Plattform mitgerechnet also insgesamt 365, wohl nicht zufällig die Tageszahl des *Haab*. (Vielleicht hat sich die Weltkalender-Initiatorin Elisabeth Achelis davon inspirieren lassen, als sie über ein Jahrtausend später ein Schema für ihren Kalenderentwurf von vier Jahresvierteln à 91 Tagen plus dem *World Day* entwarf, das ebenso gut der Grundriss eines solchen Tempels sein könnte.) Alles zusammengenommen ergibt sich eine bestechende Kalendersymbolik für die wichtigste Zyklusfeier: Der Herrscher vermeldet die Vollendung eines *k'atun* mit einem würdigen Blutopfer und der Aufstellung einer Säule auf dem Platz zwischen den Tempeln, die wiederum den Tag und den Kosmos darstellen und gleichzeitig eine Allegorie sind für das Sonnenjahr des *Haab*. In dieser Szenerie schmückt sich der *k'uhul ajaw*, der Gottkönig, mit Kalenderattributen, Himmelssymbolik und den Erfolgen seiner Herrschaft, weil er den *k'atun* sozusagen in Person beendet und zuversichtlich in den nächsten eintritt – ganz wie ein moderner Politiker, der nach einer erfolgreichen (oder als erfolgreich verkauften) Wahlperiode publikumswirksam die nächste frohgemut in Angriff nimmt.

Das Ende des Gottkönigtums der Maya bedeutete keineswegs das Ende ihrer anspruchsvollen Astronomie, wie nicht nur die Codices der Spätzeit belegen. Das Caracol – nicht zu verwechseln mit dem gleichnamigen Stadtstaat – von Chichén Itzá beispielsweise, das noch heute Touristen beeindruckt, aber auch das sogenannte Herrscherhaus von Uxmal, eine weitere Stadt der Maya-Nachklassik in Yucatán, waren ganz auf die Venus ausgerichtet und Letzteres überdies reichhaltig mit Abbildungen des Planeten versehen.

An Chichén Itzás Caracol hat sich schon so mancher Forscher die Zähne ausgebissen, und den britischen Mayanisten Eric Thompson veranlassten die eklatanten Asymmetrien der Architektur zu der ungnädigen Bemerkung: »Wie eine zweistöckige Hochzeitstorte steht es auf dem Karton, in dem es geliefert wurde. Unübersehbar stimmte etwas nicht mit dem Geschmack der Architekten, die es gebaut haben.« In der Tat wirkt das klobige Gebäude, gebaut zwischen 800 und 1000 n. Chr., disproportioniert und misslungen, vor allem der dicke Turm, der wie der allzu prahlerisch geratene Burgfried einer bescheidenen Verteidigungsanlage wirkt. Zwei breite Freitreppen führen auf die ältere erste und die zweite Plattform. Der Turm kann auf der zweiten Plattform des Sockelbaus von den vier Himmelsrichtungen aus durch Eingänge betreten werden, die innen durch kreisrunde Gänge verbunden sind, in deren Mitte man durch eine enge Stiege mehr kriechend als gehend nach oben gelangt. Dort, im arg versehrten Turm, sind drei Fenster erhalten: in Richtung Süden, Südwesten und Westen. So weit, so gut, nur werden die Himmelsrichtungen des Caracol ebenso wenig exakt eingehalten, wie man Mühe hat, überhaupt irgendwo im Grundriss des Gebäudes auf einen rechten Winkel zu stoßen.

Erklären lässt sich der merkwürdige Bau nur dann zufriedenstellend, wenn man ihn als Observatorium ansieht und für seine eigenwilligen Eigenschaften astronomische und kalendarische Funktionen sucht – dann jedoch geht sein Geheimnis auf wie eine schwierige, aber geduldig bewältigte Patience. Denn sowohl eine Nische in der Treppe zur ersten Plattform als auch zwei der drei erhaltenen Fenster der Turmruine dienten mit ihren schmalen Scharten der Beobachtung der Venus. Andere Achsen der scheinbar verunglückten Anlage können ebenfalls astronomischen Konstellationen zugeordnet werden, nicht nur der Venus, sondern auch der Sonne am Tag ihres Zenits oder ihres Aufgangs zur Sonnenwende. Aufwändige Untersuchungen, die den Nachthimmel zu jener Zeit simulierten, ergaben weitere mögliche Ausrichtungen des Gebäudes auf himmlische Erscheinungen. Die Interpretation als astronomischer Zweckbau stützt die Tatsache, dass Himmelsgucker in dieser flachen Gegend Yucatáns über keine natürlichen Observierungspunkte verfügten, wie sie in Copán oder Palenque durch Berggipfel und Ähnliches gegeben waren. Für belastbare astronomische Messungen war also ein maßgeschneidertes Observatorium vonnöten.

Dieser Erklärungsversuch hinsichtlich der Bestimmung des Caracol entspricht einem reinen Indizienprozess ohne letzten Beweis. Die Indizienlast allerdings ist so erdrückend, dass man das klobige Gebäude getrost als Observatorium und steinernen Kalender bezeichnen kann. Ein ähnlicher Turm in Mayapan, Chichén Itzás Nachfolger als Maya-Metropole der Spätzeit, wurde Mitte des 19. Jahrhunderts von einem Blitz fast völlig zerstört, einer weiteren Ruine an der Ostküste von Yucatán gab ein Hurrikan den Rest. Forscher gehen aber davon aus, dass es sich um eine verbreitete

Gebäudeform handelte: den Arbeitsplatz von Astronomen und Kalenderpriestern.

### *Rätsel 13.0.0.0.0 – Weltuntergang im Jahr 2012?*

Die seriöse Maya-Forschung befasst sich mit der ominösen Frage des Weltuntergangs zum Achsentag 13.0.0.0.0 im Maya-Kalender – der nach gängiger Umrechnung dem 21. Dezember 2012 entspricht – allenfalls am Rande, weil dies kein vorrangiges Thema der Maya-Geschichte darstellt. Je näher allerdings das Jahr 2012 rückt, desto öfter sehen sich Wissenschaftler mit der bangen Nachfrage konfrontiert, womit man denn rechnen müsse. Zumal auch andere Völker Mesoamerikas wie überhaupt viele Weltreligionen einem drohenden Weltuntergang erheblichen Platz in ihren Schriften einräumen.

Es gibt gewichtige Gründe, am 21. Dezember 2012 frohen Mutes Vorbereitungen für etwaige Festlichkeiten zu treffen, anstatt den neuen Tag mit einer prekären Mischung aus Unbehagen und unbestimmter Panik anzugehen. Der eine lautet, dass der Maya-Kalender ein Kalender ist wie andere auch, also ein von Menschen geschaffenes Instrument, das nach natürlichen Vorgaben – insbesondere von Jahreszeiten und Gestirnen – ein Zeitraster zur Einteilung der überschaubaren Gegenwart und zur Berechnung weit zurückliegender oder in ferner Zukunft befindlicher Zeitpunkte liefert. Ein Kalender ist mithin keine Zeitbombe, sondern nichts weiter als eine Art Zeitmaschine ohne eingebaute Funktion für Zeitreisen. Sowohl der Spaziergang durch die Kalenderkultur der Weltgeschichte als auch die eingehende Untersuchung von Nutzen, Herkunft und Gebrauch der Maya-Zeitrechnung haben gezeigt, dass alle Kalenderformen auf drängende Neugier und konkrete Bedürfnisse und Gegebenheiten zurückgehen und seit ihrer Erstellung in Zeiten historischer Unschärfe eine Entwicklung durchliefen. Zeitmanagement und Religion, Gesellschaft und Herrschaft stehen in enger Wechselwirkung, weshalb die gesellschaftliche und politische Entwicklung eines Volkes oder Landes sich kalendarisch niederschlägt, weil der Kalender zur jeweiligen Kultur gehört. Teil davon ist die religiöse Ausrichtung der Kalender über Jahrtausende.

So durchdrungen war der Maya-Alltag von Religiösem, so mystisch befrachtet alles Irdische, dass auch das Instrument Kalender in diesem Sinne gestaltet war. Zwar haben religiöse Vorstellungen von mehreren vorangegangenen Schöpfungen und ihrer Zerstörung ihren kalendarischen Niederschlag erfahren. Trotzdem: Der Kalender der Maya war kein Instrument apokalyptischer Berechnungen, sondern vornehmlich auf seine Funktion in der damaligen Gegenwart ausgerichtet. Und zur Zeit der Maya-Klassik bestand wenig Anlass, ein oder anderthalb Jahrtausende in die Zukunft zu blicken. Die Entwicklung, die die Zeitrechnung der Maya über viele Jahrhunderte durchlaufen hat, belegt ihren weltlichen Bezug und Hintergrund ebenso wie sie Spekulationen widerlegt, der Kalender diene einzig und allein dem Zweck eines Countdowns zur Apokalypse.

Zudem haben schon die alten Maya nicht daran geglaubt, dass am fernen Tag 13.0.0.0.0 die gegenwärtige Schöpfung zu Ende gehen würde. Auch ihr Glaube, die gegenwärtige Schöpfung sei nicht die erste, muss nicht notwendigerweise eine apokalyptische Dimension und auch keinen kalendarischen Bezug haben. Die Annahme eines Weltuntergangs wäre ihnen schon deshalb abwegig erschienen, weil die gegenwärtige Schöpfung mit den Maismenschen – im Unterschied zu den vorangegangenen, durch Sintfluten abgebrochenen Schöpfungsversuchen – überaus erfolgreich war, da die Maismenschen taten, wofür sie erschaffen wurden: die Götter anbeten und den Kalender in Ehren halten.

Der einzige Grund, das Ende der Welt konkreter ins Auge zu fassen, läge schließlich im rein religiösen Bereich, wenn also die Schöpfungsgötter nach all den Jahrtausenden das Experiment Maismensch nun doch nicht mehr für gelungen halten würden und ihm ein Ende setzen wollten. Zum einen aber zeichnen sich religiöse Prophezeiungen selten dadurch aus, Wirklichkeit zu werden. Zum anderen wäre nach dieser Weltsicht ein (wenn auch nicht kalendarisch) geeigneterer Zeitpunkt gewesen, der Schöpfung ein Ende zu machen, als die Maya auf den massiven Druck der Europäer hin ihre eigene Religion nach und nach aufgaben und das Christentum annahmen. Dieser Zeitpunkt aber liegt schon viele Jahrhunderte zurück.

Zweifellos ist für das Kalenderverständnis der Maya die Vollendung des dreizehnten *bak'tun* eine große Sache, und zwar mehr als die vorangegangenen *bak'tun*-Feiern, weil die Dreizehn als heilige Zahl galt. Aber dass die Mehrzahl der Kalenderangaben nicht über die fünf Stellen der Langen Zählung hinausgeht, heißt nicht automatisch, dass die Maya ihre Zeitrechnung und ihren kosmologischen Horizont darauf beschränkt und mit dem dreizehnten *k'atun* auch das Ende der Zeit und der Schöpfung veranschlagt hätten. Für die Langzeitchronologie der Maya war diese Form der Datumsangabe schlichtweg ausreichend, weil sich die zeitgenössischen Ereignisse überwiegend im achten und neunten *k'atun* abspielten und der Nullpunkt der Schöpfung als Bezugspunkt diente. Dass die Maya mit ihrer anspruchsvollen Mathematik in der Lage waren, darüber hinauszurechnen, haben wir an einigen Beispielen gesehen. Aber es gibt aus der Zeit der Maya-Klassik noch andere Datumsangaben, die sich mit den üblichen fünf Stellen nicht zufriedengeben. Normalerweise war diese erweiterte Angabe überflüssig, zumal sie über den historischen Zeithorizont weit hinausging. Aber zum Wohl exquisiter Zeitspiele und stolz dargelegter Kalenderarithmetik, für die Fortschreibung herrscherlicher Größe weit in die Zukunft und jenseits jeden Vorstellungsvermögens wurden solche abenteuerlichen Rechnungen bisweilen vorgenommen.

Im Inschriftentempel von Palenque findet sich der Verweis auf das dereinst zu begehende achtzigste Kalenderrunden-Jubiläum des Königs Pakal – zweifellos, um die Größe des Herrschers auch damit auszudrücken, dass selbst in unvorstellbar ferner Zukunft des einstigen Königs gedacht werden wird. Achtzig Kalenderrunden entsprechen 80 mal 52 *Haab*, also 4160 Jahren. Im Tempel der Inschriften wird dafür eine Abstandszahl vermerkt, die dem Datum 1.0.0.0.0.8 5 *Lamat* 1 *Mol* entspricht – dem 21. Oktober 4772 im gregorianischen Kalender, ein Samstag. Hier wurde also links von der Einheit *bak'tun* das nächsthöhere Kalenderbündel vermerkt: *piktun*, also 20 *bak'tun*. Das Datum liegt mithin etwas mehr als sieben *bak'tun* nach dem angeblichen Weltende. Und aus der im Tempel verewigten Rechnung ergibt sich, dass nach Vollendung des dreizehnten *bak'tun* der vierzehnte beginnt – und somit weder die Kalenderuhr auf null umspringt, noch die Welt untergeht.

Eine andere Datumsangabe aus Yaxchilán spielt wiederum ausgiebig mit der heiligen Zahl Dreizehn – und erweitert das Datum 9.15.13.6.9 3 *Muluk* 17 *Mak*, entsprechend dem 15. Oktober 744 julianischer Zählung, indem es ihm noch acht Stellen voranstellt, die jeweils 13 betragen:

13.13.13.13.13.13.13.13.9.15.13.6.9 3 *Muluk* 17 *Mak*

Das ändert nichts an der Verortung des Zeitpunkts, wohl aber am Zeitrahmen insgesamt, der damit nahezu ins Unendliche ausgedehnt wurde. Außerdem entlarvt diese Datierung, dass die Kalenderkundigen der Maya sich durchaus uneins waren, wie mit den kalendarischen Größenordnungen jenseits des *bak'tuns* mathematisch zu verfahren sei: Denn hier scheinen alle Positionen maximal bis Ziffer Dreizehn zu gehen. Es dürfte eine akademische Debatte gewesen sein, deren Klärung fürs Alltagsgeschäft ohne Belang war.

Ähnlich in der Fixierung auf die Zahl Dreizehn, aber noch mutiger, was eine kalendarisch gerade noch fassbare Ewigkeit betrifft, ist eine Kalenderangabe auf Stele 1 in der Stadt Cobá im heutigen mexikanischen Bundesstaat Quintana Roo. Dort wird das Schöpfungsdatum 4 *Ajaw* 8 *Kumk'u* mit einer Langzeitdatierung von $20^{21} \times 13$ *tun* abgebildet, also 20 Stellen über dem *k'atun*. Eine hübsch anschauliche mathematische Übung, die in der Tat die Ewigkeit in kalendarische Zyklen zu unterteilen beansprucht. Daraus geht gleichzeitig hervor, dass der kalendarische Nullpunkt der Langen Zählung eben nicht als absoluter Nullpunkt anzusehen ist. Zyklisches Denken und Rechnen, so vermitteln uns die Kalenderexperten der Maya, stehen durchaus im Einklang mit der Vorstellung der Ewigkeit, die uns als unendliche Zeitlinie seit Albert Einstein ja auch nicht mehr ganz so linear anmutet.

Der maßgebliche deutsche Maya-Forscher Nikolai Grube verweist noch grundsätzlicher darauf, dass in der Überlieferung der Maya von einem drohenden Weltuntergang zum symbolträchtigen Datum 13.0.0.0.0 gar nicht die Rede ist: Nur *ein* Text spricht von einem der Götter, der an diesem Tag kommen werde – jedoch ohne jedes apokalyptische Getöse. Grube verortet eine Art Endzeitglaube der Maya auf ein viel ferneres Datum, nämlich 9898 n. Chr., wenn seit dem Schöpfungsdatum dreimal elf *bak'tun* vergangen sind, wie ein mit Hieroglyphen versehener Knochen aus einem Königsgrab aus Tikal mitteilt. Das entspricht in der Langen Zählung einem *piktun* und dreizehn *bak'tun*, weshalb der Knochen als fernstes Datum 1.13.0.0.0.0 10 *Ajaw* 8 *Sip* angibt. So lange also sollte nach dieser Vermutung die Welt noch halten, und Datumsangaben, die in die Zeit danach fallen würden, kommen nirgendwo vor. Insgesamt trägt der Knochen drei Daten, jeweils im Abstand von elf *bakt'un*. Dieser Zeitraum von dreimal elf *bak'tun* findet in kosmologischen Maya-Texten und -Inschriften häufiger Erwähnung und besitzt daher größere Relevanz als der Termin 13.0.0.0.0. Und er ziert den Herrschertitel in vielen Inschriften, die den Maya-König als »Herr über dreimal elf *bak'tun*« bezeichnen. Aber ob zu diesem fernen Zeitpunkt in knapp acht Jahrtausenden die Welt untergehen oder nur in eine andere Phase übergehen würde – darauf legen sich die Texte nicht fest. Warten wir also ab.

Es gibt noch einen dritten Grund, das Menetekel des Weltuntergangs kalt lächelnd abzutun: Die Entsprechung des ominösen Datums im Maya-Kalender mit dem 21. Dezember 2012 ist nämlich keineswegs unumstritten. Die sogenannte Korrelationsfrage ist bis heute Gegenstand mitunter leidenschaftlicher Debatten, weil die Umrechnung in den gregorianischen Kalender auf bestimmten Annahmen beruht. Der Grund dafür ist, dass bei Ankunft der Spanier in Yucatán die Maya-Zeitrechnung zwar noch in Gebrauch war, aber nicht derjenige Teil davon, der die Langzeitchronologie betrifft. Die Blütezeit der Stadtstaatenkultur mit anspruchsvoller Architektur, aufwändiger Hofhaltung gottgleich angesehener Könige und einer hochintellektuellen Kalenderpriesterkaste war längst vorbei, und für die vornehmlich historiografischen und politisch-propagandistischen Zwecken dienende Lange Zählung gab es keine Verwendung mehr. Anders ausgedrückt: Wenn der erste Spanier, der eine Maya-Stadt betrat, sich einen Einheimischen gegriffen und ihm seinen Taschenkalender hingehalten hätte, auf dass dieser unter das gregorianische Datum dieses vermeintlich großen Tages dasselbe Datum nach Art der Langen Zählung des Maya-Kalenders schreibe, hätte er nur eine sehr kurze Tagesangabe nach *Haab* und *Tzolk'in* erhalten – wenig aussagekräftig, weil sie eben nicht auf die Langzeitchronologie des damaligen julianischen Kalenders der Alten Welt umzurechnen war.

Da also ein zweifelsfreier Bezug zwischen den beiden Zeitrechnungen nicht zur Verfügung stand, entwickelte sich in der Forschung eine Kontroverse über die sogenannte Korrelationsfrage. Seit Anfang des 20. Jahrhunderts lagen die Meinungen darüber, in welches Verhältnis die Maya-Datierungen der Langen Zählung zum gregorianischen oder julianischen Kalender zu setzen seien, um bis zu einem Jahrtausend auseinander, über 50 Varianten der Kalenderumrechnung waren im Angebot. In den letzten Jahrzehnten haben sich die beiden Extreme aber bis auf zwei Tage angenähert – diese beiden Umrechnungsarten werden nach ihren jeweiligen hochverdienten Urhebern die Lounsbury- und die Goodman-Martínez-Thompson-Korrelation genannt (GMT). Letztere wird heute überwiegend herangezogen, auch die Umrechnungen dieses Buches basieren auf ihr. Sie beruht allerdings auf der Annahme, dass zur Zeit der Kalenderinschriften die Maya überall ein und denselben Kalender benutzten und dass es keine Kalenderreform gegeben hat. Das bietet eine weidlich genutzte Angriffsfläche für Anfechtungen.

Die GMT-Korrelation beruht auf der Chronik von Oxcutzcab aus dem Yucatán der Kolonialzeit, die auf ein *tun*-Ende mit dem Datum 13 *Ajaw* 8 *Xul* verweist, das mit dem Jahr 1539 n. Chr. gleichgesetzt wird, also noch während der Geltungszeit des julianischen Kalenders. Das Datum 13 *Ajaw* 8 *Xul* kann nur einmal pro Kalenderrunde, also alle 52 Jahre oder 18 980 Tage vorkommen, als *tun*-Ende aber nur einmal alle 341 640 oder 2.2.14.2.0 Tage – mathematisch das kleinste gemeinsame Vielfache aus 18 980 und 360.

Ebenso kennen wir ein Datum des Maya-Kalenders mit den Angaben aus *Tzolk'in* und *Haab*, nämlich den kalendarischen Nullpunkt 0(13).0.0.0.0 4 *Ajaw* 8 *Kumk'u*. Der Rechenweg geht nun über das erste Datum in der Langen Zählung mit dem *Haab*-Datum 8 *Xul* (0.0.0.6.5 12 *Chikchan* 8 *Xul*). Das aufmerksame Drehen der

Kalenderräder führt uns zum ersten Datum, das dem Ausgangsdatum unserer Überlegungen 13 *Ajaw* 8 *Xul* innerhalb der Langen Zählung entspricht: 0.1.7.13.0 13 *Ajaw* 8 *Xul*. Man könnte nun eine lange Liste aller möglichen 13 *Ajaw*-8-*Xul*-Datierungen der Langen Zählung erstellen – oder nach einer suchen, die auf ein *tun*-Ende fällt, also auf den letzten beiden Stellen eine Null hat. Davon ausgehend lassen sich dann mit der 360-fachen Kalenderrunde (341 640 oder 2.2.14.2.0 Tage) für unerschrockene Rechner vergleichsweise einfach alle möglichen 13 *Ajaw*-8-*Xul*-Datierungen der Langen Zählung errechnen: Das sind ihrer sechs.

Die Erben der Maya-Kalenderpriester suchten nach einer solchen Platzierung, die überhaupt ins Weltgeschehen passt, und das ist nur bei einer der Fall (11.16.0.0.0), wenn nicht die Gesamtheit der Kalenderinschriften sich auf die Zeit vor der christlichen Zeitenwende beziehen soll, was den archäologischen Erkenntnissen zuwiderliefe, und wenn sie andererseits auch nicht in die Zeit der spanischen Eroberung und danach fallen sollen, was ebenfalls nicht sein kann. Zur Annahme, dass das Datum 11.16.0.0.0 13 *Ajaw* 8 *Xul* dem europäischen Jahr 1539 n. Chr. entspricht, passen noch andere Hinweise in den Quellen, darunter eine von Bischof Diego de Landa.

Die GMT-Korrelation hat sich seither bewährt, entspricht dem Lauf des *Tzolk'in*, der bei der Ankunft der Spanier noch in Gebrauch war, und auch vielen astronomischen Berechnungen, die die astronomischen Angaben der Datumsinschriften bestätigen. Und mit ihr fällt das ominöse Datum 13.0.0.0.0 auf den 21. Dezember 2012.

Gleichwohl hängen einige maßgebliche Maya-Forscher weiterhin der Lounsbury-Korrelation an, nach der das Datum 13.0.0.0.0. auf den 23. Dezember 2012 fällt – was Anhänger der Weltuntergangstheorie in der Erwartung drohenden Schreckens natürlich kaum trösten dürfte. Kürzlich aber hat ein Berliner Mathematiker eine neue Umrechnung auf der Basis astronomischer Untersuchungen angeboten, nach der eine andere Korrelation besser zu den Angaben im Dresdner Codex und auf Maya-Inschriften passt. Diese würde die Geschichte der Maya auf der Zeitleiste um etwas mehr als 200 Jahre nach vorn verschieben – und auch das allseits mit Erwartungen befrachtete Datum 13.0.0.0.0 ließe dann noch zwei Jahrhunderte auf sich warten. Allerdings steht ein umfassendes Urteil der Fachwelt über diesen Vorschlag zur Verschiebung der Maya-Chronologie noch aus.

Aber welche Korrelation der historischen Wahrheit auch tatsächlich entspricht: Das katastrophenselig beschworene Weltende 2012 wird nicht stattfinden, weil die Urheber des Maya-Kalenders ihrerseits gar nicht von einem solchen ausgingen. Auch wenn es ein ultimativer Kunstgriff der Kalenderakrobatik wäre: Allen esoterischen und apokalyptischen Beschwörungen zum Trotz gibt die Kalendergeschichte der Maya eine solche Bedrohung oder gar Gefahr überhaupt nicht her.

Unser Spaziergang durch die Kalendergeschichte der Menschheit im Allgemeinen und die der Zeitrechnung der alten Maya im Besonderen ergab, dass sich der Maya-Kalender durchaus schlüssig ins große Kalenderganze einordnen lässt und weder Außerirdisches noch sonstwie Unfassbares bemüht werden muss, um diese – gleichwohl sehr besondere – Art der Zeitrechnung zu erklären. Und doch: Das Verhältnis der Maya zur Zeit – wie sie sozusagen »tickten«, wenn es um Zeitwahrnehmung und Zeiteinteilung ging – bleibt eigentümlich. Der verbreitete Befund, die Maya seien zeitbesessen gewesen, trifft ja durchaus zu – sonst hätten sie nicht all diese durchaus erheblichen Anstrengungen unternommen, um ihren Kalender immerfort weiterzuentwickeln und schließlich so raffiniert auszugestalten, dass er ihren stetig steigenden Ansprüchen genügte, und stießen Archäologen und Paläografen nicht überall auf Datierungen und andere Kalenderverweise. Gleichzeitig aber beschränkte sich diese Besessenheit auf bestimmte Kreise und Funktionen. Die Kultur der Maya war manisch fixiert aufs Zeitliche, was die religiöse, politische und die Langzeitkomponente der Zeit betrifft. Das aber war Sache der Kulturträger, der Eliten, denn einfache Menschen wie unser viel bemühter Bauer Ben dürften alles andere als zeitbesessen gewesen sein. Sie schwammen vielmehr ganz gemächlich im Zeitfluss mit und befassten sich mit dem Thema kaum mehr als ein Bauer derselben Zeit auf dem Peloponnes oder in der chinesischen Provinz: Der alljährlich wiederkehrende Zyklus der Jahreszeiten, von Aussaat, Wachstum und Ernte sowie der Zeithorizont der eigenen Lebensspanne waren prägend. Gleichwohl wussten sie um die enorme Bedeutung der Zeit in ihrer religiösen Dimension und um den Kalender als ihr Instrumentarium, dessen rituelle Funktionen sie in einfacher Form selbst nutzten. Dennoch werden sie die Feinheiten des Kalenders ebenso wenig verstanden haben, wie sie die Tatsache begreifen konnten, dass der Kalender längst ein virtuos gehandhabtes Herrschaftsinstrument der heiligen Könige geworden war. Zeit und Kalender waren wie überall Ausdruck der allgemeinen Ordnung – nicht mehr und nicht weniger. Sie durchdrangen die menschliche Existenz aber nicht annähernd so umfassend, wie wir das heute in Form von Uhrzeitdiktat und Tempowahn an uns selbst erleben.

Ganz insgesamt war im Unterschied zu heute die Unterteilung des Tages und die akribische Kleinteilung solcher Untereinheiten kein Thema, weil dafür gar keine Notwendigkeit bestand. Die alten Maya stellten zwar eine bewundernswerte Hochkultur mit erstaunlichen Errungenschaften dar – aber als eine ganz und gar vorindustrielle Gesellschaft und ohne die Wahrnehmung der Zeit als Wirtschaftsfaktor mit pekuniärem Wert änderte ihre Zeitbesessenheit nichts an der Beschaulichkeit, mit der die Tage einander ablösten.

Diese Form der Zeitbesessenheit findet keine Entsprechung in unserer Lebenserfahrung mit Zeit und Kalender. Unsere Besessenheit oder Versklavung in Sachen Zeit, wie wir sie zuweilen oder häufig wahrnehmen, gar erleiden, bezieht sich ja auf ihre Kleinteilung – sie ist es, die uns so sehr im Griff hat. Nicht umsonst bekam die Armbanduhr einst den Spitznamen »Zeitfessel« verpasst. Kein Wunder also, dass wir modernen Nachgeborenen uns schwertun mit einem Steinzeitvolk, das einerseits intellektuell so gewieft war, diesen Kalender in all seinen Ausgestaltungen zu entwickeln und zu nutzen, dessen Zeitbesessenheit andererseits aber so ganz anders aussah als unser »industrialisierter« Umgang mit der Zeit. Genau darin liegt eine der Ursachen für die zweite Karriere des Maya-Kalenders in der westlichen Welt der Neuzeit.

Üblicherweise zieht man eine klare Trennlinie zwischen dem Umgang mit der Zeit in vorwiegend vorindustriellen und dem in modernen Gesellschaften: Danach hatten die frühen Gesellschaften ein naturnahes, ursprüngliches Verhältnis zur Zeit, weil sie näher an der Natur waren als wir heute und daher für ihre, vorzugsweise Öko-Zeit genannte, Zeitrechnung die Rhythmen aufnahmen, die Natur und Sterne, Tageslicht und Nachtdunkel, Werden und Vergehen ihnen vorgaben. Im Gegensatz dazu sind wir heute wie unsere Vorfahren seit Jahrhunderten Sklaven der industriellen Zeit, die sich an ganz anderen Vorgaben orientiert: an Notwendigkeiten des modernen Lebens, am Diktat der Wirtschaft, der der Mensch als Arbeitskraft zu dienen hat, sowie an den Möglichkeiten, die die Moderne uns bietet, darunter die Aufhebung der Trennung von Tag und Nacht oder die technischen Möglichkeiten von Geschwindigkeit und zeitsparendem Multi-Tasking beim Bewältigen des modernen Alltags.

Allerdings greift diese dualistische Einordnung in vorindustriell und modern zu kurz, denn es gibt noch etwas dazwischen. Und dieses Dazwischen ist nicht etwa eine Art Schnittmenge oder eine kurze Übergangsphase, sondern vielmehr der mittlere Aggregatzustand in der Entwicklung des menschlichen Umgangs mit der Zeit. Für diese mittlere Entwicklungsstufe bieten die Maya ein Beispiel – in ganz anderer Ausformung aber auch das Europa der Frühen Neuzeit zwischen Spätmittelalter und Aufklärung.

Die wichtigste Eigenschaft dieser mittleren Phase besteht darin, dass die sogenannte Öko-Zeit um die Dimension des professionellen Herrschaftsinstruments erweitert wurde, dass aber diese Herrschaftszeit der Naturzeit einstweilen nicht in die Parade fährt. So kommt es, dass auf der Ebene des Alltags diese natürliche Zeit weiterhin maßgeblich blieb als die vorherrschende, lebensbestimmende Form der Zeiterfahrung der großen, wenn auch stummen Mehrheit. Als Herrschaftsinstrument dagegen erhielt die Zeit zunehmend eine politische und ideologische Funktion. Solange die Zeit aber ihre religiös-kosmologische Bedeutung behauptete und ohne eine Ökonomisierung der Zeit wie in der Moderne, können beide Zeitordnungen nebeneinander bestehen.

Im Fall der Maya bleibt der religiöse Charakter der Zeitrechnung deshalb so besonders ausgeprägt, weil Kalender und Kosmos schon sehr früh aneinandergekettet werden und die Herrschaftsausübung sich daran orientieren muss. Ideell ist das im Christentum nicht anders, aber zum einen übernimmt, anverwandelt und modifiziert das Christentum den heidnischen römischen Kalender, dem das Christliche eigentlich nur aufgepfropft wurde. Zum anderen hat die Zeit im Christentum zwar eine theologisch bedeutsame, aber rituell keine derart herausgehobene Funktion wie bei den Maya.

Dort aber führte die politisch-ideologische Funktion von Zeit und Kalender zusammen mit der starken Ritualfunktion der Zeit zur Zweigleisigkeit von zyklischer und linearer Zeit. In der Wahrnehmung der Maya spielte diese Unterscheidung vermutlich keine große Rolle, weil die jüngere lineare Zeit in ihrer Sicht immer auf den althergebrachten Zyklen beruhte und wenig mit der Alltagswirklichkeit zu tun hatte. Trotzdem ist diese Erweiterung der Zeitrechnung für die politische Herrschaftsausübung sehr bedeutsam, weil damit (und trotzdem immer im Einklang mit religiösen Vorstellungen) die Dynastien ihre Führungsrolle legitimieren und propagandistisch verwerten konnten.

Im Missverständnis eines rein dualen Systems von Zeitrechnung in der Geschichte, also von sich gegenseitig ausschließender Öko-Zeit und industrieller Zeit, liegt schließlich die Faszination des Maya-Kalenders bis in unsere Tage begründet – und ebenso die Fehlurteile, die damit verbunden sind.

# AUGUSTUS, ERICH UND MOMOS GRAUE MÄNNER

## Die zweite Karriere des Maya-Kalenders

Beginnen wir ganz am Anfang der vielen Missverständnisse und Überfrachtungen der Maya mit Projektionen: bei der spanischen Eroberung seit 1519. Damals war die abendländische Überheblichkeit, die die westliche Welt bis heute kaum abzuschütteln vermag, vor allem christlich geprägt. Die Eroberung von europäischerseits bis dahin unbekannten Winkeln der Erde war zwar insbesondere wirtschaftlich motiviert, weil man sich unermessliche Reichtümer versprach (sowie durch die Tatsache, dass man sich zu diesen Eroberungsfahrten überhaupt in die Lage versetzt sah). Die Gewissheit, der einzig wahren Religion anzugehören und mit jeder Eroberung ihre Kunde weiter in die Welt hinauszutragen, reiste jedoch immer mit und prägte den Blick auf das Neue, Fremde, Exotische. Folglich konnte sich jeder noch so gierige Abenteurer zugutehalten, im Namen der Kirche zu handeln – hatte doch Papst Alexander VI. die Bekehrung aller Heiden ausdrücklich zur vornehmsten Aufgabe der Christenheit erklärt. Widerstand dagegen berechtigte automatisch zur Eroberung und Versklavung, was bekanntermaßen zuhauf praktiziert wurde.

Das Staunen der Eroberer insbesondere angesichts der riesigen Städte mit ihren prachtvollen Bauten brachte dieses Überlegenheitsgefühl nicht nennenswert ins Wanken – die nächsten Jahrhunderte bestimmte der Begriff »Wilde« die Debatte um die Bewohner der Neuen Welt und wie mit ihnen umzugehen sei. Abstufend wurde dabei zwar durchaus unterschieden zwischen umherstreifenden Indios im Amazonasbecken und der beeindruckenden Kulisse Tenochtitláns – aber so wie die Griechen einstmals in Bausch und Bogen alles als barbarisch bezeichneten, was nicht griechisch sprach (*bárbaros* bedeutet »Stammler«), so galt den Europäern alles als wild, fremd, unzivilisiert, was nicht christlich war. Im Bericht eines spanischen Copán-Reisenden des späten 16. Jahrhunderts heißt es mit Verweis auf die dortigen Reste der klassischen Epoche, dieses einstige Zentrum einer unübersehbar hochkultivierten Macht hätten zweifellos andere Leute erbaut als die jetzigen ungeschlachten Bewohner. Punktum und damit Schluss.

Dieses auf Ignoranz beruhende Missverständnis geht natürlich weit über die westliche Sicht der Maya hinaus, und es prägt und belastet bis heute das Miteinander von Alter und Neuer Welt. Andererseits verdienen die europäischen Abenteurer, aus ihrer eigenen Zeit heraus beurteilt zu werden und nicht allein mit dem Wissen und der Aufgeklärtheit der modernen Perspektive – was natürlich keineswegs bedeuten darf, Lobgesänge auf die *Conquistadores* anzustimmen.

Der »Wilde«, der Unterdrückung und Sklaverei verdient und dankbar zu sein hat, weil ihm das Christentum aufgezwungen wurde, verwandelte sich in den Augen der europäischen Öffentlichkeit im 18. Jahrhundert zum »edlen Wilden«, der als naturnah, unverdorben und ursprünglich gerühmt wurde. Für den Ruhm des Unverdorbenen stritt insbesondere der französische Denker und Wegbereiter der Französischen Revolution (und dabei privat zutiefst zerrissene Mensch) Jean-Jacques Rousseau, der nicht nur seine Uhr weggeworfen hatte, sondern auch vehement dafür eintrat, die vermeintlichen Segnungen der Kultur als das zu begreifen, was sie seiner Meinung nach eigentlich waren: Wegmarken des Verfalls und der Entwicklung immer weiter weg vom Urzustand des unbefangenen Menschen in der paradiesischen Natur. Nach Rousseau sind die eigentlichen Glücksgüter Einfalt, Unschuld und Armut, und das Unglück der Menschen begann mit dem ersten Eigentum und der auf dem Fuße folgenden Erfindung von Herrschaft. Ergebnis dieser Sichtweise war der verklärte Blick auf alles Natürliche und eben jenen »edlen Wilden«.

In Rousseaus Wirkungszeit fällt auch die Geburtsstunde der modernen Archäologie, aber die Entdeckung der vom Regenwald überwucherten Überbleibsel der versunkenen Zivilisation der Maya ließ noch einige Jahrzehnte auf sich warten. Im 19. Jahrhundert veranlasste ihre Begeisterung für die junge Disziplin Archäologie und ihre Entdeckungslust zwei Freunde, den US-Amerikaner John Lloyd Stephens und den Briten Frederick Catherwood, sich in Mittelamerika auf die Suche nach vergessenen Ruinenstätten der Maya zu machen. Was sie unter anderem in Copán, Palenque und Quirigua entdeckten, würdigten sie kunstvoll und präzise mit Texten und Zeichnungen. Zum einen wollten die reisenden Freunde Stephens und Catherwood erklärtermaßen beweisen, dass die einstigen Besitzer Amerikas keine Wilden waren. Zum anderen begründeten sie im ruinenseligen 19. Jahrhundert eine Faszination für die alten Maya, die bis heute unvermindert anhält. Damit begann die zweite Karriere der Maya und bald auch ihres Kalenders.

Während Stephens und Catherwood neugierig waren und eher unbelastet beschrieben und zu verstehen versuchten, was sich ihnen darbot, diente die eben entdeckte versunkene Kultur anderen als willkommene Projektionsfläche. Und als solche wird sie bis heute weidlich ausgeschlachtet – für moderne Ängste ebenso wie für Sehnsüchte oder wilde Fantasien. Der Archäologe David Webster hat die Anhänger solcher Projektionen, dabei vernehmlich zwischen den Zeilen seufzend, als die »Groupies versunkener Zivilisationen« bezeichnet.

Die Geschichte der Maya und die ihrer Erforschung besitzen aber auch das Zeug dazu, »Fans« anzuziehen. Da wären die romantischen Umstände ihrer Entdeckung nach langem Dornröschenschlaf im Regenwald – also Bauten, die nicht wie anderswo in späteren Jahrhunderten umgenutzt, zerstört oder überbaut worden waren; dann das spektakuläre Auf und Ab der Entzifferung ihrer Schrift; die rätselhafte Aufgabe der stolzen Städte; die exotischen Figuren und grimmigen Fratzen auf Skulpturen und in Schriftzeichen; die intellektuellen Errungenschaften, die man einem Urwaldvolk ohne Rad und Metallwerkzeuge nicht zutrauen möchte.

Dabei waren (und sind) auch die Forscher keineswegs gefeit gegen Fehleinschätzungen und Überinterpretationen. Insbesondere weil das Geheimnis der Maya-Schrift erst in den letzten Jahrzehnten gelüftet werden konnte, blieb zuvor reichlich Zeit für Einschätzungen, die anschließend, längst lieb gewonnen, nicht selten anhand der entzifferten Texte revidiert werden mussten – und manchmal erbittert verteidigt wurden.

Zwei schillernde Persönlichkeiten gaben sich in der zweiten Hälfte des 19. Jahrhunderts alle Mühe nachzuweisen, die Maya seien nicht nur als Mutterkultur für Mittelamerika anzusehen, sondern hätten auch in Verbindung mit außer-amerikanischen Kulturen gestanden: Augustus Le Plongeon, ein Amateurarchäologe in der Frühzeit der neuen Disziplin und begnadet darin, sich Feinde zu machen, sowie Jean Frédéric Waldeck, der sich auch schon mal einen Adelstitel andichtete, wenn es zum Fortkommen nötig schien. Le Plongeon schrieb ein abstruses Buch über eine angebliche Maya-Königin und die ägyptische Sphinx – er vertrat regelrecht eifernd die Theorie, die alten Kulturen diesseits des Atlantiks verdankten ihre Kultur den Maya – ob Indien, Mesopotamien oder Ägypten. Außerdem habe Jesus für seine letzten Worte am Kreuz die Sprache der Maya benutzt. Waldeck dagegen stieß beispielsweise auf vermeintliche Abbildungen von Elefanten in Hieroglyphen – die diese Interpretation bei näherem Hinsehen keineswegs hergeben. Für ihn stellte seine »Entdeckung« jedoch den Beleg für Kulturkontakte des mesoamerikanischen Volkes nach Asien dar, wofür die Atlantis-Sage als Verbindungsglied herhalten musste.

Andere Interpretationen waren weniger abenteuerlich, erwiesen sich aber trotzdem als falsch und kaum minder als Wunschdenken. Dazu gehört die lange vorherrschende Sicht der Maya als »Griechen der Neuen Welt«, die allein um Geistesarbeit bemüht waren, oder auch die einer heiligen Gemeinde von Priestergestalten, die ein gottgefälliges Leben führten, das ausschließlich von Ritualen und esoterischen Beschäftigungen ausgefüllt war. Ihre Städte seien heilige Zeremonialzentren ohne Wohnbevölkerung gewesen, und nur ein paar einsame Priester seien demütig von Tempel zu Tempel geschlichen. Eine Erklärung, warum Mathematik, Astronomie und Kalenderkunde so weit entwickelt waren, wurde gefunden, lange bevor die Entzifferung der Schrift konkrete Ergebnisse zeitigte. Das jedoch führte zu der Fehleinschätzung, die noch unlesbaren Inschriften enthielten dementsprechend sämtlich gelehrte Inhalte, aber keine Geschichtsschreibung oder Hinweise auf Herrscher. Ein weiterer Gegenstand von Projektionen und Spekulationen war der legendäre Kollaps der Tieflandstädte der Klassik, weil für ihn – bis heute – keine einfachen Erklärungen zu finden sind.

An Krieg war einem derart vergeistigten Club natürlich ganz und gar nichts gelegen – diese Mär der friedliebenden Maya hat sich besonders hartnäckig behauptet. Die Pazifistenthese ist beispielhaft für die Projektion zeitgenössischer Nöte oder Ideale auf die Maya mehr als ein Jahrtausend zuvor, denn es war nicht zufällig eine Sehnsucht des gewaltvollsten aller menschlichen Jahrhunderte, des zwanzigsten, wenigstens in ferner Vergangenheit eine Zivilisation ausmachen zu können, die dem Kriege abgeschworen hatte. Der insgesamt höchst verdiente Maya-Forscher Eric

Thompson schrieb dazu: »Wir können mit Sicherheit schlussfolgern, dass die Maya miteinander in Frieden lebten und dass Krieg allein geführt wurde, um sich gegen einfallende Horden aus Mexiko zu verteidigen.« Die Arbeitsteilung in Mesoamerika schien klar: Für Krieg waren die blutrünstigen Azteken zuständig, die Maya hingegen für alles Intellektuelle, Feingeistige. Thompsons Autorität war so groß, dass dieser Glaubenssatz lange Zeit als unumstößlich galt, obwohl unzählige Bildquellen eine ganz andere Sprache sprechen, und selbst dann noch nachwirkte, als Ausgrabungen längst Befestigungsanlagen zutage förderten, die nicht mehr allein mit reinen Verteidigungsanstrengungen erklärt werden konnten.

Insgesamt steht hinter dieser Vielfalt von Fehleinschätzungen der Maya-Kultur, denen noch weitere hinzuzufügen wären, der Anspruch, dieses mittelamerikanische Volk als einzigartig und eben ganz anders als alle anderen in der Menschheitsgeschichte zu identifizieren. Von dieser Vorstellung hat sich auch die Maya-Forschung nur ungern und mühevoll verabschiedet. Und eben diese Motivation steckt auch hinter den meisten der zahlreichen haltlosen Theorien, die ihren Kalender und ihre Zeitrechnung betreffen. Denn bei der Geschichte der Maya im Allgemeinen wie auch bei ihrer Kalendergeschichte im Besonderen bietet die Forschungslage für gewagte Theorien längst keine Grundlage mehr. Wie im Falle des Kalenders, der sich bei näherem Hinsehen als Spielart der Gesamt-Kalender-Geschichte entpuppt, überlagerte bei den Maya insgesamt das Exotische, Andere, vordergründig Unbegreifliche – mit einem Wort: das Rätsel – alles das, was sie in den faszinierenden Reigen früher Hochkulturen einfügt. Die Maya waren als eine der frühen Kulturen zweifellos besonders – ein Sonderfall in jeder Hinsicht aber waren sie gleichwohl nicht. Auch wenn wir inzwischen nachvollzogen haben, dass die Kalender-Geschichte der Maya viele Eigenschaften mit der anderer früher Kulturen teilt und ihre exotischen Elemente sich sinnfällig erklären lassen, ohne dass *Aliens* herangezogen werden müssen, wollen wir der Karriere des Kalenders jenseits beweisbarer Fakten kurz nachgehen.

Als Jahrhundert der Extreme gab sich das 20. Jahrhundert in Sachen Maya nicht einmal mit Le Plongeons Fantasie der Maya-Kultur als Ursprung alles Menschlichen auf Erden zufrieden. Stattdessen wurde das Weltall bemüht, um die vermeintliche Einzigartigkeit der Maya zu erklären – und nach Kräften auszuschlachten. Herausragendes Beispiel ist der berühmte und überaus selbstgewisse Schweizer Gastronom Erich von Däniken, dessen 1968er Buch *Erinnerungen an die Zukunft* international Furore machte. Darin dienen Elemente der Maya-Kultur wie die anderer früher Zivilisationen als Staffage einer etwas älteren Theorie, derzufolge das menschliche Leben nicht auf der Erde entstanden, sondern aus dem Weltall gekommen sei. Die dazugehörige Pseudowissenschaft bezeichnet sich selbst als Prä-Astronautik und behauptet, die Schöpfung auf Erden hätten außerirdische Götter zuwege gebracht, die mit Raumschiffen auf die Erde gelangt seien. Als eines der, gelinde gesagt, zweifelhaften Argumente für diese Theorie werden staunenswerte Bauwerke der Menschheitsgeschichte bemüht, darunter Stonehenge, die ägyptischen Pyramiden oder die Statuen der Osterinsel. Weitere fragwürdige Bausteine solcher Hypothesen sind Fehlinterpretationen – sei es absichtsvoll, sei es aus mangelnder Kenntnis – von Symbolen sowie generell Skulpturen, Malereien und anderen Bildquellen, die die Theorien scheinbar stützen. Nach einer dieser Deutungen ist auf der Grabplatte des Königs Pakal von Palenque nicht etwa die posthume Reise des Herrschers abgebildet, der erst durch *Xibalba* reist und dann zum Himmel auffährt. Auch wenn diese Deutung der Ikonografie und den kosmologischen Vorstellungen der Maya *en détail* entspricht und Pakal als einer der besterforschten Maya-Herrscher gelten kann: Die Prä-Astronautik erkennt hier einen tollkühnen kosmischen Rennfahrer in einer fliegenden Kiste. Allerdings lässt sich diese Lesart nur dann überhaupt nachvollziehen, wenn man den Sarkophagdeckel nicht im Längs-, sondern im Querformat betrachtet – wodurch aber die Hieroglyphen in ihrer Stellung völlig durcheinandergeraten. Ganz abgesehen davon, dass es grundsätzlich keinerlei ernsthafte Beweise für die Astronautentheorie gibt.

Inmitten dieser einfältig zusammengerührten Ideen taucht immer wieder die Zeitrechnung der Maya auf. Bei einem »einfachen Bauernvolk« müsse es doch einen Grund dafür geben, einen derart ambitionierten Kalender auszutüfteln, riesige Zeitabschnitte zu berechnen und den Sternenhimmel akribisch zu beobachten. Das Schöpfungsdatum der Maya erklärt sich in dieser wenig substanzreichen Theorie mit der Ankunft der Götter aus dem Weltraum – die Menschen wurden also 3114 v. Chr. nicht aus Mais, sondern sozusagen aus Sternenstaub erschaffen.

Zu solchen verstiegenen Theorien tritt häufig eine willkürliche Zahlenmystik, die jeden noch so gewieften Maya-Arithmetiker ob ihrer Dreistigkeit hätte erblassen lassen. Wie bei Verschwörungstheorien werden vage oder abstruse Hinweise zu Indizien erklärt und willkürlich miteinander in Zusammenhang gebracht, sodass eine vermeintlich hieb- und stichfeste Beweiskette entsteht, bei der man nonchalant übergeht, dass sie keinen einzigen echten Beleg enthält, sondern hübsch angerichtet im luftleeren Raum schwebt wie der Heiligenschein über der Gottesmutter. Solche spektakulären Theorien finden immer wieder ein Publikum, das die Fiktionen für bare Münze nimmt. Folglich werden die alten Maya-Gassenhauer immer wieder neu aufgelegt oder leicht variiert aufgewärmt.

All diese Theorien können trotz fehlender Grundlage ein großer Spaß sein, zumal wenn man die Fragwürdigkeit der einzelnen Bausteine im Kartenhaus solcher Konstruktionen kennt – ganz ähnlich wie die Lektüre des Romans *Da Vinci Code/Sakrileg* gerade dann höchst vergnüglich sein kann, wenn man nachzuvollziehen vermag, wie und wo Dan Brown seinen Eintopf zwar willkürlich, aber durchaus gekonnt zusammengerührt hat. Die Ideen Dänikens und anderer Fantasten haben denn auch zahlreiche Schriftsteller inspiriert, und einige der so entstandenen Romane nehmen das Jahr 2012 zum Anlass für handfeste Katastrophenszenarien. Dazu gehört Steve Altens *Schatten der Verdammnis*, wo der Sohn eines verstorbenen, in der Fachwelt in Ungnade gefallenen Wissenschaftlers in die Psychiatrie gesperrt wird. In den Wochen und Monaten vor dem Weltende *à la* Maya aber kommt er frei und versucht mithilfe einer schönen Frau die Welt vor dem Untergang zu retten. Alten zieht dabei das ganze Register der Pseudowissenschaften, von den Pyramiden von Gizeh über die Linien von Nazca bis nach Yucatán, und natürlich spielen außerirdische Raumschiffe, über Jahrtausende am Meeresgrund verborgen, eine explosive Rolle. Ganz ähnlich verfährt Whitley Striebers 2012 – *The War for Souls*. Auch hier muss die Welt vor dem Untergang gerettet werden, auch hier sind Außerirdische und ihr Zugriff auf Mutter Erde unumgänglich, ebenso dient der Story die Verantwortungslosigkeit der Weltpolitik angesichts der drohenden Katastrophe. Höchst spektakulär beginnt der Roman mit der Explosion der ägyptischen Cheopspyramide, die keinem Pharao als letzte Ruhestätte, sondern einem Raumschiff der Außerirdischen als vorübergehende Zufluchtsstätte gedient hat. Wer es gehaltvoller mag und anspruchsvolles Amüsement und Ironie dumpfem, vorhersehbarem Katastrophengetöse vorzieht, ist mit Brian D'Amatos 2012 – *Das Ende aller Zeiten* besser bedient. Hier ist es ein Antiheld, ein sympathischer *nerd* und gebürtiger Maya, der sich der Frage ausgesetzt sieht, ob an der These vom Weltuntergang vielleicht doch etwas dran ist. Seine Virtuosität bei einem Maya-Wahrsagespiel und andere Wunderkind-Fähigkeiten bringen ihn auf eine Zeitreise, bei der er sich, nach einem Rezept gegen das drohende Ende suchend, mit den alten Maya selbst herumschlagen muss.

Neben der katastrophischen Verwertung von Maya-Versatzstücken und Spekulationen darüber hat der Esoterik-Markt sich des Themas Maya-Kalender angenommen. Seriöse Wissenschaftler finden diese sogenannten alternativen Theorien über die Maya, über ihr »geheimes Wissen«, das angeblich eine »Transformation des Bewusstseins« mittels ihres heiligen Kalenders ermöglicht, oder die vermeintlich unumstößlichen Prophezeiungen zum Weltende 2012 meist nicht sonderlich witzig. Das ist verständlich, denn die selbst ernannten Fachleute bedienen sich an mühsam errungenen Forschungsergebnissen wie in einem Selbstbedienungsladen: Was zu ihrer Theorie passt, wird verwendet, was dagegen spricht, wird hingegen angezweifelt – um im gleichen Atemzug der Wissenschaft und ihren Methoden jede Autorität und Existenzberechtigung abzusprechen, weil sie nicht in der Lage sei zu sehen, was die Überreste der Maya-Kultur *wirklich* bedeuten. Gleichzeitig bedienen sich manche Autoren geheimnisvoller, Kompetenz suggerierender Pseudonyme und großzügig interpretierter akademischer Titel.

Ein Nonfiction-Bestseller zum Gänsehautthema Weltuntergang mit dem Titel *Das Götterorakel von Yucatán* fragt rhetorisch, wer denn der Wissenschaftler sei. »Ist es der Professor mit einer Reihe von Buchstaben hinter seinem Namen, der oft nichts anderes tut, als an seinem Schreibtisch zu sitzen, oder ist es der Außenseiter, der wirklich neuartige Erklärungsmodelle anzubieten hat?« Außenseiter haben die Maya-Forschung durchaus immer wieder bereichert und vorangetrieben – aber sie mussten und müssen ihre Ergebnisse wissenschaftlichen Prinzipien unterwerfen und nicht selten verwerfen, wenn die Kollegen Gegenbeweise anführen können.

»Alternative« Forscher ziehen sich in solchen Fällen gerne darauf zurück, die Maya hätten eben mehr gewusst als wir heute – ihre Kultur dient als beliebte Zuflucht in einer hoch technisierten modernen Welt, die für existenzielle Fragen weniger Antworten parat hält als die kosmologische Weltsicht der Maya oder anderer Völker der Weltgeschichte.

Interdisziplinarität ist in der seriösen Maya-Forschung längst zum Status quo geworden. Archäologen, Archäoastronomen, Paläografen, Kunsthistoriker, Ethnologen, Anthropologen und Kollegen vieler anderer Disziplinen arbeiten miteinander, um das Maya-Puzzle aus den verbliebenen Stücken immer weiter zusammensetzen. Die »alternative« Maya-Forschung zeichnet sich aber durch Beliebigkeit aus sowie durch die schlechte Angewohnheit, nur zu sehen, was die eigene Theorie bestätigt, wie man im eben genannten Werk nachlesen kann:

> Über die Maya sind zahlreiche Bücher geschrieben worden, doch bis heute hat niemand erklären können, wie die Maya zu ihrem exakten Kalender oder zu den genannten Datumsangaben gelangten. Zwar hat man viel über den Aufbau ihres Kalenders in Erfahrung gebracht, doch die Gründe, warum sie derart komplexe Systeme der Zeitmessung wie etwa den Tageskalender (»Long Count«) entwickelt haben, blieben bislang im Dunkeln. Erst jetzt, da der von ihnen prophezeite Untergang des Zeitalters bevorsteht, können wir zumindest ahnen, was diese Menschen bewegt hat. Wir erkennen allmählich, dass sie über ein Wissen verfügten, das nicht nur für ihre eigene Zeit, sondern für das Überleben des gesamten Menschengeschlechts in unserer Gegenwart von entscheidender Bedeutung war und ist.

Das Buch mixt einen hübschen Cocktail, der die Zutaten Sonnenflecken, Klapperschlangenkult, Atlantis und Ägypten enthält und unter anderem mit Zahlenakrobatik und höchst eigenwilliger Auslegung von Ikonografie und Ornamentik der Maya (abermals muss Pakals Grabplatte herhalten) einen weiten Bogen schlägt. Das Ergebnis: Die Bewohner von Atlantis fanden nach dem Untergang des mythischen Kontinents Zuflucht in Yucatán und beglückten mit ihren Kenntnissen und ihrer hoch entwickelten Kultur die Einheimischen. Daraus spricht wie schon bei Waldeck ein gerüttelt Maß eurozentristischer Überheblichkeit, wenn tatsächliche oder sagenumwobene Ahnen der westlichen Welt bemüht werden, um die Errungenschaften der Maya zu erklären, weil das mesoamerikanische Volk – gemäß dieser Logik – diese niemals eigenständig hätte ausbilden können.

Ähnliche Ideen wurden auf den Maya-Kalender im Besonderen angewandt. Verbindungen tauchten unversehens auf, so zwischen dem chinesischen *I Ging* und dem *Tzolk'in*. An anderer Stelle wurde der *Tzolk'in* (13 × 20 Tage) als Kleinversion des ungleich längeren Abschnitts bis 2012 (13 × 20 *k'atun*) ausgemacht, um daraus mathemagische Bezüge herzustellen. Ganze Wagenladungen von angeblichen Prophezeiungen aus aller Welt werden zusammengetragen, vorzugsweise von Vertretern unbelasteter Naturvölker, die mit der vorgeblichen Maya-Prophezeiung für 2012 übereinstimmen – von den Maoris Neuseelands bis ins tibetische Hochland. Beigemischt werden Winkelzüge, um die jüdisch-christliche Überlieferung und Texte anderer Weltreligionen ebenfalls für die Agenda 2012 zu reklamieren. Selbst die unverdächtige US-Notenbank ist davor nicht sicher, denn findige Menschen haben auf dem Siegelwappen der USA, das auch auf der Rückseite der Ein-Dollar-Scheine abgebildet ist, für die Pyramide unter dem sogenannten »Auge der Vorsehung« eine kalendarische Symbolik ausgemacht, die – wer wollte es bezweifeln – geradewegs auf 2012 verweist. Und natürlich liefert eine ungleich größere Pyramide als steinerner Kalender den Bezug auf die Zeitenwende 2012: die Cheopspyramide.

Andere Autoren nutzen die Exotik der Maya-Zeitrechnung als Hintergrund, vor dem sich ein esoterisches Weltbild und der Aufruf zur spirituellen Erneuerung vortrefflich arrangieren lassen. Auch hier soll die wissenschaftliche Welt außen vor bleiben, wie es in einem esoterischen Buch über die Maya als *Weber der Zeit, Spieler des Universums* heißt:

> Für die Maya sind unsere Wissenschaftler und Archäologen wie Spieler, die nur die Wand sehen. Die großen Bedeutungen und Zusammenhänge können sie aber so lange nicht erkennen, bis sie nicht mit all ihren Fähigkeiten in dieses Spiel einsteigen. Sie sind wie ein Zaungast bei den großen Kulturen der Welt und schauen durch ein Gitter, das sie sich selbst gemacht haben. Klar, dass sie damit nur einen Bruchteil sehen und das Ganze bestenfalls erahnen können.

Die Zeitenwende 13.0.0.0.0 oder 2012 dient in diesem Buch allerdings nicht der Angstmacherei oder der katastrophenseligen Indiziensuche für den Weltuntergang, sondern als Gelegenheit, sich auf andere als die Werte der modernen Welt zu besinnen: eine ganzheitliche Weltsicht, so wie sie hier den Maya zugeschrieben wird. Die Autorin benutzt als Sprachrohr für ihre Botschaft fiktive Maya-Weise, die sie in ihrem Buch allerlei Kluges äußern lässt. Man fühlt sich ein wenig erinnert an den armen Häuptling Seattle aus dem späteren US-Bundesstaat Washington, dem noch nach fast anderthalb Jahrhunderten eine Rede zugeschrieben wird, die er gar nicht gehalten hat – weil sie der Umweltbewegung so schön aus der Seele sprach.

In ähnlichem Gestus befindet *Zeit ist Kunst*, die weisen Maya könnten dem gebeutelten modernen Menschenkind helfen, wieder »in Einklang mit den natürlichen Rhythmen der Erde und dem zyklischen Fluss des Lebens« zu kommen. Der Maya-Kalender sei die gebotene Alternative zum gregorianischen, einer »spätmittelalterlichen Zeit-Messvorrichtung. Die Amtsgewalt über diese Zeit-Messvorrichtung wird vom Vatikan gehalten, der geografisch der kleinste Staat auf der Welt ist und der politisch von den westlichen Großmächten gestärkt und geschützt wird.« Der Maya-Kalender als Ausdruck des notwendigen Widerstands:

> Der gregorianische Kalender ist ein hypnotischer Zauber, der alle unlösbaren Tatsachen der Geschichte festhält, die hinter der unlogischen Sequenz von Tagen, Wochen, Monaten und Jahren versteckt sind. Diesem Kalender weiterhin zu folgen kann uns nur dahin führen, wo wir uns heute befinden, nämlich in einer Offenbarung von Apokalypsen, in denen Unheil, Ignoranz und Irrtum sich selbst in einer fortwährend sich aufreibenden Sinnlosigkeit erhalten.

Die »unglaublich geistig anspruchsvolle Vielschichtigkeit« des Maya-Kalenders, beflissen mit der Auszeichnung »heilig« versehen, dient als Gegenentwurf zum »christlichen« Kalender, der den Menschen seiner Naturgebundenheit entfremde. Die Zyklen der Maya-Zeitrechnung mit ihren »harmonischen Zeiteinheiten« dagegen seien das Echo der Natur, der *Tzolk'in* folge gar einem »galaktischen Impuls« – zusammengesetzt aus den »13 Tönen der Schöpfung« und den »20 solaren Glyphen« –, der die Menschheit zu erlösen in der Lage ist.

Die meisten Autoren solcher Bücher kümmert es nicht, dass ihr Befund wenig bis gar nichts mit den Maya zu tun hat. Ein anderes Buch mit dem vielversprechenden Titel *Der Maya Kalender und die Transformation des Bewusstseins* geht über die angebliche spirituelle Botschaft noch erheblich hinaus:

> Was ich hier anbiete, ist eine völlig neue Sicht der Menschheitsgeschichte, eine Sichtweise, in der die Energien des Maya-Kalenders, die vom Weltenbaum ausgesendet werden, die entscheidende Rolle in der Gestaltung

> der Menschheitsgeschichte wie auch der Mentalität der Menschen spielen, die in verschiedenen Teilen der Welt leben.

Der Autor beansprucht nichts weniger, als die »universelle Wahrheit« des Kalenders zu enthüllen – und zu beweisen, dass eine Art kosmischer Intelligenz die Geschicke der Welt bestimmt und dies nach dem Zeitplan des Maya-Kalenders. Und wieder bietet dieser die Alternative zum gregorianischen Weltkalender:

> Was ist, wenn dieser Kalender [der gregorianische Kalender, d. Verf.] eine schleichende Indoktrination ausübt, über die sich die meisten Menschen gar nicht bewusst sind und die eine Weltanschauung bekräftigt, die falsch ist? Dieses Buch ist teilweise geschrieben, um diese Indoktrinationen zu beleuchten und den wahren Heiligen Kalender als Alternative vorzustellen.

Im Übrigen werde der Maya-Kalender meist völlig falsch dargestellt, weil seine spirituellen Aspekte – das eigentlich Bedeutsame – unterschlagen würden. Eine Art Weltverschwörung der Wissenschaft gegen diese einmalige ganzheitliche Heilungschance für die Menschheit?

Wieder andere sehen nur eine Möglichkeit, dem vermeintlich rätselhaftesten aller Kalender und der angeblich neurotischen, angsterfüllten Himmelsschau der Maya auf die Spur zu kommen – mit der Diagnose eines »katastrophischen Hintergrunds« des Maya-Kalenders. »Gelehrtes Wunschdenken« widerlegend, wird der *Tzolk'in* als Schaltregel verortet, die eine frühere Jahresregelung von 360 Tagen (*tun*) auf 365 Tage (*Haab*) hieven muss, nachdem vor Jahrtausenden die Venus ihre heutige Erdumlaufbahn einnahm und das Erdenjahr verlängerte. Diese Theorie ist nicht nur absonderlich, sondern bedient sich mit eigenwilliger Zahlenakrobatik nach Belieben an Kalenderelementen, in Unkenntnis und glatter Missachtung von Forschungsergebnissen und gesundem Menschenverstand.

Abermals andere behaupten, die Maya hätten das Weltende in Verbindung mit einer einzigartigen Himmelskonstellation im »galaktischen Äquator« vorhergesehen, die uns 2012 blühe – mit dem kleinen Schwachpunkt, dass dafür selbst die geübten Augen der Maya-Astronomen mit Sicherheit nicht ausreichten – man braucht Radioteleskope, die aber erst in den 1930er-Jahren entwickelt wurden.

Das neuere Buch eines US-amerikanischen Autors mit dem Titel *2012 – The Return of Quetzalcoatl* setzt noch etwas zeitgeistiger beim derzeit verbreiteten Unbehagen des Westens an, das die Beschleunigung mit sich bringt, und zeichnet ein tristes Bild der gegenwärtigen Welt zwischen Terror und Treibhauseffekt, Wirtschaftsdiktatur und Ressourcenkriegen, um frohgemut in Aussicht zu stellen, mit dem Eintritt in einen neuen Zyklus 2012, der einer neuen Bewusstseinsstufe gleichkomme, werde die Menschheit in die Lage versetzt, ihre Probleme zu lösen. Das komme einem Quantensprung gleich, befindet das Buch; jedenfalls wenn die Menschheit bereit sei, sich darauf einzulassen – und dem Propheten zu folgen.

Das vorliegende Buch jedoch handelt nicht von den unzähligen, mehr oder weniger abstrusen Theorien zum Maya-Kalender, seiner globalen Bedeutung und dem Weltuntergang, den er angeblich prophezeit, weshalb wir es bei dieser rein willkürlichen Auswahl kurzweiliger Hypothesen belassen wollen. Das eigentlich Interessante daran ist die Frage, warum überhaupt solche Theorien auch weiterhin wie Pilze aus dem Boden schießen und quantitativ auf mehr Resonanz stoßen als alle begründeten Erklärungen und tragfähigen Forschungsansichten über die Zeitrechnung der Maya. Ein Grund dafür ist die sicher weithin bestehende Unzugänglichkeit vieler Forschungsergebnisse, die zunächst oft in reinen Fachzeitschriften publiziert werden, aber das macht nur einen sehr kleinen Teil der Erklärung aus. Der wichtigere lautet: Spektakuläre und tröstende Theorien finden ihr Publikum, weil sie Bedürfnissen nachkommen – sei es demjenigen, eigene Ängste auf ein angeblich drohendes Weltende zu projizieren und dabei noch den Mitnahme-Effekt des Grusels zu genießen. Die Orientierung moderner kommerzieller Medien an Quote und Sensation kommt diesem Bedürfnis zusätzlich entgegen: Es ist erfolgversprechender, irrationale Ängste der Fernsehzuschauer zu bedienen, als ungleich nüchterner trockene Forschungsergebnisse darzulegen. Außerdem entlastet der Kinobesuch eines Katastrophenfilms das moderne Seelchen – ganz ähnlich, wie vor eintausend Jahren Endzeitbeschwörungen die Ängste der mittelalterlichen Christen linderten. Für sensiblere Zeitgenossen mit Hang zur Esoterik liegt der Trost in der trügerischen Gewissheit, dass es wenigstens damals im mittelamerikanischen Regenwald ein Völkchen gab, das die Geheimnisse des Lebens kannte und damit umzugehen wusste.

In Michael Endes Kinderbuchklassiker *Momo* führt die Titelheldin – ein liebenswertes kleines Mädchen, das durchaus die gemeinsame Tochter von Pippi Langstrumpf und dem kleinen Prinzen sein könnte – todesmutig einen Kampf gegen die Armee der grauen Männer. Diese Truppe, stets mit Zigarre ausgerüstet und unangenehme Kälte verbreitend, ist zu nichts weniger angetreten, als die Menschen zu versklaven: indem sie ihnen vorgaukeln, sie müssten unentwegt Zeit sparen, anstatt sie bei Müßiggang und Plauderei, bei zwischenmenschlichen Nettigkeiten oder kurzweiligen Spielen zu vergeuden. Damit nehmen sie den Menschen das Wertvollste weg, ihre Lebenszeit und die Möglichkeit, frei und entspannt darüber zu verfügen, ohne sich dabei beirren oder hetzen zu lassen. Die fiesen grauen Männer tun das, weil sie von dieser gestohlenen Zeit leben, die ein gutmütiger alter Weiser namens

Meister Horus den Menschen in Form wunderschöner Blumen schenkt. Man erkennt dahinter unschwer den Konflikt zwischen Erwachsenen und Kindern wegen ihres höchst unterschiedlichen Umgangs mit Zeit. Denn Kindern läuft es zuwider, mit dem Blick auf die Uhr zu spielen und der Zeit so etwas wie einen rationalen Wert beizumessen – sie sind in Sachen Beschleunigung und Zeitdiktat noch unverdorben. Aber natürlich geht es Michael Ende um viel mehr als den Eltern-Kind-Konflikt, nämlich um unseren gehetzten Umgang mit der Zeit. Nur ein Kind kann zum Retter der Menschen werden, weil die Erwachsenen das Phänomen der grauen Männer begünstigt, ja hervorgebracht haben. Die aber sind in Wirklichkeit nichts: »Sie entstehen, weil die Menschen ihnen die Gelegenheit geben, zu entstehen. Das genügt schon, damit es geschieht. Und nun geben die Menschen ihnen auch noch die Möglichkeit, sie zu beherrschen«, erklärt Meister Horus. Denn »alle Zeit, die nicht mit dem Herzen wahrgenommen wird, ist so verloren, wie die Farbe des Regenbogens für einen Blinden oder das Lied eines Vogels für einen Tauben«. Also nimmt Momo, dabei tatkräftig unterstützt von einer partiell hellseherischen Schildkröte namens Cassiopeia, den Kampf gegen die graue Horde der Zeit-Diebe auf und obsiegt.

Nennen wir also die Motivation, die dafür gänzlich ungeeignete Kalenderwirtschaft der Maya zur Heilung des gehetzten modernen Menschen in der Zeitfalle heranzuziehen, den Momo-Effekt. Denn es ist eben dieses moderne Unbehagen – von Michael Ende in seiner wunderbaren Geschichte einer kleinen Heldin aufgegriffen –, das so viele unwissenschaftliche, wohlmeinende Autoren zu ihren zwischen Buchdeckel und auf Websites gepackten Befunden über den Maya-Kalender und seine angeblichen Heilkräfte oder Wahrsagefähigkeiten oder ganzheitlichen Aussagen oder Lebenssinn-Erklärungen motiviert. Die Sache hat allerdings den markanten Haken, dass die moderne Entfremdung von der natürlichen Zeit rein gar nichts mit einem Kalender zu tun hat, dessen Urheber von den Beschädigungen der modernen Existenz nichts wussten und ihn somit auch nicht auf deren Heilung ausgerichtet haben.

Letzten Endes geht es um jenen Trost, den vor Jahrtausenden Menschen am abendlichen Lagerfeuer verspürten, wenn der Gruppen-Schamane unterhaltsam und nachvollziehbar darlegte, was es mit dem rätselhaften Funkeln am Nachthimmel auf sich hat und warum sich daraus der Sinn des Lebens erklären lässt. Wir modernen Zeitgenossen verfügen weithin nicht mehr über sinnstiftende kosmologische Erklärungsmodelle der Welt. Vernunft und Moderne haben zwar ermöglicht, dass wir ein Leben führen, das bequemer nie war – aber was es mit diesem Leben überhaupt auf sich hat und wie man darin sinnvoll reift, Erklärungen zu liefern, die nicht nur erklären, sondern auch trösten und Hoffnung spenden, das kann der entzauberten Moderne schwerlich gelingen. Also dienen uns versunkene, exotische Kulturen wie die Maya als willkommene, wenn auch gänzlich wirkungslose Projektionsfläche, weil ihre vermeintliche Ursprünglichkeit entlastende Erklärungen bereithält. Zupackender und wirkungsvoller wäre da die Aussteiger-Variante *à la* Rousseau: Zeitfessel abstreifen und Uhrzeit verlernen – denn unser Problem ist keine Kalenderdiktatur, gegen die ein anderer, mutmaßlich »gesünderer« Kalender sozusagen ein geeignetes Gegengift abgeben könnte. Vielmehr leiden wir an der allgegenwärtigen Uhr und der einstweilen munter voranschreitenden Beschleunigung.

Für entlastende Projektionen besser geeignet wäre ohnehin der gänzlich kulturferne Hirte, der irgendwo in Mittelasien vor Jahrtausenden mit seiner Herde durch endlose Weiten zieht, irgendwann zu Staub zerfällt und in die Unermesslichkeit des Wüstensands eingeht. Aber dieser Hirte hat keine fantasiereichen Bilder zu bieten, keine geheimnisvolle Geschichte, keine eindrucksvollen Tempelbauten voller rätselhafter Inschriften und keinen faszinierenden Kalender – er bleibt geschichtslos. Der Maya-Kalender aber hat es verdient, ernst genommen und in Geschichte und Funktion so genau erforscht und wahrheitsgetreu dargestellt zu werden, wie es Geschichtsforschung nur kann, wenn sie der Vergangenheit nachspürt.

# Literaturhinweise


Kapitel 1: DONALD UND DER TAKT DER UNENDLICHKEIT

Abusch, T./K. van der Toorn (Hg.), *Mesopotamian Magic. Textual, Historical and Interpretative Perspectives* (= Ancient Magic and Divination, 1), Groningen 1999.

Achelis, Elisabeth: *Der Weltkalender*, New York 1931.

Assmann, Jan: *Zeit und Ewigkeit im Alten Ägypten. Ein Beitrag zur Geschichte der Ewigkeit*, Heidelberg 1975.

Aveni, Anthony F.: *Rhythmen des Lebens. Eine Kulturgeschichte der Zeit*, Stuttgart 1991.

Beckerath, Jürgen von: »Der ägyptische Ursprung unseres Kalenders«, *Saeculum* 4 (1953), S. 1–12.

Bomhard, Anna-Sophie von: *Der ägyptische Kalender. Ein Werk für die Ewigkeit*, London 1999.

Burke, Peter: »Reflections on the cultural history of time«, *Viator* 35 (2004), S. 617–626.

Chamberlain, Von Del/John Carlson/Jane Young (Hg.): *Songs from the Sky. Indigenous Astronomical and Cosmological Traditions of the World*, Bognor Regis 2005.

Chvojka, Erhard / Andreas Schwarcz/Klaus Thien (Hg.), *Zeit und Geschichte. Kulturgeschichtliche Perspektiven* (= Veröffentlichungen des Instituts für Österreichische Geschichtsforschung, 36), Wien/München 2001.

Cipolla, Carlo: *Clocks and Culture*, 1300–1700, London 1967.

Courtright, Nicola: *The Papacy and the Art of Reform in sixteenth-century Rome. Gregory XIII's Tower of the Winds in the Vatican* (= Monuments of Papal Rome), Cambridge 2003.

Coyne, G. V. /M. A. Hoskin/O. Petersen (Hg.): *Gregorian Reform of the Calendar*, Vatikanstadt 1983.

Cressy, David: »God's Time, Rome's Time, and the Calendar of the English Protestant Regime«, *Viator* 34 (2003), S. 392–406.

Declercq, Georges: *Anno Domini. The Origins of the Christian Era*, Turnhout 2000.

Dohrn-van Rossum, Gerhard: *Geschichte der Stunde. Uhren und moderne Zeitordnungen*, München 1992, Köln 2007.

Dux, Günter: *Die Zeit in der Geschichte. Ihre Entwicklungslogik vom Mythos zur Weltzeit*, Frankfurt 1989.

Eliade, Mircea: *Kosmos und Geschichte. Der Mythos der ewigen Wiederkehr*, Frankfurt/M. 1986[3].

Feeney, Denis C.: *Caesar's Calendar. Ancient Time and the Beginnings of History*, Berkeley 2007.

Fraser, Julius. T.: *Die Zeit. Vertraut und Fremd*, Basel 1988.

Fried, Johannes/Johannes Süßmann (Hg.): *Revolutionen des Wissens. Von der Steinzeit bis zur Moderne*, München 2001.

Geerlings, W. (Hg.): *Der Kalender. Aspekte einer Geschichte*, Paderborn 2002.

Geertz, Clifford: »Person, Time, and Conduct in Bali«, ders., *The Interpretation of Cultures*, New York 1973, S. 360–411.

Goldsworthy, Adrian Keith: *Caesar. The Life of a Colossus*, London 2006.

Graf, Fritz: *Der Lauf des rollenden Jahres.*

*Zeit und Kalender in Rom*, Stuttgart/Leipzig 1997.
Gurjewitsch, Aaron J.: *Das Weltbild des mittelalterlichen Menschen*, Dresden 1978, München 1989[4].
Haboush, JaHyun Kim: »Contesting Chinese Time, Nationalizing Temporal Space. Temporal Inscription in Late Chosŏn Korea«, Lynn A. Struve (Hg.), *Time, Temporality and Imperial Transition. East Asia from Ming to Qing*, Honolulu 2005, S. 115–141.
Hamel, Jürgen: *Geschichte der Astronomie*, Stuttgart 2002[2].
Hameter, Wolfgang (Hg.): *Ideologisierte Zeit. Kalender und Zeitvorstellungen im Abendland von der Antike bis zur Neuzeit*, Innsbruck etc. 2005.
Hawking, Stephen: *Die kürzeste Geschichte der Zeit*, Reinbek 2008[3].
Hayden, B.: »Richman, Poorman, Beggarman, Chief. The Dynamics of Social Inequality«, G. M. Feinman/T. D. Price (Hg.), *Archaeology at the Millennium. A Sourcebook*, New York 2001, S. 231–272.
Herzog, Markwart (Hg.): *Der Streit um die Zeit. Zeitmessung – Kalenderreform – Gegenzeit – Endzeit*, Stuttgart 2002.
Ifrah, Georges: *Universalgeschichte der Zahlen*, Frankfurt/M. 1991.
James A. Robinson/Klaus Wiegandt (Hg.): *Die Ursprünge der modernen Welt. Geschichte im wissenschaftlichen Vergleich* (= Forum für Verantwortung, 6), Frankfurt/M. 2008.
Jesse, Horst: »Die Gregorianische Kalenderreform von 1582 in Augsburg«, *Jahrbuch des Vereins für Augsburgische Bistumsgeschichte* 34 (2000), S. 81–108.
Kelly, Aidan/Peter Dresser/Linda M. Ross: *Religious Holidays and Calendars. An Encyclopaedic Handbook*, Detroit 1993.
Kelley, David H./Eugene F. Milone (Hg.): *Exploring Ancient Skies. An encyclopedic Survey of Archaeoastronomy*, New York 2005.
Krupp, Edwin C.: *Echoes of the Ancient Skies. The astronomy of lost civilizations*, New York 1983, Mineoloa 2003.
Landes, David S.: *Revolution in Time. Clocks and the Making of the Modern World*, Cambridge/Mass. 1983.
Le Goff, Jacques: »Die Arbeitszeit in der ›Krise‹ des 14. Jahrhunderts. Von der mittelalterlichen zur modernen Zeit«, ders., *Für ein anderes Mittelalter*, Frankfurt/M. 1984, S. 29–42.
Le Goff, Jacques: »Zeit der Kirche und Zeit des Händlers im Mittelalter«, Claudia Honegger (Hg.), *Schrift und Materie der Geschichte. Vorschläge zur systematischen Aneignung historischer Prozesse*, Frankfurt/M. 1977, S. 393–414.
Lenz, Hans: *Universalgeschichte der Zeit*, Wiesbaden 2005.
Levine, Robert: *Eine Landkarte der Zeit. Wie Kulturen mit Zeit umgehen*, München/Zürich 1998.
Lippincott, Kristen: *The Story of Time*, London 1999.
Luhmann, Niklas: »Weltzeit und Systemgeschichte. Über Beziehungen zwischen Zeithorizonten und sozialen Strukturen gesellschaftlicher Systeme«, ders., *Soziologische Aufklärung 2. Aufsätze zur Theorie der Gesellschaft*, Opladen 1975, S. 103–133.
Macey, S. L. (Hg.): *Encyclopedia of Time*, New York 1994.
Maier, Hans: *Die christliche Zeitrechnung*, Freiburg 2000[5].
Malitz, Jürgen: »Die Kalenderreform Caesars. Ein Beitrag zur Geschichte seiner Spätzeit«, *Ancient Society* 18 (1987), S. 103–131.
Malte, Rolf: »Feste des ›roten Kalenders‹. Der Große Umbruch und die sowjetische Ordnung der Zeit«, *Zeitschrift für Geschichtswissenschaft* 49 (2001), S. 97–118.
Marshack, Alexander: *The Roots of Civilization. The Cognitive Beginnings of Man's First Art, Symbol and Notation*, London

1972, überarb. Aufl. Mount Kisco, NY 1991.
Meinzer, Michael: »Vom Scheitern einer neuen Zeitrechnung. Der Französische Revolutionskalender«, Markwart Herzog (Hg.): *Der Streit um die Zeit. Zeitmessung – Kalenderreform – Gegenzeit – Endzeit*, Stuttgart 2002, S. 153–169.
Meinzer, Michael: *Der französische Revolutionskalender* (1792–1805). *Planung, Durchführung und Scheitern einer politischen Zeitrechnung* (= Ancien Régime, Aufklärung und Revolution, 20), München 1992.
Mikalson, Jon D.: *The Sacred and Civil Calendar of the Athenian Year*, Princeton 1975.
Munn, Nancy D.: »The Cultural Anthropology of Time. A Critical Essay«, *Annual Review of Anthropology* 21 (1992), S. 93–123.
Needham, Joseph: »Time and Knowledge in China and the West«, Joseph T. Fraser (Hg.), *The Voices of Time. A Cooperative Survey of Man's Views of Time as Expressed by the Sciences and by the Humanities*, Amherst 1981[2].
Nilsson, Nils Martin Person: *Primitive Time-Reckoning. A Study in the Origins and First Development of the Art of Counting Time Among the Primitive and Early Culture Peoples*, Lund 1920.
Ottomeyer, Hans (Hg.): *Geburt der Zeit. Eine Geschichte der Bilder und Begriffe*, Kassel 1999.
Reichholf, Josef H.: *Warum die Menschen sesshaft wurden. Das größte Rätsel unserer Geschichte*, Frankfurt/M. 2008.
Rifkin, Jeremy: *Uhrwerk Universum. Die Zeit als Grundkonflikt des Menschen*, München 1988.
Rinderspacher, Jürgen P.: »Wochentage im interkulturellen Vergleich«, ders. (Hg.), *Die Welt am Wochenende*, Bochum 1994, S. 259–279.
Rosa, Hartmut: *Beschleunigung. Die Veränderungen der Zeitstrukturen in der Moderne*, Frankfurt/M. 2005.
Rosen, Ralph M. (Hg.): *Time and Temporality in the Ancient World*, Philadelphia 2004.
Ruggles, Clive: *Ancient Astronomy. An Encyclopedia of Cosmologies and Myth*, Santa Barbara 2005.
Rüpke, Jörg: *Zeit und Fest. Eine Kulturgeschichte des Kalenders*, München 2006.
Rutz, Henry J. (Hg.): *The Politics of Time* (= American Ethnological Society Monograph Series, 4), Washington D.C. 1992.
Salzman, P. C.: »Is Inequality Universal?«, *Current Anthropology* 40 (1999), S. 31–61.
Sanders, P. C./David Webster: »Unilinealism, Multilinealism, and the Evolution of Complex Societies«, C. Redman u. a. (Hg.), *Social Archaeology. Beyond Substistence and Dating*, New York 1978, S. 249–302.
Schivelbusch, Wolfgang: *Geschichte der Eisenbahnreise. Zur Industrialisierung von Raum und Zeit im 19. Jahrhundert*, München 1977, Frankfurt/M. 1989.
Smolinsky, Heribert: *Deutungen der Zeit im Streit der Konfessionen. Kontroverstheologie, Apokalyptik und Astrologie im 16. Jahrhundert* (= Schriften der Philosophisch-historischen Klasse der Heidelberger Akademie der Wissenschaften, 20), Heidelberg 2000.
Spork, Peter: *Das Uhrwerk der Natur. Chronobiologie – Leben mit der Zeit*, Reinbek 2004.
Stewart, Ian: *Nature's Numbers. The Unreal Reality of Mathematical Imagination*, New York 1995.
Thompson, Edward P: »Zeit, Arbeitsdisziplin und Industriekapitalismus«, ders., *Plebejische Kultur und moralische Ökonomie*, Frankfurt/M. 1980, S. 56–97.
Thrift, Nigel: »Vivos Voco. Ringing the changes in the historical geography of time consciousness«, Michael Young/Tom Schuller (Hg.), *The*

*Rhythms of Society*, London/New York 1988, S. 53–94.
Tilly, Charles: »Relational Origins of Inequality«, *Anthropological Theory* 1 (2001), S. 355–372.
Trigger, Bruce: *Understanding Ancient Civilizations. A Comparative Study*, London 2003.
Vogtherr, Thomas: *Zeitrechnung. Von den Sumerern bis zur Swatch*, München 2001.
Wallenta, Wolfgang: »Der Augsburger Kalenderstreit von 1583/84. Ökonomische, politische und konfessionelle Gründe«, Markwart Herzog (Hg.): *Der Streit um die Zeit. Zeitmessung – Kalenderreform – Gegenzeit – Endzeit*, Stuttgart 2002, S. 125–138.
Whitrow, Gerald J.: *Time in History. Views of Time from Prehistory to the Present Day*, Oxford 1988.
Yoffee, Norman: *Myths of the Archaic State. Evolution of the Earliest Cities, States, and Civilizations*, Cambridge 2005.
Zerubavel, Eviatar: *The Seven Day Circle. The History and the Meaning of the Week*, Chicago 1985.
Zerubavel, Eviatar: *Hidden Rhythms. Schedules and Calendars in Social Life*, Chicago 1981.
Zerubavel, Eviatar: »The French Republican Calendar. A Case Study in the Sociology of Time«, *American Sociological Review* 42 (1977), S. 868–877.

Kapitel 2: HERNÁN CORTÉS UND DAS SCHWARZE LOCH DER ZEITENWENDE

Bitterli, Urs: *Die Entdeckung Amerikas. Von Kolumbus bis Alexander von Humboldt*, München 1992, 1999.
Carrasco, David (Hg.): *The Oxford Encyclopedia of Mesoamerican Cultures, the Civilizations of Mexico and Central America*, 3 Bde., Oxford 2001.
Carrasco, David: »Städte und Symbole – Die alten mittelamerikanischen Religionen«, Mircea Eliade, *Geschichte der religiösen Ideen*, Bd. 4, Freiburg i. Br. 1991, S. 13–54.
Carrasco, David: *Religions of Mesoamerica. Cosmovision and Ceremonial Centers*, San Francisco 1990.
Clark, John E.: »The Arts of Government in Early Mesoamerica«, *Annual Review of Anthropology* 21 (1997), S. 211–234.
Coe, Michael D./Rex Koontz: *Mexico. From the Olmecs to the Aztecs*, London 2002[5].
Cowgill, George L.: »Toward a Political History of Teotihuacan«, Arthur A. Demarest/G. W. Conrad (Hg.), *Ideology and Pre-Columbian Civilizations*, Santa Fe 1992, S. 87–114.
Diehl, Richard: *The Olmecs*, London 2004.
Englisch, Brigitte: *Die Entdeckung Amerikas aus dem Weltbild des Mittelalters*, Paderborn 2002.
Evans, Susy Toby: *Ancient Mexico and Central America. Archeology and Culture History*, London 2004.
Evans, Susan T./David Webster (Hg.): *Ancient Mesoamerica and Central America: An Encyclopedia*, New York 2001.
Flannery, Kent V./Joyce Marcus: »Formative Mexican Chiefdoms and the Myth of the ›Mother Culture‹«, *Journal of Anthropological Archaeology* 19,1 (2000), S. 1–37.
Frey, Herbert: *Die Entdeckung Amerikas und die Entstehung der Moderne*, Frankfurt/M. 2000.
Hansen, Richard: »Perspectives on Olmec-Maya Interaction in the Middle Formative Period«, T. G. Powis (Hg.), *New Perspectives on Formative Mesoamerican Cultures* (= BAR international series, 1377), Oxford 2005.
Hartau, Caroline: *Hernando Cortés*, Reinbek 1994.
Kirchhoff, Paul: »Mesoamerica, its geographic limits, ethnic composition and cultural characteristics«, Sol Tax

(Hg.), *Heritage of Conquest*, Chicago 1952, S. 17–30.
Prem, Hanns J.: *Geschichte Altamerikas* (= Oldenbourg Grundriss der Geschichte, 23), München 2007².
Quilter, Jeremy/Mary Miller (Hg.): *A Pre-Columbian World*, Washington 2006.
Restall, Matthew: *Seven Myths of the Spanish Conquest*, New York 2003.
Sanders, William/David Webster: »The Mesoamerican Urban Tradition«, *American Anthropologist* 90,3 (1988), S. 521–546.
Smith, Michael E.: *The Aztecs*, London 2003².
Smith, Michael E./Marilyn A. Masson (Hg.): *The Ancient Civilizations of Mesoamerica. A Reader*, Oxford 2000.
Stenzel, Werner: *Das kortesische Mexiko. Die Eroberung Mexikos und der darauf folgende Kulturwechsel*, Frankfurt/M. 2006.
Todorov, Tzvetan: *Die Eroberung Amerikas. Das Problem des Anderen*, Frankfurt/M. 1985, 2002.
Wood, Michael: *Auf den Spuren der Konquistadoren*, Stuttgart 2003.

Kapitel 3: HUN NAL YEH ODER DIE FETTEN UND DIE MAGEREN JAHRE

Bell, Ellen E./Marcello A. Canuto/Robert J. Sharer: *Understanding Early Classic Copan*, Philadelphia 2004.
Bellwood, Peter: *First Farmers. The Origins of Agricultural Societies*, Malden 2005.
Braswell, Geoffrey E.: *The Maya and Teotihuacan. Reinterpreting early classic interaction*, Austin 2004.
Coe, Michael D./Justin Kerr: *The Art of the Maya Scribe*, London 1997.
Coe, Michael D.: *Das Geheimnis der Maya-Schrift. Ein Code wird entschlüsselt*, Reinbek 1995.
Coe, Michael D.: *The Maya*, London 1993⁵, 1999⁶.
Culbert, T. Patrick: »The collapse of classic Maya civilization«, Norman Yoffee/George L. Cowgill (Hg.), *The collapse of ancient States and civilizations, London 1995*, S. 69–101.
Culbert, T. Patrick (Hg.): *Classic Maya Political History*, Albuquerque 1991.
Demarest, Arthur A./Matt O'Mansky: »Status rivalry and warfare in the development and collapse of classic Maya civilization«, Richard J. Chacon/Rubén G. Mendoza (Hg.), *Latin American indigeneous warfare and ritual violence*, Tucson 2007.
Demarest, Arthur A.: *Ancient Maya. The Rise and Fall of a Rainforest Civilization*, Cambridge 2004.
Demarest, Arthur/Don Rice (Hg.): *The Terminal Classic in the Maya Lowlands*, Boulder 2004.
Demarest, Arthur A.: »Ideology in Ancient Maya Cultural Evolution«, Arthur A. Demarest/G. W. Conrad (Hg.), *Ideology and Pre-Columbian Civilizations*, Santa Fe 1992, S. 135–157.
Diamond, Jared: *Kollaps. Warum Gesellschaften überleben oder untergehen*, Frankfurt/M. 2005.
Dull, Robert A./John R. Southon/Payson Sheets (2001): »Volcanism, Ecology and Culture: A Reassessment of the Volcan Ilopango TBJ eruption in the Southern Maya Realm«. *Latin American Antiquity* 12,1 (2001), S. 25–44.
Freidel, David A./Linda Schele: *Maya Cosmos. Three Thousand Years on the Shaman's Path*, New York 1993.
Freidel, David A.: »The Trees of Life. Ahau as Idea and Artifact in Classic Lowland Maya Civilization«, Arthur A. Demarest/G. W. Conrad (Hg.), *Ideology and Pre-Columbian Civilizations*, Santa Fe 1992, S. 115–133.
Freidel, David A./Linda Schele: »Kingship in the Late Preclassic Maya Lowlands: The Instruments and Places of

Ritual Power«, *American Anthropologist* 90,3 (1988), S. 547–567.

García, Erik Velásquez: »The Maya Flood Myth and the Decapitation of the Cosmic Caiman«, *The PARI Journal* 7,1 (2006), S. 1–10.

Gill, Richardson B.: *The Great Maya Droughts. Water, Life, and Death*, Albuquerque 2000.

Grube, Nikolai (Hg.): *Maya. Gottkönige im Regenwald*, Köln 2000.

Grube, Nikolai: »The City-States of the Maya«, Mogens Herman Hansen (Hg.), *A Comparative Study of Thirty City-State Cultures* (= Det Kongelige Danske Videnskabernes Selskab, Historisk-filosofiske Skrifter 21), Kopenhagen 2000, S. 547–565.

Grube, Nikolai: »Das Abenteuer der Entzifferung der Maya-Schrift«, *Antike Welt* 23,4 (1992), S. 302–309.

Houston, Stephen D.: »The Ancient Maya Self. Personhood and Potraiture in the Classic Period«, *Res – Athropology and Aesthetics* 33 (1998), S. 73–101.

Houston, Stephen D./David Stuart: »Of Gods, Glyphs, and Kings. Divinity and Rulership among the Classic Maya«, *Antiquity* 70 (1996), S. 289–312.

Inomata, Takeshi/Stephen Houston (Hg.): *Royal Courts of the Ancient Maya, Bd. 1: Theory, Comparison, and Synthesis*, Boulder 2001.

Jones, Grant D.: *The Conquest of the Last Maya Kingdom*, Stanford 1998.

Macri, Martha J./Matthew George Looper: *The Classic Period Inscriptions* (= The New Catalog of Maya Hieroglyphs, 1), Norman 2003.

Martin, Simon/Nikolai Grube: *Chronicle of the Maya Kings and Queens*, London/New York 2000.

Martin, Simon/Nikolai Grube: »Maya Superstates«, *Archaeology* 48,6 (1995), S. 41–46.

McKillop, Heather Irene: *The ancient Maya. New Perspectives*, New York 2004.

Riese, Berthold: *Die Maya*, München 2000[3].

Sabloff, Jeremy (Hg.): *Tikal. Dynasties, Foreigners, and Affairs of State. Advancing Maya Archaeology*, Santa Fe 2003.

Schele, Linda/David Freidel: *Die unbekannte Welt der Maya. Das Geheimnis ihrer Kultur entschlüsselt*, München 1999.

Schele, Linda /David Freidel: »Kingship in the late Preclassic Maya Lowlands. The Instruments and Places of Ritual Power«, *American Anthropologist* 90 (1988), S. 547–567.

Schele, Linda: »The Hauberg Stela: Bloodletting and the Mythos of Maya Rulership«, M. G. Robertson/V. M. Fields (Hg.), *Fifth Palenque Round Table*, 1983 (= Palenque Round Table Series, 7), San Francisco 1985, S. 135–149.

Sharer, Robert J./Loa P. Traxler: *The ancient Maya*, Stanford 2006[6].

Sharer, Robert J.: *Daily Life in Maya Civilization*, Westport/London 1996.

Staller, J. u.a. (Hg.): *Histories of Maize*, Amsterdam 2006.

Taube, Karl: »The Classic Maya Maize God: A Reappraisal«, M. G. Robertson/V. M. Fields (Hg.), *Fifth Palenque Round Table*, 1983 (= Palenque Round Table Series, 7), San Francisco 1985, S. 171–181.

Webster, David: *The Fall of the Ancient Maya*, New York 2002.

Webster, David: *Copán. The Rise and Fall of an Ancient Maya Kingdom*, Fort Worth 2000.

Kapitel 4: BAUER BEN, DIE HEILIGEN KÖNIGE UND DER ZEIGER DER VENUS

Aimers, James J./Prudence M. Rice: »Astronomy, Ritual, and the Interpretation of Maya ‚E-Group' Architectural Assemblages«, *Ancient Mesoamerica* 17,1 (2006), S. 79–96.

Aveni, Anthony: »Maya Calendar Reform? Evidence from orientations of specialized architectural assemblages«, *Latin American Antiquity* 14 (2003), S. 159–178.

Aveni, Anthony F.: *Skywatchers: A Revised and Updated Version of Skywatchers of Ancient Mexico*, Austin 2001.

Aveni, Anthony F.: *Dialog mit den Sternen*, Stuttgart 1995.

Aveni, Anthony (Hg.): *The Sky in Mayan Literature*, Oxford 1992.

Bricker, Viktoria Reifler: »The origin of the Maya solar calendar«, *Current Anthropology. A World Journal of the Sciences of Man* 23,1 (1982), S. 101–103.

Closs, Michael P. (Hg.): *Native American Mathematics*, Austin 1986.

Coggins, Clemency C.: »The Birth of the Baktun at Tikal and Seibal«, Flora S. Clancy/Peter D. Harrison (Hg.), *Vision and Revision in Maya Studies*, Albuquerque 1990, S. 79–97.

Coggins, Clemency C.: »The Shape of Time. Some Political Implications of a Four-Part Figure«, *American Antiquity* 45 (1980), S. 729–739.

Coggins, Clemency C.: »A New Order and the Role of the Calendar. Some Characteristics of the Middle Classic Period at Tikal«, Norman Hammond/Gordon R. Willey (Hg.), *Maya Archaeology and Ethnohistory*, Austin 1979, S. 38–50.

Earle, Duncan Maclean/Dean R. Snow: »The Origin of the 260-Day Calendar: The Gestation Hypothesis Reconsidered in Light of its Use among the Quiche-Maya«, M. G. Robertson/V. M. Fields (Hg.), *Fifth Palenque Round Table*, 1983 (= Palenque Round Table Series, 7), San Francisco 1985, S. 241–244.

Edmonson, Munro S.: *The Book of the Year. Middle American Calendrical Systems*, Salt Lake City 1988.

Edmonson, Munro S.: »The Baktun Ceremonial of 1618«, Merle Greene Robertson/Elizabeth P. Benson (Hg.), *Fourth Palenque Round Table*, 1980 (= Palenque Round Table Series, 6), San Francisco 1985, S. 261–265.

Farriss, Nancy M.: »Remembering the Future, Anticipating the Past: History, Time, and Cosmology among the Maya of Yucatan«, *Comparative Studies in Society and History* 29,3 (1987), S. 566–593.

Fuls, Andreas: »Untersuchungen zur Datierung der klassischen Mayakultur«, *AmerIndian Research* 3/3 (2008), S. 132–145.

Fuls, Andreas: *Die astronomische Datierung der klassischen Mayakultur (500–1100 n. Chr.). Implikationen einer um 208 Jahre verschobenen Mayachronologie*, Norderstedt 2007.

Fuls, Andreas: »Das Rätsel des Mayakalenders«, *Spektrum der Wissenschaft* 1 (2004), S. 52–59.

Gossen, Gary H.: *Chamulas in the World of the Sun. Time and Space in a Maya Oral Tradition*, Cambridge/MA 1974.

Grube, Nikolai: »Vorläufig kein Weltuntergang«, *Abenteuer Archäologie* 1 (2004), S. 46–51.

Hoffmann, Carmen Arellano/Peer Schmidt (Hg.): *Die Bücher der Maya, Mixteken und Azteken. Die Schrift und ihre Funktion in vorspanischen und kolonialen Codices* (= Schriften der Universitätsbibliothek Eichstätt, 34), Frankfurt/M. 1999[3].

Houston, Stephen D./David Stuart/Karl Taube: *Body, Being, and Experience among the Classic Maya*, Austin 2006.

Houston, Stephen D./John Robertson/David Stuart: »The Language of Classic Maya Inscriptions«, *Current Anthropology* 43,1 (2000), S. 344–345.

Houston, Stephen D./David Stuart: »On Maya Hieroglyphic Literacy«, *Current Anthropology* 33 (1992), S. 589–593.

Kaplan, Robert: *Die Geschichte der Null*, München 2003.

Landa, Diego de: *Bericht aus Yucatán*, Stuttgart 1990, 2007.
León-Portilla, Miguel: *Time and Reality in the Thought of the Maya*, Boston 1968, London 1988.
Lizardi Ramos, César: »El cero maya«, *Cuadernos Americanos* 129,4 (1963), S. 159–174.
Lizardi Ramos, César: »El ›cero‹ maya y su función«, *Estudios de Cultura Maya* 2 (1962), S. 434–453.
Lounsbury, Floyd G.: »The Base of the Venus Table of the Dresden Codex and its Significance for the Calendar Correlation Problem«, Aveni, Anthony F./G. Brotherston (Hg.): *Calendars in Mesoamerica and Peru. Native American Computations of Time* (= British Archaeological Reports, International Series, 174), Oxford 1983, S. 1–26.
Lounsbury, Floyd G.: »Maya Numeration, Computation, and Calendrical Astronomy«, Charles Coulson Gillispie (Hg.), *Dictionary of Scientific Biography*, Bd. 15 Suppl. I, New York 1978, S. 759–818.
Macri, Martha J.: »A Lunar Origin for the Mesoamerican Calendars of 20, 13, 9, and 7 Days«, John W. Fountain/Rolf M. Sinclair (Hg.), *Current Studies in Archaeoastronomy. Conversations Across Space and Time*, Durham NC 2005, S. 275–288.
Malmström, Vincent H.: *Cycles of the Sun, Mysteries of the Moon. The Calendar in Mesoamerican Civilization*, Austin 1997.
Milbrath, Susan: *Star Gods of the Maya. Astronomy in Art, Folklore, and Calendars*, Austin 1999.
Miller, Arthur G.: *Maya Rulers of Time. A Study of Architectural Sculpture at Tikal, Guatemala*, Philadelphia 1986.
Moore, Patrick: *Venus*, London 2002.
Nahm, Werner: »Maya Warfare and the Venus Year«, *Mexicon* 16 (1994), S. 6–10.
*Popol Vuh. Die heilige Schrift der Maya*, Hamburg 2004.
Puleston, D. E.: »An Epistomological Pathology and the Collapse, or Why the Maya kept the Short Count«, N. Hammond/G. R. Willey (Hg.), *Maya Archaeology and Ethnohistory*, Austin 1979, S. 63–71.
Rice, Prudence M.: »Time, Power, and the Maya«, *Latin American Antiquity* 19,3 (2008), S. 275–298.
Rice, Prudence M.: *Maya Calendar Origins. Monuments, Mythistory, and the Materialization of Time*, Austin 2007.
Rice, Prudence M.: *Maya Political Science. Time, Astronomy, and the Cosmos*, Austin 2004.
Schalley, Andrea C.: *Das mathematische Weltbild der Maya*, Frankfurt/M. 2000.
Smith, Michael E.: »Can We Read Cosmology in Ancient Maya City Plans? Comment on Asmore and Sabloff«, *Latin American Antiquity* 14,2 (2003), S. 221–228.
Stock, Anton: *Astronomie der Maya-Kultur. Die Datierung der Finsternistafel aus dem Dresdener Codex und das Korrelationsproblem*, München 1998.
Taube, Karl: *Aztekische und Maya-Mythen*, Stuttgart 1994.
Tedlock, Barbara: *Time and the highland Maya*, Albuquerque 1982, 1992².
Whittaker, Gordon: *Calendar and Script in protohistorical China and Mesoamerica*, Bonn 1990.
Willkomm, Heinzgeorg: *Die Zeit in Ursprung und Gegenwart. Archäologische und naturwissenschaftliche Erkenntnisse zum Thema Zeit*, Baden-Baden 1984.

Alle Umrechnungen von Maya-Datierungen wurden mithilfe der Website http://www.vinckensteiner.com/kultur/kalender/vorgenommen.

Kapitel 5: AUGUSTUS, ERICH UND MOMOS GRAUE MÄNNER

Alten, Steve: *Schatten der Verdammnis*, München 2001.
Argüelles, José: *Der Maya-Faktor. Ein Pfad*

*über die Technologie hinaus*, Gössenheim 2001.

Bandini, Pietro: *Der heilige Kalender der Maya*, 1998.

Barkun, Michael: *A Culture of Conspiracy. Apocalyptic Visions in Contemporary America*, Berkeley 2003.

Berchtold, Rainer: *Zeit ist Kunst. Einführung in den 13-Monde-Kalender des Friedens und die Kosmologie der Mayas*, Gössenheim 1998[2].

Cabrera, Edgar: *El Calendario Maya. Su Origen y su Filosofía*, San José 1995.

Calleman, Carl Johan: *Der Maya-Kalender und die Tranformation des Bewusstseins*, Rosenheim 2007.

D'Amato, Brian: *2012 – Das Ende aller Zeiten*, Bergisch Gladbach 2009.

Däniken, Erich von: *Der Tag, an dem die Götter kamen. 11. August 3114 v. Chr.*, München 1984.

Däniken, Erich von: *Erinnerungen an die Zukunft*, Düsseldorf 1968.

Desmond, Lawrence G.: »Augustus Le Plongeon. A Fall from Archaeological Grace«, Alice B. Kehoe/Mary Beth Emmerichs (Hg.), *Assembling the Past. Studies in the Professionalization of Archaeology*, Albuquerque 1999, S. 81–90.

Desmond, Lawrence G./Phyllis Mauch Messenger: *A Dream of Maya. Augustus and Alice Le Plongeon in nineteenth century Yucatan*, Albuquerque 1988.

Ellingson, Terry J.: *The Myth of the Noble Savage*, Berkely 2001.

Ende, Michael: *Momo oder die seltsame Geschichte von den Zeit-Dieben und von dem Kind, das den Menschen die gestohlene Zeit zurückbrachte*, Stuttgart 1973.

Gilbert, Adrian: *21. Dezember 2012 – Das Ende unserer Welt? Ein neuer Blick auf die Prophezeiungen der Maya*, Rottenburg 2007.

Gilbert, Adrian/Maurice Cotterell: *Die Prophezeiungen der Maya. Das geheime Wissen einer untergegangenen Zivilisation*, München 1998, 2000[3].

González, Gaspar Pedro: *El 13 b'aktun. La nueva era. 2012 el fin del ciclo, desde la óptica maya contemporánea*, Guatemala 2006.

Jenkins, John Major: *Galactic Alignments. The Transformation of Consciousness According to Mayan, Egyptian, and Vedic Traditions*, Rochester 2002.

Jenkins, John Major: *Maya Cosmogenesis 2012. The True Meaning of the Maya Calendar End Date*, Santa Fe 1998.

Joseph, Lawrence E.: *Apocalypse 2012. An Investigation into Civilization's End*, New York 2008.

Le Plongeon, Augustus: *Sacred Mysteries among the Mayas and the Quiches, 11500 years ago. Their relation to the sacred mysteries of Egypt, Greece, Chaldea and India*, New York 1886.

Martinéz, Pío/Pietro Bandini: *Das Götterorakel von Yucatán. Das Geheimwissen der Maya entschlüsselt*, München 1998.

Pinchbeck, Daniel: *2012. The Return of Quetzalcoatl*, New York 2006.

Rupnow, Dirk/Veronika Lipphardt, Jens Thiel (Hg.): *Pseudowissenschaft. Konzeptionen von Nichtwissenschaftlichkeit in der Wissenschaftsgeschichte*, Frankfurt/M. 2008.

Shermer, Michael (Hg.): *The Skeptic Encylopedia of Pseudoscience*, 2 Bde., Santa Barbara 2002.

Sitler, Robert K.: »The 2012 Phenomenon New Age Appropriation of an Ancient Mayan Calendar«, *Nova Religio* 9,3 (2006), S. 24–38.

Stephens, John Lloyd: *Die Entdeckung der alten Mayastätten*, hg. v. Ernst Bartsch, 1993.

Stephens, John Lloyd: *Begebenheiten auf einer Reise in Yucatan*, Leipzig 1853.

Stray, Geoff: *Beyond 2012. Catastrophe or Ecstasy: A Complete Guide to End-of-Time Predictions*, Lewes 2005, 2006.

Strieber, Whitley: *2012: The War for Souls*, New York 2007.

Von Hagen, Victor Wolfgang: *Auf der Suche nach den Maya. Die Geschichte von Stephens und Catherwood*, Reinbek 1976.

Webster, David: »Vom Ge- und Missbrauch der alten Maya«, James A. Robinson/Klaus Wiegandt (Hg.): *Die Ursprünge der modernen Welt. Geschichte im wissenschaftlichen Vergleich* (= Forum für Verantwortung, 6), Frankfurt/M. 2008, S. 255–326.

Webster, David: »The Mystique of the Ancient Maya«, Garrett G. Fagan (Hg.): *Archaeological Fantasies. How pseudoarchaeology misrepresents the past and misleads the public*, London 2006, S. 129–153.

Wimmer, Magda: *Die Maya. Weber der Zeit, Spieler des Universums*, München 2000.

# Register

*Wer sich nicht blamieren möchte, braucht dieses Buch*

Bernd Ingmar Gutberlet
DIE 50 GRÖSSTEN
LÜGEN UND LEGENDEN
DER WELTGESCHICHTE
Sachbuch
272 Seiten
ISBN 978-3-404-64237-3

Von der biblischen Sintflut bis in die jüngste Vergangenheit geht Bestseller-Autor Bernd Ingmar Gutberlet fünfzig ausgewählten Lügen und Legenden auf den Grund, die sich bis heute hartnäckig in der öffentlichen Meinung halten. Überprüfen Sie sich selbst:

Was wissen Sie wirklich über Atlantis und Kleopatra, über die Konstantinische Schenkung und die Entdeckung Amerikas?

Und was ist dran an den Gerüchten über die Hollywood-Inszenierung der ersten Mondlandung?

*»Pointiert vorgetragene, vielseitige Sammlung mit Erkenntnisgewinn und großem Unterhaltungswert«* LITERATURE.DE

Bastei Lübbe Taschenbuch